한문본 역주

『사민필지』

저자

백남규(白南奎, Baek Nam-Gyu)
호(號)는 송서(宋瑞). 조선 의정부(議政府) 편사국(編史局) 주사(主事)를 지냈음.

이명상(李明翔, Lee Myeong-Sang)
호(號)는 경소(景霄). 조선 의정부(議政府) 편사국(編史局) 주사(主事)를 지냈음.

역자

김형태(金亨泰, Kim Hyung-Tae)
연세대 국어국문학과 및 동 대학원 졸업. 문학박사. 연세대 국학연구원 연구교수 및 경남대 국어국문학과 전임강사와 조교수 역임. 현 연세대(미래캠퍼스) 국어국문학과 교수. 역서에 『시명다식』(공역, 한길사, 2007), 『모시명물도설』(공역, 소명출판, 2012), 『소천소지』(경남대 출판부, 2014), 『물명고』 상・하(소명출판, 2019) 등이 있고, 저서에 『대화체 가사의 유형과 역사적 전개』(소명출판, 2009), 『통신사 의학 관련 필담창화집 연구』(보고사, 2011) 등이 있음.

고석주(高錫主, Ko Seok-Ju)
연세대 국어국문학과 및 동 대학원 졸업. 문학박사, 공군사관학교 전임강사와 듀크대 방문학자 역임. 현 연세대(미래캠퍼스) 국어국문학과 교수. 저역서와 공저역서로 『격』(한신문화사, 1998), 『소쉬르와 비트겐슈타인의 언어』(1999, 보고사), 『의미구조론』(한신문화사, 1999), 『정보구조와 문장형식』(월인, 2000), 『한국어 학습자 말뭉치와 오류 분석』(한국문화사, 2004), 『현대 한국어 조사의 연구 I』(한국문화사, 2004), 『한국어교육을 위한 한국어 연어사전』(커뮤니케이션북스, 2007), 『우리말 연구의 첫걸음』(보고사, 2015) 등이 있다.

한문본 역주 『사민필지』

초판인쇄 2020년 2월 3일 **초판발행** 2020년 2월 10일
옮긴이 김형태·고석주 **펴낸이** 박성모 **펴낸곳** 소명출판 **출판등록** 제13-522호
주소 서울시 서초구 서초중앙로6길 15, 1층
전화 02-585-7840 **팩스** 02-585-7848 **전자우편** somyungbooks@daum.net **홈페이지** www.somyong.co.kr

값 25,000원

ISBN 979-11-5905-465-5 93900

이 책은 2017년 정부(교육부)의 재원으로 한국연구재단의 지원을 받아 수행된 연구임 (NRF-2017S1A6A3A01079581)

연세
근대한국학HK+
번역총서
001

THE TRANSLATED CLASSICAL CHINESE
Saminpilji(士民必知)

한문본 역주
『사민필지』

백남규 · 이명상 지음
김형태 · 고석주 옮김

소명출판

일러두기

1. 본 역서(譯書)의 대본은 국립중앙도서관 소장 한문본 '『士民必知』(白南奎 · 李明翔 譯, 1895)'를 사용하였다. 내용의 비교와 대조에는 한글본 '『ᄉᆞ민필지』단(죠션육영공원교ᄉᆞ헐벗, 1891)'을 사용하였으며, 이를 역서의 말미에 영인하여 수록하였다.
2. 학술적 효용성과 가독성을 고려해서 한 항목마다 번역문과 원문을 위아래로 병기하였고, 충실한 원문 수록 원칙을 위해 한자의 본자(本字) 외에 속자(俗字) 등을 원문 그대로 표기하였다.
3. 원문에는 띄어쓰기가 없지만, 본 역서에서는 편의상 원문 띄어쓰기를 하였고, 구두점(句讀點)은 한 문장이 끝나는 부분에 마침표만 표기하였다.
4. 한글본에 없고, 한문본에 첨가된 내용은 번역문에 글자 모양을 달리하여 고딕체로 표시하였고, 한글본과 한문본의 서로 다른 내용은 각주를 달아 설명하였다.
5. 번역문의 인명과 지명은 국립국어원 표준국어대사전 및 외래어 표기법 등을 따랐고, 현재 통용되어 언중에게 익숙한 것으로 표기하였다. 단, 해독이 어려운 몇몇 음역어는 한글본의 표기를 따랐다.
6. 보충 설명이 필요한 것은 번역문에 각주를 달아 설명하였는데, 간단한 설명은 해당 어휘 뒤에 소괄호를 사용하여 그 안에 설명하였다. 원문에는 없지만, 문맥상 필요한 내용도 번역문에 소괄호를 사용하여 그 안에 표기하였다. 다만 언중에게 익히 알려진 인명이나 지명은 보충설명을 생략하였다.
7. 주요 어휘나 강조하는 어휘는 번역문에 작은따옴표(' ')를 사용하여 표시하였고, 직접인용은 큰따옴표(" ")를 사용하여 표시하였다.
8. 번역문의 내용 중 어휘 등의 열거가 필요한 경우에는 가운뎃점(·)을 사용하여 나열하였다.

차례

해제

『사민필지』는 19세기 말에 한국에서 활동했던 미국인 선교사 헐버트Homer Bezaleel Hulbert, 紇法(1863~1949)가 지은 세계지리서이자 최초의 지리 교과서로 알려져 있다. 헐버트는 1886년에 육영공원育英公院의 교사로 취임하여, 세계의 지리지식과 문화를 소개하는 교과서인 『ᄉᆞ민필지』를 저술했다. 이 책은 1889~1893년 사이에 초판인 한글본이 출간되었고, 1906년에는 수정판, 1909년에는 제3판이 출간되었다. 특이한 점은 1895년에 조선 의정부 주사 백남규白南奎와 이명상李明翔이 한역漢譯하고, 김택영金澤榮이 찬撰하여 조선의정부편사국朝鮮議政府編史局에서 한역본漢譯本이 간행되었다는 것이다.

『사민필지』의 서문에 따르면, 번역 과정에서 기존에 출간된 『영환지략瀛環志略』과 『만국사략萬國史略』 및 『해국도지海國圖志』의 영향을 많이 받은 것으로 보인다.

『영환지략』은 중국 청淸나라의 서계여徐繼畬(1795~1873)가 중국 문헌 기록 26종, 외국인 선교사 간행물 10종, 외국인의 구술 등을 기반으로 저술해 1850년에 간행한 세계 지리책이며, 총 10권으로 구성되어 있다. 중국에서 시작하여 시계 방향으로 세계를 돌며, 각 대륙의 나라를 소개하는 방식을 취하였다. 그 내용에서는 각 대륙과 국가의 정밀한 지도, 각국의 지리적 위치 · 면적 · 인구 · 문화 · 역사 · 문물 · 교육 · 군사 · 정치 제도 · 풍속 · 언어 · 간략한 외모적 특징을 언급하고 있다. 유럽과 미국에 대한 서술이 전체 분량의 반 이상을 차지하고, 각 나라를 설명하는 마지막 부분에 종종 자신의 평가를 기재하였으며, 중요하다고 생각되는 내용에는 방점을 찍어 강조하였다. 출간 직후 조선과 일본에 전래되어 양국의 개화사상 형성에 중요한 영향을 끼쳤다는 평가를 받는다. 『영해지략瀛海志略』 또는 『영환고략瀛環考略』이라고도 한다.

저자인 서계여는 중국 산서성山西省의 전통적 유학자 집안 출신의 관리였다. 1840년 아편전쟁 당시 복건성福建省 해안 지역 행정을 담당하면서 세계에 대한 정세를 정확히 알고 대책을 마련해야 한다는 인식을 가지고 서양에 대한 정보를 수집하였다.

한편, 『만국사략』은 원래 미국인 피터 발리Peter Bally가 지은 세계역사 책이고, 미국에서 학교 교과서로 사용했던 것이다. 이 책을 1906년에 중국의 국학자 진수팽陳壽彭이 중국어로 번역하여 강초편역관서국江楚編譯官書局에서 출판하였다. 한편, 1874년에는 일본 문부성이 피터 발리의 책을 일본어로 번역하여 야마구치현山口縣에서 출판하기도 하였다. 따라서 진수팽의 중국어 번역본(1906)은 일본어 번역본을 다시 자국어로 번역한 것일 가능성도 있다.

일본어 『만국사략』은 1874년에 니시무라 시게키西村茂樹(1828~1902)가 각 나라별 편년체로 저술한 세계사 서적이다.

니시무라 시게키는 호號가 박옹泊翁이다. 야스이 솟켄安井息軒 등에게 유학을, 사쿠마 쇼잔佐久間象山에게 양학을 배웠다. 1854년에 사노佐野 번藩, 1868년에 사쿠라佐倉 번에서 무가시대의 정무에 참여한 중신인 연기年寄가 되어 정치제도를 개혁했다. 폐번치현廢藩置縣 뒤인 1872년에 도쿄에서 사설학교를 열었다. 1873년에는 니시 아마네西周, 후쿠자와 유키치福澤諭吉, 모리 아리노리森

有礼 등과 함께 계몽적 사상단체인 명육사明六社의 창립에 참가했다. 같은 해 문부성 편집과장이 되어 교과서 편찬에 참가하기도 했다. 1876년 동경수신학사東京修身學社를 설립하여 이듬해 일본홍도회日本弘道會라 개칭했다. 1884년부터 궁내성에서 시강으로 서양서적을 강의했다. 궁중 고문관, 화족여학교華族女學校 교장 등을 역임했고, 1890년에는 귀족원 의원으로 선출되었다. 『일본도덕론日本道德論』을 저술(1997)하여 서구화정책을 비판하는 동시에 충효 도덕의 확립을 주창하고 보급하는 데 힘썼다. 저서로 『부녀감婦女鑑』(1887), 『국가도덕론國家道德論』(1894) 등이 있고, 장지연의 『만국사물기원역사萬國事物紀原歷史』(1909)에 영향을 준 것으로 알려진 『서국사물기원西國萬物紀原』(1879) 등이 있다.

본 역서가 번역의 대상으로 삼은 판본 중 한문본은 국립중앙도서관 소장 『士民必知』(청구기호 : 한古朝60-1)이고, 한글본은 국립중앙도서관 소장 『ᄉᆞ민필지』(청구기호 : M古3-2002-96)이다. 한문본은 고활자본古活字本, 印書體字木活字이고, 모두 71장이며, 면당 10행 행당 20자이다. 한글본은 구활자본이고, 98장이며, 면당 17행, 행당 28자인데, 띄어쓰기가 없고, 지도가 포함되어 있다는 점이 특색이다. 이 외에도 한문본은 일본 동경대학 오구라문고에 2권 1책의 목활자본 텍스트(청구기호 : L175074)가 있다.

한문본은 1책 2권으로 권지일卷之一과 권지이卷之二로 구분되어 있다. 각각에 수록된 내용의 제목과 차례는 다음과 같다.

1. 권지일

1) 士民必知飜譯序

2) 地毬[지구], 晦望[그믐・보름], 日月食[일식・월식], 雲[구름], 雨[비], 風[바람], 電[번개], 雷[천둥], 地震[지진], 霧[안개], 雪[눈], 雹[우박], 霜[서리], 潮汐水[밀물・썰물], 尾星[꼬리별], 流火[별똥별], 天河[은하수]

3) 地毬總論

4) 人種總論

5) 歐羅巴總論

6) 俄羅斯[러시아], 那威・瑞典[노르웨이・스웨덴], 丁抹[덴마크], 德國[독일], 荷蘭[네덜란드], 白耳義[벨기에], 英吉利[잉글랜드], 法蘭西[프랑스], 西班牙[에스파냐], 葡萄牙[포르투갈], 瑞西[스위스], 意大里[이탈리아], 奧地利亞・囟牙里[오스트리아・헝가리], 土耳其[터키], 樓馬尼亞[루마니아], 西比亞[세르비아], 山馬利魯[산마리노], 希臘[그리스]

2. 권지이

1) 亞細亞總論

2) 淸[청나라], 朝鮮[조선], 日本[일본], 安南[베트남], 暹羅[타이], 緬甸[미얀마], 印度[인도], 阿富汗・鼈累稺斯坦[아프간・발루치스탄], 阿拉彼亞・烏滿[아라비아・오만], 波斯[페르시아], 俄羅斯 見歐洲部, 土耳其 見歐洲部

3) 亞美利加總論

4) 佳那多[캐나다], 合衆國[미국], 謁那斯哥[알래스카], 巨麟蘭得[그린란드], 墨西哥[멕시코], 危地馬拉[과테말라], 西印度[서인도제도], 可崙比亞[콜롬비아], 彬崖朱越那[베네수엘라], 貴崖那[기아나], 巴西[브라질], 厄瓜爾

多[에콰도르], 秘魯[페루], 智利[칠레], 拔利比亞[볼리비아], 亞然丁[아르헨티나], 猶羅貴[우루과이], 把羅貴[파라과이]

5) 阿非利加總論

6) 亞非利加北界諸國 : 埃及[이집트], 摩洛哥[모로코]

7) 亞非利加西界諸部

8) 亞非利加南界諸部

9) 亞非利加東界 : 馬哥塞[마다가스카르]

10) 奧大里亞洲

11) 太平洋諸島

12) 太平洋諸小島

각 국가별 서술 내용은 그 순서에 약간의 차이가 있다. 하지만 일반적으로 그 내용은 건국 관련 역사, 위치(위도와 경도), 넓이, 도시의 수, 자연지형과 국경선, 기후, 생산물, 인구, 인종, 언어, 수도首都, 주요 도시 설명, 산업과 특산물, 수출입 품목과 액수, 정치 체제, 형벌, 국민의 신분 등급, 학업, 종교, 세제稅制, 군사제도와 군사력, 국가 인프라(도로 및 철도), 풍속 등이다.

한글본을 바탕으로 한문본을 발간했다는 점이 특이하고 전례가 매우 드문 예이다. 한문본과 한글본은 대체로 체제가 같지만, 내용상 몇 가지 차이점은 다음과 같다.

첫째, 권지일의 '地毬' 항목부터 '天河' 항목까지 한문본에는 각각의 소제목이 있지만, 한글본에는 '짜덩이'라는 소제목만 붙이고 그 이하 내용을 통합하여 서술하고 있다. 둘째, 한문본은 '러시아'를 유럽에서 다루고 있다. 이는 『영환지략』, 『만국사략』과 그 서술 체계가 같다. 그런데 한글본은 유럽 지역에 포함되는 '아라사국'과 아시아 지역에 포함되는 '아시아아라사'로 나누어 서술하고 있다는 점이다. 그리고 한문본은 한글본의 '아시아아라사'에 해당하는 부분에 내용 서술 대신 '俄羅斯 見歐洲部'라고 하여 이미 '러시아' 관련 내용 모두를 유럽 부분에서 다루었음을 밝혔다. '터키'의 경우도 러시아의 서술 체계와 같다. 셋째, 한문본 권지일의 유럽 국가 중 '山馬利魯'는 한글본에 '만트늬그로국'으로 표기되어 있는데, 이는 문맥과 그 내용상 '몬테네그로'를 의미하는 한글본이 합당하다. 넷째, 한문본은 권지이의 아시아 국가 중 '아라비아'를 '오만'과 함께 다루었지만, 한글본에서는 '아라비아'만 다루었다. 다섯째, 한문본은 북아메리카와 중앙아메리카와 남아메리카 및 서인도 제도를 모두 한 항목에서 다루었지만, 한글본은 '危地馬拉' 대신 '센드랄아메리까'라는 소제목을, '西印度' 대신 '남북아메리까ᄉ이에여러셤'이라는 제목을 붙였다. 여섯째, 한문본 권지이의 아프리카 북부 여러 나라 중 '모로코'를 한글본에서는 '쌔브리'라고 하였는데, 이는 국가의 명칭이 아니라, 모로코 인종의 다수를 이루는 '베르베르'의 음역어音譯語이다. 일곱째, 한문본은 '太平洋諸島'에서 태평양에 흩어진 여러 섬들을 함께 다루었지만, 한글본에서는 '태평양모든셤'이라는 소제목 하에 '슈마드라셤', '자바셤', '본이오셤', '셀늬비스셤', '필늬빈셤', '누긘니셤', '누실란드셤'으로 세분하여 다루고 있다는 점이다.

이상의 차이점이 발생하게 된 이유는 첫째, 한문본이 한적漢籍의 전통적 서술 체계를 사용하여 한글본의 한계를 보완했다는 점. 둘째, 특정 지역에 포함되는 국가를 통합하여 기술하는 한문본의 관점이 반영된 결과라는 점. 셋째, 철저한 참고 없이 기존 동아시아 지리서에 의존한 한문본의 한계라는 점. 넷째, 분량이 많은 한글본을 한문으로 번역하는 과정에서 한문의 특성인 축약이 발휘된 점 등으로 정리할 수 있다.

한문본 『사민필지』의 가장 큰 특징으로는 백과사전인 유서類書적 특성을 보인다는 점이다. 그 형식상 충족 근거로는 첫째, 표제가 의미하는 바. '사민士民'은 선비와 백성을 의미하므로 이미 백성의 문자라고 할 수 있는 한글로 발간된 책을 지식인의 문자로 재발간한다는 의도를 내포하고 있다. 『사민필지』의 각 국가별 설명 내용 중 국민의 신분 등급도 대부분 선비와 백성으로 나누어 설명하고 있다는 점도 이를 뒷받침한다. 아울러 '필지必知'는 반드시 알아야 한다는 뜻으로 필수 지식에 방점이 놓이며, 당시 사람들에게 꼭 필요한 세계지리의 내용을 한자라는 매개를 활용해 거듭 보여줌으로써 지식을 보다 확장하여 전파하려는 의도를 포함하고 있다고 하겠다. 둘째, 철저한 항목별 분류 체계를 추구한다는 점이다. 이는 앞선 한글본과의 차이점에서도 언급했지만, 한글본보다 치밀하고 구체적인 체계이다. 즉, 천지인天地人 삼재三才에 따라 내용을 구성하는 동양 유서의 전통적 분류 체계를 따르고 있기 때문에 '지구'부터 '천문'까지 한글본에는 누락된 소항목을 한문본에는 일일이 첨부했고, 자연스럽게 대항목 역시 '천문과 기상'임을 독자들이 알 수 있도록 구성하였다. 중국의 대표적 유서의 하나인 『삼재도회三才圖會』 역시 천지인의 순서로 그 내용을 구성한다는 점이 이를 뒷받침한다. 셋째, 항목별 일관된 서술 형식이다. 즉, 각 항목의 소주제 별로 단락을 나누지 않고, 한 국가에 대한 기술을 한 단락으로 구성하고 있다. 이는 전통적인 한문 유서류 글쓰기의 특성이며, 그 형식상 특성이기도 하다.

유서類書적 특성을 지닌 『사민필지』의 내용상 그 충족 근거는 첫째, 각 나라의 역사를 통한 흥망성쇠를 서술하여 기존 한글본의 구성과 내용을 충실히 보완하였다는 점이다. 이 점은 한문본 발간을 주관한 조선 편사국의 기관 성격상 필요한 일이기도 했겠지만, 이는 각국의 흥망성쇠가 누락된 지리서에 역사를 결부시켜 명실상부한 기사본말체 한문 유서를 완성하려했던 시도로 이해할 수 있다. 둘째, 각 국가별 설명의 말미에 작가의 평설評說이 포함되어 있다는 점이다. 한문본 저자는 이를 통해 각 나라별 관련 사항에 대한 가치나 의의 따위를 평가하여 설명하고 있다. 또한 여기에 술과 연관된 내용 등 당시 사회 분위기나 교과서의 성격에 맞지 않는 자신의 생각도 가감 없이 서술하였다. 셋째, 물명의 자세한 정리이다. 각국의 특산품이나 수출입 품목에 대한 물명 정리가 매우 자세하며, 특히 음역어와 신생 한자어의 사용이 두드러진데, 이는 인명이나 지명에 매우 빈번하게 사용되었다. 물명의 정리야말로 유서류의 본령인 만큼, 『사민필지』는 유서의 전통을 잘 계승한 저술로 보아도 손색이 없다. 이러한 점들이 한글본에는 없는 한문본의 특성이자 한문본 『사민필지』를 유서로 볼 수 있는 근거이다.

이 외에도 한문본 『사민필지』는 한문 고유의 문자적 특성에 따라 한글본을 축약한 판본으로 볼 수 있다. 또한 두 사람이 저술한 만큼 문체와 사용 어휘가 간혹 다르고, 이 당시에 유행하던 백화체白話體 어휘가 많이 사용되었으며, 동시대 중국의 지리서가 그리스나 이탈리아로 시작하는 데 비해 러시아부터 시작하는 것이 특징이라고 할 수 있다. 이러한 사실은 다분히 당시 국제 정세를 염두에 둔 서술로 볼 수 있지만, 앞으로 『해국도지』 등 동시대 다른 지리서와의 연관성을 살펴보는 데서 그 정확한 해답을 얻을 수 있을 것이다.

이상의 여러 내용과 한문본 『사민필지』 서문의 내용을 종합할 때, 한글본을 한문본으로 번역해 출간한 이유는 지식의 확장과 보급에 있었다고 할 수 있다. 즉 한문본 『사민필지』는 보다 고급화된 지식을 전달하던 좋은 전례인 유서 편찬의 전통을, 아직 그 지위를 유지하던 동아시아 보편 문자인 한자를 활용해 새롭게 탄생시킨 저술이라고 하겠다. 이는 좋은 전통으로의 회귀라는 측면에서 중요한 문화사적 의미를 지닌다고 할 수 있다.

2020년 1월

김형태 · 고석주 씀

『사민필지』 번역 서

이 책은 서양 선비가 우리나라 고유문자를 사용하여 많은 나라의 산천 · 풍토 · 정령[1] · 학술을 간략히 기록하여 몽사[2]가 살펴보기 편하게 한 것인데, 지금 번역하여 다시 전하려는 것은 어째서인가? 말하자면, 우리 아시아를 위해서이다. 여러 나라에 널리 드러난 이야기들인데, 다만 '우리 아시아를 위해서'라고 말하는 것은 어째서인가? 지금 대체로 사람은 어렸다가 자라고 늙으니, 삶에는 순서가 있다. 소년에는 지식과 힘이 적고, 장년에는 지식과 힘이 가득 차며, 노년에는 지식과 힘이 쇠퇴하는 것이지만, 교육으로 길러 가득 채울 수 있는 것이고, 얻어 지켜서 잃거나 약해지지 않을 수 있는 것이며, 어리석음을 일깨워 생겨난 병을 고칠 수 있으니, 이처럼 또 삶에는 다른 치료법도 있는 것이다. 지금 장차 이 책에서는 이 세상 많은 나라와 유럽과 미국 등 여러 나라가 황무지를 개척하고, 오래지 않아 문명이 날로 열리며 실제 일들도 이를 따랐음을 공정하게 살펴보려고 하니, 비유하자면 소년으로부터 장년에 나아가는 것이다. 아시아는 황무지를 개척한지 가장 오래되었으나, 문명은 날로 어두워지고 허위[3]하며, 이를 높이니, 비유하자면 장년으로부터 노년에 이르는 것이다.

1 정령(政令) : 정치상의 명령 또는 법령.
2 몽사(蒙士) : 지혜나 꾀가 없이 어리석고 사리에 어두운 사람.
3 허위(虛僞) : 진실이 아닌 것을 진실인 것처럼 조작하는 일. 꾸며낸 거짓.

거문고와 비파가 낡으면 어쩔 수 없이 줄을 고쳐야 하고, 수레가 낡으면 어쩔 수 없이 바퀴도 바꿔야 하며, 사람이 약해지면 어쩔 수 없이 약을 가까이 해야 한다. 그렇다면 이 책은 장차 우리 아시아를 위하여 어리석음을 일깨우고 생겨난 병을 고칠 수 있는 하나의 좋은 약이 되지 않겠는가? 다만 이 책은 간편함에 힘썼고, 그 나라의 처음과 끝에서 빠진 것은 이에 『영환지략』[4]과 『만국사략』[5]에서 얻었는데, 처음과 끝을 골라 뽑아 나라

---

4 『영환지략(瀛環志略)』: 중국 청(淸)나라의 서계여(徐繼畬, 1795～1873)가 중국문헌 기록 26종, 외국인 선교사 간행물 10종, 외국인의 구술 등을 기반으로 저술해 1850년에 간행한 세계 지리책. 총 10권. 중국에서 시작하여 시계 방향으로 세계를 돌며, 각 대륙의 나라를 소개하는 방식을 취함. 각 대륙과 국가의 정밀한 지도, 각국의 지리적 위치・면적・인구・문화・역사・문물・교육・군사・정치 제도・풍속・언어・간략한 외모적 특징을 언급함. 유럽과 미국에 대한 서술이 전체 분량의 반 이상을 차지하고, 각 나라를 설명하는 마지막 부분에 종종 자신의 평가를 기재하였으며, 중요하다고 생각되는 내용에는 방점을 찍어 강조하였음. 출간 직후 조선과 일본에 전래되어 양국의 개화사상 형성에 중요한 영향을 끼쳤음. 『영해지략(瀛海志略)』, 『영환고략(瀛環考略)』. 서계여는 중국 산서성(山西省)의 전통적 유학자 집안 출신의 관리. 1840년 아편전쟁 당시 복건성(福建省) 해안 지역 행정을 담당하면서 세계에 대한 정세를 정확히 알고 대책을 마련해야 한다는 인식을 가지고 서양에 대한 정보를 수집하였음.

5 『만국사략(萬國史略)』: 원저는 미국인 피터 발리(Peter Bally)가 지은 세계역사책으로, 미국에서 학교 교과서로 사용했던 책임. 1874년에 일본 문부성이 주관하고, 니시무라 시게키(西村茂樹, 1828～1902)가 피터 발리의 책을 일본어로 번역하여 야마구치현(山口縣)에서 출판하였음. 각 나라별 편년체로 저술한 세계사 서적임. 니시무라 시게키는 호(號)가 박옹(泊翁). 야스이 솟켄(安井息軒) 등에게 유학을, 사쿠마 쇼잔(佐久間象山)에게 양학을 배웠음. 1854년에 사노(佐野) 번(藩), 1868년에 사쿠라(佐倉) 번에서 무가시대의 정무에 참여한 중신인 연기(年寄)가 되어 정치제도를 개혁했음. 폐번치현(廢藩置縣) 뒤인 1872년에 도쿄에서 사설학교를 열었음. 1873년에는 니시 아마네(西周), 후쿠자와 유키치(福澤諭吉), 모리 아리노리(森有礼) 등과 함께 계몽적 사상단체인 명육사(明六社)의 창립에 참가했음. 같은 해 문부성 편집과장이 되어 교과서 편찬에 참가했음. 1876년 동경수신학사(東京修身學社)를 설립하여 이듬해 일본홍도회(日本弘道會)라 개칭했음. 1884년부터 궁내성에서 시강으로 서양서적을 강의했음. 궁중 고문관, 화족여학교(華族女學校) 교장 등을 역임했고, 1890년에는 귀족원 의원으로 선출되었음. 『일본도덕론(日本道德論)』(1997)을 저술하여 서구화정책을 비판하는 동시에 충효 도덕의 확립을 주창하고 보급하는 데 힘썼음. 저서로 『부녀감(婦女鑑)』(1887), 『국가도덕론(國家道德論)』(1894) 등이 있고, 장지연의 『만국사물기원역사(萬國事物紀原歷史)』(1909)에 영향을 준 것으로 알려진 『서국사물기원(西國萬物紀原)』(1879) 등이 있음. 한편, 이 책을 1906년에 중국의 국학자 진수팽(陳壽彭, 1855～?)이 중국어로 번역하여 강초편역관서국(江楚編譯官書局)에서 출판하였음. 따라서 중국어 번역본은 일본어 번역본을 다시 중국어로 번역한 것일 가능성도 있음.

이름의 다음에 이어두었으니, 많은 몽사들이 그 한 부분이라도 더 얻을 수 있도록 하였다. 대조선 개국 504년 을미(1895) 3월 15일 의정부 편사국[6]

주사 김택영[7] 지음

士民必知飜譯序

是編泰西士用我國國文 略記萬國山川風土政令學術 以便蒙士之覽者 今飜譯而再傳之者奈何? 曰爲我亞洲也. 萬國之公說者 而獨曰爲我亞洲者奈何? 今夫人少而壯而老 有生之序也. 少則知與力微 壯則知與力充 老則知與力衰微者 可以教而養之充者 可以持而勿失衰者 可以喚昏而補萎 此又有生之異治也. 今將是編公觀天下萬國歐美諸國開荒 未久文明日啓實事是從 譬則自少而進於壯者也. 亞洲開荒最久 文明日眊虛僞是崇 譬則自壯而至於老者也. 琴瑟敝則絃不可不改 車敝則轍不可不易 人衰則藥不可不進. 然則是編者將不爲我亞洲喚昏補萎之一良藥也哉? 第是編騖於簡便 其於邦國始末闕焉 玆取瀛環志略萬國史略採始末綴于國名之下 庶使蒙士益得其一斑云.

大朝鮮 開國 五百四年 乙未 三月 望 議政府 編史局

主事 金澤榮 序

6 의정부(議政府) 편사국(編史局) : '의정부'는 조선시대의 행정관청으로 정승을 비롯한 재상들로 구성된 최고 의결 또는 심의기관임. '편사국'은 갑오개혁 이후 1894년에 역사 편찬을 위해 세운 부서. 참의 1인과 주사 4인으로 구성되었음.

7 김택영(金澤榮) : 1850~1927. 대한제국기의 문신·학자·시인. 자(字)는 우림(于霖), 호는 창강(滄江)·소호당주인(韶護堂主人). 고시(古詩)를 포함해 시를 잘 지어 당대의 시인 이건창(李健昌)·황현(黃玹) 등과 교유했음. 고종 28년에 진사(進士)가 된 이래 편사국 주사, 중추원 서기관 겸 내각기록국 사적과장을 지냈음. 광무7년에 문헌비고 속찬위원으로 있었고, 1905년 학부 편찬위원이 되었으나 곧 사직, 을사조약이 체결되자 국가의 장래를 통탄하다가 중국에 망명했음. 그의 『역사집략』은 그가 학부에서 『동국역대사략(東國歷代史略)』 편찬에 종사했던 경험을 살려서 그 자신의 명의로 저술하였던 『동사집략(東史輯略)』을 더 증보한 통사(通史)였음.

『사민필지』

권지일卷之一

조선 의정부주사 백남규 송서

영국 흘법[1] 기記　　　　이명상 경소 동역

김택영 우림 찬撰

朝鮮議政府主事白南奎宋瑞

英國紇法記　　　　李明翔景霄 同譯

金澤榮友霖 撰

지구地毬

지구라는 것은 별이다. 태허[2] 창명[3]한 사이에 무수한 별 무더기가 있는데, 무더기마다 각각 큰 별이 하나씩 있어서 여러 작은 별들을 거느리고, 작은 별들은 큰 별을 따라 둘러싸고 돈다. '태양'이 하나의 큰 별이다. 매우 빛나고, 움직임이 없으며, 그 옆에 도는 별 여덟이 속해 있으니, 하나는 '목성'이고, 둘은 '금성'이며, 셋은 '토성'이고, 넷은 '화성'이며, 다섯은 바로 '지구성'이고, 여섯은 '해룡성'이며, 일곱은 '천왕성'이고, 여덟은 '수성'인데, 이 여덟 개 별에 또 각각 딸린 별 1백여 개가 있다. 대개 '지구'의 생김

1 호머 헐버트(Homer B. Hulbert, 1863~1949) : 1886년 우리나라 최초의 서양식 교육기관인 육영공원 교사로 한국에 온 이래 『독립신문』 창간에 이바지했고, 1907년 고종 황제에게 헤이그 만국평화회의 특사파견을 건의하기도 했음. 이 일로 1910년 추방되어 미국으로 돌아간 뒤에도 3·1운동을 지지하는 등 한국의 독립을 위해 애씀. 한글본 『사민필지』를 펴내면서 한글애용을 적극 주장했으며, 일본으로부터 국보 86호 경천사석탑을 되돌려 받는 데도 기여함.

2 태허(太虛) : 지구 표면 위에 높이 펼쳐진 공간.

3 창명(蒼冥) : 파랗고 어둑어둑한 끝없는 공간.

새는 형태가 둥글고, 둘레는 8만여 리[4]이며, 지름은 2만 7천 6백여 리이고, 해로부터 거리가 3만 1천 8백 5십만 리쯤이며, 해를 둘러싸고 돈다. 한 시간에 4십 8만 6천 리를 가고, 1년 동안에 한 바퀴를 도니, 이것이 지구가 돌아다니는 셈값이다. 대체로 '남・북극'의 직경[5]은 바르기가 마치 꼬챙이 하나로 탄알을 꿴 것 같고, 남・북극의 한가운데 '적도'가 있는데, 적도에서 남북으로 각각 4천 8백 5십리는 '남・북황도'라 하며, 남・북황도에서 남북으로 각각 8천 9백 리는 '남・북흑도'라 하고, 남・북흑도에서 남북으로 각각 4천 8백 5십리는 '남・북극'이라 하니, 그렇다면 적도 그 밖은 햇빛을 바로 받아 늘 더우며 이른바 '열대'가 이것이다. 황도 그 밖은 1년에 단지 한 번씩 햇빛을 바로 받아 겨울과 여름의 구별이 있으니 이른바 '온대'가 이것이다. 흑도 그 밖은 남・북극과 함께 늘 햇빛을 보지 못하여 추우니 이른바 '빙대'가 이것인데, 빙대의 지역은 또 언제나 반년이 낮이고 반년이 밤이다. 지구의 모양은 비록 둥글더라도 남・북극의 부근은 조금 납작하니, 또 곧게 마주한 가운데에 또한 조금 가지런하지 않음이 있기 때문이다. 종합적으로 보면, 아무 때나 아무 곳에 관계없이 햇빛을 바로 받으면 여름이고, 햇빛을 바로 받지 못하면 겨울이며, 또 햇빛을 보면 낮이고, 햇빛을 보지 못하면 밤이다. 또 지구는 달아나는 힘이 있고, 해는 빨아들이는 힘이 있어서 멀리 달아날 수 없으며, 또 그 해를 둘러싸고 돌기만 한다. 만물이 하루 만에 한 번씩 뒤집혀서 떨어지는 물건이 없는 것은 해가 지구보다 무겁고 커서 무겁고 큰 것의 기운이 가볍고 작은 것을 빨아들일

4 리(里) : 거리의 단위. 고대에는 300보(步), 그 뒤에는 360보, 현대에는 150장(丈). 약 4km의 거리. '장'은 길이의 단위. 한 자(尺)의 열배로 약 3m에 해당함.

5 직경(直徑) : ① 곧바름. ② 지름.

수 있기 때문이다. 대개 해는 지구보다 크고, 1백 2십 6만 배나 될 것이다.

> **地毬者星也**. 太虛蒼冥之際 有無數星叢 叢各有一大星 統衆小星 而小星從大星 以繞旋焉. 太陽一大星也. 極光耀而無動 其傍有旋斡八星屬之 一木星 二金星 三土星 四火星 五卽地毬星 六海龍星 七天王星 八水星 而此八星者 又各有所屬星一百有餘. 蓋地之爲物形體圓 周八萬餘里 徑二萬七千六百餘里 距於日可三萬一千八百五十萬里 而其繞而旋也. 一時行四十八萬六千里 積一年始一周 **此地行之數也**. 夫南北極之直徑正如一串彈子 于南北之正中有赤道 而赤道南北各四千八百五十里爲南北黃道 南北黃道之南北各八千九百里爲南北黑道 南北黑道之南北各四千八百五十里爲南北極 然則赤道以外直受日光而常燠 所謂熱帶是也. 黃道以外一年只一直受日光 而有冬夏之別 所謂溫帶是也. 黑道以外幷南北極常不見日光而寒 所謂氷帶是也 而氷帶之地 又或半年爲晝 半年爲夜. 以地形雖圓 而南北極之邊 則少匾 且於直對之中 亦有少參差故也. 摠之無論 某時某地 直受日光爲夏 不直受日光爲冬 又見日光則爲晝 不見日光則爲夜也. 又地毬有走力 而爲日所吸 不能遠走 且其繞日而旋也. 萬物一晝夜一翻 而無墜物者 以日重大於地 重大者氣能吸輕小者故也. 盖日大於地 爲一百二十六萬倍矣.

그믐과 보름晦望

'그믐'과 '보름'이라는 것은 지구와 달의 본래 성질이 모두 어둡고, 햇빛을 받은 그러한 뒤에 비로소 환하게 밝기 때문이며, 달은 지구를 둘러싸고 돈다. 달이 해와 지구의 사이에 있으면, 그 해를 향하는 부근은 빛을 받고, 지구를 향하는 부근은 빛이 없으니, 지구 위에서 달빛을 보지 못하기 때문에 이르기를 '그믐'이라 하며, 달이 지구 밖으로 나가면, 해와 함께 마주대하여 빛을 받고, 지구 위에서 달빛을 온전히 보기 때문에 이르기를 '보름'이라 한다.

> 晦望者地與月質本皆黑 受日光然後 始明以故 月之繞地而旋也. 月在日地之間 則其向日邊有光 而向地邊無光 地上不見月光 故謂之晦 月出地表 則與日正對而有光 地上全見月光 故謂之望.

일·월식日月蝕

'월식'이라는 것은 지구가 해와 달의 사이에 있어서 햇빛이 달에 가려지기 때문에 반드시 보름에만 '월식'이 있다. 대개 달은 지구를 둘러싸고 돈다. 그 길은 해와 지구와 함께 서로 똑바른 한 선이 되는데, 그것이 지구의 표면에 있으면 자연히 지구에게 가림을 받는 것이다. 이것이 '월식'이 되는 까닭이다. 그렇다면 보름마다 마땅히 월식이 있어야 하지만, 때때로 가끔 있는 것은 그 길이 비록 서로 똑바르다고 하더라도 그 운행은 조금 올라가거나 조금 내려가서 늘 서로 똑바르지만은 않기 때문이다. '일식'이라는 것은 달이 해와 지구의 사이에 있어서 가끔 햇빛이 지구에 가려져 지구 위에서 햇빛을 못 보게 되는 것이니, 그러므로 '일식'은 반드시 그믐에만 있다. 다만 달이 지구보다 조금 작고, 지구는 해보다 매우 작으니, 해가 넓게 비추는 것을 작은 달이 오래 가릴 수 없기 때문에 일식은 잠깐이고, 오랠 수 없다.

月食者地在日月之間 掩日光於月 故必於望 而有月食. 蓋月之繞地而旋也. 其道與日與地 相直爲一線 其在地表 自然受地所掩. 此所以爲食也. 然則每望宜有月食 而乃時或有之者 以其道雖相直 而其行則稍上稍下 不常相直故也. 日食者 月在日地之間 或掩日光於地 地上不見日光 故日食必於朔有之. 但月差小於地 地甚小於日 日所普照 月之小不能久掩 故日食之頃 不能久也.

구름雲

'구름'이라는 것은 물과 땅의 사이에서 늘 습기가 나오는데, 이 김은 매우 가볍고 형체가 없지만 볼 수 있다. 오직 하늘에 저절로 있게 된 김만이 높을수록 더욱 차가우니, 물과 땅의 김이 올라가 차가움을 만나면, 이리하여 비로소 엉겨서 형체를 이루는데, 이를 '구름'이라고 이른다. 또 따뜻할 때는 땅의 김이 많이 나오고 김이 많이 나오면, 습기가 더욱 많으니, 이 때문에 여름에는 습기가 많고 또한 '구름'도 많다.

雲者水土之際常出濕氣 而是氣至輕無形可見. 惟空際自在之氣愈高愈寒 而水土之氣上升而當寒 於是乎始凝成形 是謂之雲. 又溫時地氣多出氣多出 則濕氣尤多 是故夏多濕氣亦多雲.

비雨

'비'라는 것은 물과 땅의 김이 엉겨서 구름이 되는데, 흘러 다니다 가장 추운 데를 만나면, 김이 변하여 물이 된다. 지금 높은 산과 큰 산기슭 속에 '비'가 많음은 그 김이 많이 차갑게 되었는데, 구름과 때마침 서로 만났기 때문이다.

> 雨者水土之氣凝爲雲 而流行遇最寒之 氣卽化爲水. 今高山大麓中多雨爲其氣多寒 而雲適相遇故也.

바람風

'바람'이라는 것은 땅이 조금이라도 따뜻하면, 그 김이 위 방향으로 오르는 듯한데, 그것이 올라갈 때에는 반드시 다른 데에도 김이 있다. 다른 한쪽으로부터 서로 응하여 물 흐르듯 구름이 피어오르게 하는 이것을 '바람'이라고 이른다.

> 風者地少煥 則其氣蒸然上方 其上時必有客氣. 自他方相應 而來滾滾然 是謂之風.

번개電

'번개'라는 것은 본래 공중에 저절로 있는 어떤 기운인데, 그 성질이 습기와 함께 합치기 좋아한다. 그러므로 구름이 있는 곳에 그 기운도 구름의 습기를 따라 한곳으로 모여들고, 그 무리가 점점 커지면, 이 기운이 다른 기운과 함께 서로 감응하며, 이끄는 힘이 생겨나서 서로 끌어당긴다. 곧 번쩍이는 듯한 빛이 있어 공기를 꿰뚫는데, 1분의 시간이 지날 때 지구를 여덟 번이나 돈다. 이 때문에 각 나라에서 사물의 이치를 연구하는 선비들은 대부분 이 기운을 끌어다가 기기機器에 사용하니, 전기선의 종류와 같은 것이 이것이다.

> 電者本空中自在一氣 而其性與濕氣好合. 故雲之所在其氣隨雲濕氣而聚集 其聚漸大 則此氣與彼氣相感 乃生牽引之力 而其相引也. 便閃閃然有光穿空氣 而行一分時八繞地毬. 以故各國格物之士多引此氣 以使用機器 如電機線之類是也.

천둥雷

'천둥'이라는 것은 번개가 지나가는 곳에 공기가 갈라지는데, 이미 갈라진 뒤에 갈라진 것이 다시 합하면, 요란스럽게 울리는 듯한 소리가 나니, 이것을 '천둥'이라고 이른다.

> 雷者電所過處 空氣分焉 旣過之後 分者復合 而有聲轟然 是謂之雷.

지진地震

'지진'이라는 것은 땅속에 물이 있고 불도 있는데, 물과 불이 서로 닿으면 김 같은 기운이 생겨나고, 그것은 서로 다투어 뚫고 나가며 땅이 흔들리게 되니, 대체로 화산이 있는 나라에는 대부분 '지진'이 있다.

> 地震者地中有水有火 水火相感 乃生氣息 而其交戰 而衝出也 地爲之搖動 凡有火山之國 多有地震.

안개霧

'안개'라는 것은 땅에서 나오는 습기인데, 높이 오르지 못하고 엉겨서 이루어진 것이다.

> 霧者出地之濕氣 未高升而凝成者.

눈雪

'눈'이라는 것은 구름이 비가 되기 전에 얼어서 이루어진 것이다.

> 雪者雲爲雨之前 凍而成者.

우박雹

'우박'이라는 것은 구름이 비가 된 뒤에 얼어서 이루어진 것인데, 여름에 더울 때에도 가끔 '우박'이 내림과 같은 것은 바다의 차가운 바람이 서로 엉겨서 맺히기 때문이다.

> 雹者雲爲雨之後 凍而成者 如夏燠時或雹者 海之冷風相搏故也.

서리霜

'서리'라는 것은 이슬이 언 것이다.

> 霜者露之凍者.

밀물과 썰물潮汐水

'밀물'과 '썰물'이라는 것은 지구와 달이 가장 가까워서 달이 지구를 에워싼 물을 빨아들였다 돌려주게 되는 것이니, 곧 내쉬고 들이쉼이 '조수'[6]이다. 그러나 그 빨아들이는 힘에는 크고 작음이 있기 때문에 내쉬고 들이쉼에도 남음과 모자람 및 반달과 보름달이 있으며, 그믐과 초하루가 서로 응한다.

6 조수(潮水) : 달의 인력에 따라 주기적으로 밀려 들어왔다 나갔다 하는 바닷물. 조석수. 미세기.

潮汐水者地與月最近 爲月所吸與包地之水 便息爲潮. 然其吸力有大小 故息有盈縮與弦望 晦朔相應.

꼬리별尾星[7]

'꼬리별'이라는 것은 많은 별 가운데 본래 저절로 있는 것인데, 큰 것도 있고 작은 것도 있으며, 그 돌아가는 횟수는 다른 별들과 함께 같지 않다. 어떤 경우에는 해에서 멀리 갔다가 어떤 경우에는 해에게로 가까이 돌아오니, 몇십 년 몇백 년에 한 번 본다.

尾星者衆星中本自有之 有大者有小者 而其行度與他星不同. 或遠日而去 或近日而回 幾十年幾百年一見.

별똥별流火[8]

'별똥별'이라는 것은 공중에 있으면서 돌아다니는 돌덩이인데, 그 빠르기가 마치 번개와 같고, 지나는 곳의 공기와 서로 닿아 비벼지면 불이 생

7 꼬리별 : 반점(斑點) 또는 성운(星雲) 모양으로 보이고, 때로는 태양의 반대쪽을 향한 꼬리를 수반하는 태양계 내의 천체. 태양열의 영향으로 가스와 미진(微塵)을 분출하는 성질이 있고, 흔히 타원 궤도를 그리며 운행함. 꽁지별. 살별. 혜성(彗星). 모성(鉾星). 장성(長星). 추성(箒星). 혜패(慧孛).

8 별똥별 : 우주진(宇宙塵)이 지구의 대기권을 진입하여 빠른 속도로 낙하할 때 공기의 압축과 마찰에 가열되어 빛을 발하는 물질. 분성(奔星). 비성(飛星). 유성(流星). 운성(隕星).

겨나서 저절로 탄다. 모든 물건은 서로 닿아 급히 비벼지면 자연히 불이 생겨나니, 모두 이런 종류이다. 이른바 '성운'[9]이라는 것도 있는데, 그 돌 속에 늘 쇠가 섞여 있다. 돌은 이미 다 타도 쇠는 오히려 녹지 않아서 아래에 떨어지는 것이 있으니 이것인데, 진짜 성운은 아니다. 또 그 기운은 지구와의 거리가 멀지 않고, 떨어지는 많은 별들에서 나올 것이다.

> 流火者空中有石塊流行 其疾如電 所過處與空氣相摩生火 而自燋也. 凡物相摩之急 自然生火 皆此類也. 而有所謂星隕者 其石中或有鐵雜焉. 石已燋盡鐵猶未銷 而有隕於下者是也 非眞星隕也. 且其氣去地不遠 出衆星之下矣.

은하수天河

'은하수'라는 것은 많은 별들이 서로 모여 길게 뻗친 것인데, 매우 멀어서 이루어진 그 별들은 보이지 않고, 다만 환하게 비치는 그 빛만 볼 뿐이다. 만약 큰 천리경[10]으로 본다면, 많은 그 별들의 수를 분명하고 또렷하게 가리키며 셀 수 있을 것이다.

> 天河者衆星相聚 而長亘者也 而絶遠不見其爲星 但見其煥然有光而已. 若照以大千里境 則其衆星之數 歷歷可指數.

---

9 성운(星隕) : ① 별똥이 떨어짐. ② 훌륭한 인물이 죽음.

10 천리경(千里鏡) : 먼 곳의 물체를 확대하여 똑똑하게 보이도록 만든 광학 기계. 만리경(萬里鏡). 망원경(望遠鏡). 축원경(縮遠鏡).

지구 총론地毬總論

지구는 처음에 다만 뜨겁고 또 빛만 있는 하나의 기운 같은 것이었다. 이 기운이 굴러 돌면서 점차 엉겨 마치 쇠를 녹인 물과 같이 되었고, 열이 점점 없어지면서 굳어졌으나, 바탕이 단단함에 이르지는 못하여 속에 있던 뜨거운 불이 조각조각 터져 솟아나와 비로소 화산이 되었으며, 다음으로 수많은 산악이 되었고, 맨 마지막에는 엉겨 두꺼워져서 마침내 지구를 이루었다. 이때 다하지 못한 지구의 열기와 공기가 서로 부딪쳐서 비를 만들어 여러 해 크게 쏟아졌고, 땅의 움푹 파인 곳에 널리 퍼져 가득 차서 바다가 되었다. 이리하여 바다는 지구의 3/5을 차지하고, 육지는 지구의 2/5를 차지하는데, 육지 중에 3/5은 적도의 북쪽에 있고, 1/5은 적도의 남쪽에 있으며, 또 지구는 둥글기 때문에 그중 2/3는 동쪽에 있고, 1/3은 서쪽에 있어서 둘이 서로 마주 대하고 있다. 이와 같은 뒤에 바다와 육지 사이에 만물이 생겨났으니, 풀과 나무가 처음이고, 어류가 다음이며, 날짐승이 또 그 다음이고, 길짐승이 또 그 다음이며, 사람이 가장 뒤에 생겨났는데, 대체로 천지만물은 모두 사람에게 쓰이게 되기 때문에 만물이 갖추어진 이후에 사람이 비로소 생겨났다. 또 바다와 육지를 자세히 나누어 이름 붙이면, 육지는 동북 사이를 '아시아'라 이르고, 남쪽은 '아프리카'라 이르며, 서북은 '유럽'이라 이르고, 동남은 '오스트레일리아'라 이르며, 서양의 서쪽은 '아메리카'라 이르는데, 그 땅에는 남북 두 쪽이 있기 때문에 또한 '남·북아메리카'라고 말한다. 바다는 아시아의 동쪽과 아메리카의 서쪽을 '태평양'이라 이르고, 아프리카와 유럽의 서쪽과 아메리카의 동쪽을 '대서양'이라 이르며, 아시아의 남쪽과 아프리카의 동쪽과 오스트레일리아의 서쪽을 '인도양'이라 이르고, 남・북극을 '남・북빙양'이라 이른다. 지형을 돌아보면, 둥글어서 보측[11]할 수 없으므로 지금 남・북극을 따라 직경에 의거하여 360'경선'[12]을 정하고, 적도에 의거하여 360'위선'[13]을 정하며, 경선과 위선의 사이는 1도라고 정한 뒤에, 경선은 '잉글랜드' 수도로부터 시작하여 동쪽으로 몇 도 서쪽으로 몇 도를 헤아리고, 위선은 적도로부터 시작하여 남쪽으로 몇 도 북쪽으로 몇 도를 헤아린다. 이는 세상의 많은 나라와 바다와 육지와 산천의 형세를 미루어 헤아려 알도록 할 수 있을 것이다.

地毬之始 但一氣之熱且有光者也. 此氣轉旋漸次凝成如銷鐵之水 熱消漸凝質未及堅 而熱火之在中者 片片迸出 始爲火山 次爲千萬山岳 最後凝厚 遂成地毬. 當此之時 **地毬熱氣之未盡者與空氣相薄成雨** 大注屢年 而地之窪者彌滿爲海. 於是海居地五分之三 陸居地五分之二 而于陸之中五分之三[14]爲赤道之北 五分之一爲赤道之南 又以地圓 故其中三之二在東 三之一在西 兩相對待. 如此之後 海陸間萬物生焉 草木始之 魚蝦次之 飛禽又次之 走獸又次之 而人最後生 蓋天地萬物皆爲用於人 故萬物備而後 人始生焉. 且細分海陸而名之 陸則東北間謂之亞細亞 南謂亞**非利加** 西北謂**歐羅巴** 東南謂**奧大里亞** 西洋之西謂**亞美利加** 而其地有南北兩幅 故亦曰 南北亞美利加. 海則亞細亞之東亞美利加之西謂之太平洋 亞非利加與歐羅巴之西若亞美利加之東謂之大西洋 亞細亞之南亞非利加之東奧大里亞之西謂之印度洋 南北極謂之南北氷洋. 顧地形 輪圓不可以

11 보측(步測) : 걸음으로 거리를 대략 헤아려 잼. 걸음짐작(斟酌). 측보(測步).
12 경선(經線) : 지구의 남북 양극을 연결하여 지구 표면을 세로로 지나도록 그은 가상적인 선.
13 위선(緯線) : 지구 표면을 가로로 지나도록 적도에 평행하게 그은 가상의 선.
14 한문본에는 '三'이지만, 한글본에는 '亽'로 표기되어 있음.

步測 故今就南北極據直經 定三百六十經線 據赤道 定三百六十緯線 經線緯線之間 以定一度然後 經線自英吉利國都始 以東幾度西幾度計之 緯線自赤道始 以南幾度北幾度計之. 斯可以揣知天下萬國海陸山川之形勢矣夫.

인종 총론人種總論

조사해보건대 대체로 7천 년 전에 동북쪽 아시아 대륙 '페르시아'의 땅에 사람이 처음 생겨났으니, '몽고 인종'이라 이르는데, 그 사람들의 살갗은 누렇고 털과 눈동자는 검다. 그 뒤 동남쪽 오스트레일리아 대륙에 생겨난 사람은 '말레이 인종'이라 이르는데, 그 사람들의 살갗은 검붉으며 털과 눈동자는 검다. 서남쪽 아프리카 대륙에 생겨난 사람은 '이디오피아 인종'이라 이르는데, 그 사람들의 살갗과 털과 눈동자는 모두 검다. 서북쪽 유럽 대륙에 생겨난 사람은 '코카서스 인종'이라 이르니, 그 사람들의 살갗은 희고 털은 검으며 눈동자는 푸른데, 그 북쪽 지방 사람들만 홀로 털이 노랗다. 똑바른 서쪽 아메리카 대륙에 생겨난 사람은 '아메리칸 인종'이라 이르는데, 그 사람들의 살갗은 붉고 털과 눈동자는 검다. 이 다섯 대륙 가운데 오직 유럽 대륙에만 각 국토 여기저기에 나뉘어 사는 백인종이 가장 많다. 4백 년 전에 유럽 사람들이 아메리카 땅에 들어가서 예전부터 살던 사람들을 쫓아내고 스스로 큰 나라를 만드니, 적인종은 지금 점점 쇠하여 드물다. 또 1백 5십 년 전에 아프리카 바닷가에 잇닿아 있는 땅에 들어가서 사니, 흑인종도 모두 쫓겨나 내륙 지역으로 옮기게 되었다. 8·9십 년 전에는 오스트레일리아 땅에 들어가 예전부터 살던 사람들을 점차 쫓아내니, 적흑인종도 지금 또 점점 쇠하는 듯하다. 그 사람들이 누렇거나 희거나 붉거나 검어서 같지 않은 것은 대체로 해와의 거리가 멀거나 가까워서 그러한 것이다.

> 稽夫七千年之前 人始生於東北亞細亞洲 **法西亞之地** 謂之蒙古人種 其人肉黃 而毛眼黑. 其後生於東南奧大里亞洲者 謂之巫來由人種 其人肉赤黑毛眼黑. 生於西南亞非利加洲者 謂之伊度五弁人種 其人肉毛眼皆黑. 生於西北歐羅巴洲者 謂之高加索人種 其人肉白毛黑眼碧 而其北方人獨黃毛. 生於正西亞美利加洲者 謂之亞美利干人種 其人肉赤毛眼黑. **是五洲之中 惟歐洲白人種分居各土者最多**. 四百年前 歐洲人入亞美利加地 逐舊居人 自成大國 而赤人種今漸衰稀. 又一百五十年前 入亞非利加沿海地居之 而黑人種皆爲所逐徙于內地. 又八九十年前 入奧大里亞地 稍逐舊居人 而赤黑人種今又漸衰然. **其人黃白赤黑之不同者 蓋去日遠近而然也**.

유럽 총론歐羅巴總論

유럽 대륙이라는 곳은 넓이가 북위선 35도부터 75도까지이고, 동경선 65도부터 서경선 10도까지이며, 남북이 7천 5백 리이고, 동서가 8천 리이다. 그 경계의 북쪽은 북빙양이고, 동남쪽은 아시아와 지중해이며, 서쪽은 대서양이다. 사방 10리의 지역이 4십 3만 2천 곳인데, 동쪽에는 산이 적으면서 큰 강이 많고, 서쪽에는 높고 큰 산들이 많으며 또한 강도 많고 동쪽보다 차이가 적다. 또 서·남·북 삼면에 큰 섬이 많고, 항구가 많아 세상에서 가장 으뜸이다. 기후는 북쪽이 매우 춥고, 남쪽은 고르며, 인구는 3

백 2십 8백만 명이고, 씨족[15]은 코카서스인데, 또한 북쪽 변두리 땅에는 가끔 몽고 인종도 있다. 그 여러 나라 중에 18국이 있으니, '러시아', '노르웨이 스웨덴', '덴마크', '독일', '네덜란드', '벨기에', '잉글랜드', '프랑스', '에스파냐(스페인)', '포르투갈', '스위스', '이탈리아', '오스트리아 헝가리', '루마니아', '세르비아', '산마리노',[16] '터키', '그리스'이다. 이 여러 나라는 부유한 나라이고 군사가 우수하면서 강하며, 재주가 기묘하고 학업에 오로지하며, 정치는 백성의 뜻을 한결 같이 따르고, 장님과 귀머거리와 벙어리와 절뚝발이인 사람이라도 가르치고 배우는 학당이 있으며, 늙은이와 어린이와 창이[17]와 미치광이인 사람이라도 보살피고 치료하는 병원이 있어서 온 나라 안을 들어보아도 도무지 버림받는 사람이 없으며, 관리된 사람 중에 일반 평민을 깔보고 업신여기거나 강제로 빼앗는 자가 있으면 반드시 엄격하게 금지하며, 또한 노비 매매와 행창[18]과 축첩[19] 등의 일을 금지한다. 오직 백성에게 관심을 갖고 돌보아 줌에만 여러 정사의 근본을 삼기 때문에 그 백성의 삶이 모두 안락하니, 세상에서 말하기를 '낙토[20]라는 곳은 모두 유럽과 아메리카를 제일로 삼는다'는 것이 이것이다. 또 온 세상과 사람들을 나누어 네 등급을 만들었으니, '독일'과 '프랑스'와 '잉글랜드'와 '오스트리아'와 '노르웨이 스웨덴'과 '덴마크'와 '네덜란드'와 '벨기

15 씨족(氏族) : 여러 사회에서 중요한 의미를 차지하는 기본적인 친족 집단.

16 산마리노(San Marino) : 유럽에서 바티칸시티와 모나코 다음으로 작은 독립국가. 아드리아해에서 가까운 티타노 산기슭에 있고, 수도는 산마리노이며, 사면이 이탈리아에 둘러싸여 있음. 인구의 다수는 이탈리아인이고, 종교는 로마 가톨릭교이며, 공식 언어는 이탈리아어임.

17 창이(瘡痍) : 연장이나 무기에 다친 상처 또는 피부의 종기.

18 행창(行娼) : 드러내 놓고 창기(娼妓) 노릇을 함. 또는 그 창기.

19 축첩(畜妾) : 여러 명의 첩을 둠.

20 낙토(樂土) : 아무런 걱정이나 부족함이 없이 편안하고 즐겁게 살 수 있는 곳.

에'와 '스위스'와 '이탈리아'와 '(아메리카)합중국'이 첫 번째이다. '러시아'와 '루마니아'와 '에스파냐'와 '그리스'와 '포르투갈'과 '남아메리카 여러 나라'와 '일본'이 두 번째이다. '터키'와 '모로코'와 '튀니지'와 '아시아 여러 나라'가 세 번째이다. '아프리카 중에 여러 나라'와 '태평양 섬 중에 여러 나라'와 '오스트레일리아 중에 여러 지역'이 네 번째이니, 이것은 부국강병으로 논함이 아니다. 정치의 우열로 분별했기 때문에 비록 '네덜란드'와 '벨기에'처럼 여러 작은 나라라도 또한 (첫 번째에) 참여할 수 있다.

> 歐羅巴洲者 幅員自北緯線三十五度 至七十五[21]度 自東經線六十五度 至西經線十度 南北七千五百里 東西八千里. 其界北北氷洋 東南亞細亞若地中海 西大西洋. 方十里之地爲四十三萬二千 東少山 而多大水 西多高大之山 亦多江水而差少於東. 又西南北三面多大島 而港口之多**爲天下最**. 氣候北甚寒 南調和 人口三百二十八百萬 氏族高加索 而北邊亦或有蒙古人種. 其中諸國有十八[22] 曰俄羅斯 **曰那威 瑞典** 曰丁抹 曰德國 曰荷蘭 曰白耳義 曰英吉利 曰法蘭西 曰西班牙 曰葡萄牙 曰瑞西 曰意大里 曰奧地里亞 凶牙里 曰婁稱尼亞 曰西比亞 曰山馬利魯 曰土耳其 曰希臘. 是諸國者 國富兵精 技奇學專 政治一順民志 瞽聾啞跛之人教學有堂 老弱瘡痍顚狂之人養治有院擧一國之內 都無棄人 爲官吏者 有慢侮侵漁下民者 必嚴禁之 亦禁賣買奴婢及行娼畜妾等事. 惟以顧護百姓爲諸政之本 故民皆安樂其生 天下之言 樂土者皆以歐羅巴亞美利加爲第一者此也. 且分天下人物爲四等 德若法若英若奧地里亞若那威瑞典若丁抹若荷蘭若白耳義若瑞西若意大里亞若合衆國爲第一. 俄羅斯若婁稱尼亞若西班牙若希臘若葡萄牙

21 한문본에는 '五'이지만, 한글본에는 '이'로 표기되어 있음.
22 한문본에는 '八'이지만, 한글본에는 '구'로 표기되어 있음.

若南亞美利加諸國若日本爲第二. 土耳其若摩洛哥若杜尼斯若亞細亞諸國爲第三. 亞非利加中諸國 太平洋島中諸國 奧大里亞中諸地爲第四 此非以富强論也. 以政治優劣爲分別 故雖荷蘭白耳義諸小國 亦得與焉.

러시아俄羅斯

다른 이름은 '로국'이니, 본래 서북쪽에 흩어져 있던 부족인데, 당나라(618~907) 말에 '류리크'[23]라는 사람이 나라를 처음 세웠다.[24] 원나라(1271~1368) 태조가 멸망시켰으나, 명나라(1368~1644) 초에 류리크의 후손이 회복시켰고, 청나라 강희 연간(1661~1722)에 이르러 그들이 널리 불러들여 다시 일어날 수 있었으며, 이로부터 나라가 날로 강대해졌다.

'러시아'라는 곳은 그 나라가 유럽부터 아시아까지 이른다. 그 유럽에 속해 있는 곳은 넓이가 북위선 40도부터 70도까지이고, 동경선 20도부터 60도까지이며, 남북이 6천 리이고, 동서가 4천 리이며, 사방 10리 되는 곳이 12만 5천 개이다. 그 경계의 북쪽은 북빙해이고, 동쪽은 아시아와 '카스피' 호수이며, 남쪽은 아시아와 오스트리아이며, 서쪽은 독일과 스웨덴이다. 대부분 평

---

23 류리크(Ryurik) : 830~879. 러시아의 건국자. 전설에 의하면 스웨덴의 노르만 수장으로, 노르만 인을 인솔하여 러시아에 침입·항쟁하는 슬라브 인을 진정하여 862년에 노브고로트 공국을 세웠다고 함.

24 당나라 말에 '록리가'라는 사람이 나라를 처음 세웠다 : 1901년에 소지당(邵之棠)이 엮은 『황조경세문통편(皇朝經世文統編)』 권17 「지여부(地輿部) 2」 「각국지(各國志)」에 따르면, "당나라 이전에는 서북쪽에 흩어져 있던 부족인데, 흉노에 속해 부역을 당했다. 당나라 의종 감통 연간(860~874)에 추장 록리가라는 사람이 부족 무리를 끌어들여 나라를 처음 만들었다(唐以前爲西北散部 受役屬於匈奴. 唐懿宗咸通年間 有酋長祿利哥者 招引族類肇造邦)"라고 하였음.

원과 광야인데, 동남쪽은 많은 산이 에워쌌으니, 그 가장 큰 것은 '우랄', '코카서스'라 하며, 또 큰 강 셋이 있으니, '볼가'강, '오데사'포,[25] '드네프르'강이라 한다. 기후는 북쪽 변두리가 매우 춥고, 여름이면 밤은 매우 짧으며 낮은 매우 긴데, 남쪽 변두리는 조금 덥다. 풀과 나무에 소나무 · 측백나무 · 감자가 많고, 길짐승에 소 · 말 · 곰 · 이리 · 사슴 · 여우와 가죽옷의 재료인 여러 짐승이 많으며, 곡식은 밀 · 보리 · 귀리 · 메밀이 적당하고, 광물은 금 · 은 · 구리 · 철 · 석탄 · 석유가 넘친다. 사람 수는 9십 1백만이고, 씨족은 코카서스와 몽고 두 종류가 있으며, 언어는 복잡하다. 도성은 '발트' 해 곁에 있고, '페테르'라고 이름 부르는 곳인데, 그 임금의 이름을 따랐으며,[26] 도회[27]는 오데사강가의 항구와 '아스트라한'[28] 등의 지역이 있다. 백성의 생업은 주로 농업 · 방적 · 광업 · 목축이고, 상고[29]가 내다파는 물품은 곡식 · 피륙 · 양가죽 · 이름난 재목 · 석유 · 가죽 재료인데, 값어치는 1년에 1백 2십 백만 원이며, 사들이는 물품은 설탕 · 가죽 · 차茶 · 술 · 솜 · 염색 재료 · 기계인데, 값어치는 1년에 2백 백만 원이다. 그 아시아에 속해 있는 곳에 이른바 '튜멘'[30]이라는 커다란 도회는 바로 옛 '시베리아'의 지역이고, 이

25 포(浦) : 개. 조수가 드나드는 강어귀. 물가.

26 '페테르'라고 이름 부르는 곳인데, 그 임금의 이름을 따랐으며 : '페테르'는 러시아 연방 제2의 도시인 '상트페테르부르크'. 이곳은 지난 2세기 동안 제정 러시아의 수도였는데, 페테르스부르크 → 페트로그라드 → 레닌그라드로 불리다 1991년부터 상트페테르부르크로 불림. '임금'은 러시아의 황제였던 '표트르 1세(Pyotr I, 1672~1725, 재위 1682~1725)'. 서구화 정책을 추진하는 한편, 영토 확장과 중앙 집권화 등의 정책으로 러시아의 근대화와 강국화를 동시에 이루었음. 영어 이름은 '피터 대제(Peter大帝)'.

27 도회(都會) : 사람이 많이 살고 상공업이 발달한 지역.

28 아스트라한(Astrakhan) : 러시아 연방 남서부 아스트라한 주의 주도. 볼가강 하구 삼각주에 있으며, 킵차크 한국(汗國)의 잔존 세력인 타타르 칸국의 수도였음.

29 상고(商賈) : 이윤을 목적으로 물건 파는 것을 업으로 하는 사람.

30 튜멘(Tyumen) : 러시아의 시베리아 서남부에 있는 도시. 이름은 튀르크어나 몽골어, 퉁구스어 등의 언어에서 1만을 뜻하는 튀멘(tümen)에서 나왔고, '두만강'과 똑같은 어원. 시베리

른바 '키예프'라는 커다란 도회는 바로 옛 '터키스탄'[31]의 지역인데, 북흉노의 남겨진 무리들이다. 그 지역은 북위선 35도부터 78도까지이고, 동경선 50도부터 180도까지이며, 남북이 6천 리이고, 동서가 2만 2천 리이며, 사방 10리 되는 곳이 71만 개이다. 북쪽 경계는 '카라'[32]강과 북빙양이고, 동쪽 경계는 태평양이며, 남동쪽 경계는 청나라와 조선이고, 서쪽 경계는 유럽이다. 그 산은 '오보이'와 '알타이'라 하고, 그 강은 '레나'[33]와 '아무르'라 하며, 그 호수는 '카스피안'과 '바이칼'이라 하는데, 화산 21개가 그 동쪽에 있다. 기후는 동북쪽이 매우 춥고, 서남쪽은 매우 덥다. 풀과 나무에 소나무・목화와 여러 과일나무가 있고, 길짐승에 낙타・곰・호랑이・청설모가 있으며, 농산물과 광물은 '페테르' 지역과 크게 비슷하다. 인구는 십 5백만이고, 씨족은 코카서스이며, 언어는 또한 복잡하다. 그 사람들은 모직물 깔개를 잘 만들고, 상고가 내다파는 물품은 솜・곡식・금・은・보석이며, 사들이는 물품은 차茶 재료・설탕・명주와 비단・양털・나무와 풀의 열매・여러 기

아 최초의 러시아 도시로, 1586년 세워졌음. 60년대 유전 발견 이래로 러시아 석유산업의 중심지로서 시베리아에서 가장 빠르게 발전하는 도시 중 하나임. 관광지로 근처에 있는 시베리아 식민지의 수도였던 토볼스크가 있음.

31 터키스탄(Turkestan) : 투르키스탄(Turkistan). 아시아 역사를 통해 나타나는 중앙아시아의 여러 지역. 파미르 고원을 중심으로 중앙아시아 지역 북쪽으로 시베리아, 남쪽으로 티베트・인도・아프가니스탄・이란, 동쪽으로 고비사막, 서쪽으로 카스피해 사이에 자리 잡고 있음. 투르키스탄이라는 명칭은 원래 투르크족이 사는 지역을 뜻함. 파미르 고원과 천산 산맥을 사이에 두고 서투르키스탄(지금의 투르크메니스탄・우즈베키스탄・타지키스탄・키르기스스탄・카자흐스탄 남부 지역)과 동투르키스탄(신장위구르자치구)으로 나누어진다. 1920년대 중반 이후 한동안 행정상 카자흐스탄을 제외한 서투르키스탄은 소비에트 중앙아시아로 알려졌음.

32 카라(Kara) : 예니세이・오브・퍄시나강 등과 함께, 북극해의 주변부에 해당하는 해역인 '카라'해로 유입되는 강.

33 레나(Lena) : 러시아 연방을 흐르는 주요 강이고, 세계에서 가장 긴 강 중의 하나임. 중앙아시아 바이칼호 서쪽에서 발원함. 길이는 총 4,400km이며, 러시아를 가로질러 북쪽으로 흘러 하구에서 삼각주를 이루어 북극의 랍테프해로 흘러듦.

계이다. 이것이 그 대략이다. 그 세운 나라의 규모에 이르면, 임금이 대대로 전하여 정사를 지배하고, 대신 네 사람을 두는데, 죄와 잘못을 다스리는 이가 있으며, 정치와 종교를 맡은 이가 있고, 전쟁이나 군대를 맡은 이가 있으며, 외국 교섭을 맡은 이가 있다. 나라를 나누어 50주州로 만들어서 주마다 각각 감사 하나를 두고 그 형벌을 다스리되, 반역만 죽여 없애며, 연좌[34]는 없고, 나머지 죄들은 경중을 나누어 유배하거나 또는 가둬 노동을 시키거나 그냥 가둬두기만 한다. 사람의 등급에는 조상의 채지[35]를 대대로 받아먹는 벼슬아치와 선비·농민·장인·상인의 모두 다섯 등급이 있는데, 언어에 이르러서는 서로 사귀어 가까이 지낸다. 관리가 되면 모두들 의지할 데 없는 늙은이와 어린이 및 고치기 힘든 부스럼 병자나 미친 사람을 분별하지 않고, 모두 공름[36]에서 먹이며 치료한다. 학업에는 아홉 관리가 있어서 나누어 다스리니, 처음 배우는 학당은 3만 곳이고, 높은 재주를 배우는 학당은 2백 곳이며, 가장 뛰어난 재주를 배우는 학당은 아홉 곳인데, 남녀를 모아서 배우는 이가 늘 1백만을 헤아리고, 해마다 새로운 학설로 만드는 책들이 거의 만 가지이며, 장님과 귀머거리와 절뚝발이와 벙어리인 사람에 이르더라도 또한 모두 학당에 들어가니, 온 나라 안에 배우지 못하는 사람이 없다. 세금은 돈으로 받는데, 1년 액수가 5백 백만 원이다. 군사 제도에 온 나라 사람은 17·8세부터 30세까지 반드시 3년은 군사가 되어 지내야 하니, 그 육군은 2백만인데 우수하고 강한 군사가 80만이며, 화륜전선[37]이 4백 척이고,

---

34 연좌(連坐) : 일가친척의 범죄 때문에 죄 없이 처벌을 당하거나 불이익을 받음.

35 채지(采地) : 중국에서 공신(功臣)에게 내리던 식읍(食邑). 채읍(采邑).

36 공름(公廩) : 나라에서 관리하는 곳집. 정부 창고.

37 화륜전선(火輪戰船) : 물레바퀴 모양의 추진기를 단 전투용 기선(汽船). 스크루를 이용하기 전에 있었음.

철갑 배(철갑 대화륜선)라는 것이 32척이다. 나라 안 도로는 매우 잘 닦고 고쳤으며, 기찻길 또한 매우 많고, 또 몇 년 전에 수도부터 조선 두만강 근처 지역까지 기찻길을 크게 만들었으니, 처음부터 끝까지 3만여 리를 헤아리는데, 3 · 4년 뒤에는 완성할 수 있을 것이다. 대개 그 나라는 오로지 땅만 개척하기를 꾀하여 수백 년간 유럽과 아시아 지역을 잠식하였는데, 오히려 그 뜻을 그만두지 않았다. 그 종교는 천주교를 으뜸으로 삼고, 임금이 교주를 겸하는데, 변경의 사람들은 혹은 개신교 · 이슬람교나 여러 종교를 행하며, 또한 금지하지 않는다. 정남정녀[38]로서 도를 공부하는 사람들에게 남원당과 여원당[39]이 있어 그들을 모은다. 씨족 · 인품 · 군제 · 세법 · 학정 · 형법 · 도로는 러시아부터 이하 유럽에 있는 여러 나라들이 대체로 대강 같기 때문에 이 이하로는 다시 많이 덧붙이지 않는다.

一名露國 本西北散部 唐末有祿利哥者 始立國. 元太祖滅之 明初祿利哥之孫復之 至淸康熙中 彼得羅中興 自是國日强大.

俄羅斯者 其國自歐羅巴 至亞細亞. 其在歐羅巴者 幅員自北緯線四十度至七十度 自東經線二十度至六十度 南北六千里 東西四千里 爲方十里者 十[40]二萬五千. 其界北北氷海[41] 東亞細亞若哥秀比安湖 南亞細亞若奧地里亞 西德國若瑞典. 多平原曠野 而東南繚以萬山 其最大者 曰乳剌 曰開西 又有大水三 曰伐可江 曰五德沙浦 曰廣布[42]江. 氣候北邊甚寒 而當夏夜極短晝極長 南邊稍熱.

38 정남정녀(貞男貞女) : 이성과 한 번도 성교를 하지 않은 남자와 여자. 숫총각과 숫처녀.

39 남원당(男願堂)과 여원당(女願堂) : ① 예전에, 신에게 소원을 빌기 위해 세웠던 집. ② 예전에, 시주자의 소원을 빌거나 죽은 사람의 화상(畫像)이나 위패(位牌)를 모셔 놓고 명복을 비는 법당을 이르던 말.

40 한문본에는 '十'이지만, 한글본에는 '이십'으로 표기되어 있음.

41 한문본에는 '海'이지만, 한글본에는 '양'으로 표기되어 있음.

草木多松栢甘藷 獸多牛馬熊狼鹿狐 及裘材之諸獸 穀宜牟麥燕麥麰麥 礦旺金銀銅鐵煤石油. 人數九十百萬 氏族有高加索蒙古二種 言語多端. 都城在伐德河邊 名曰彼得羅者 **因其君之名也**. 都會有五德沙浦港 若河西德那等地. 民業主農績礦畜 商賈出貨爲穀布羊**皮**名材石油裘材價歲一[43]百二十百萬元 入貨爲砂糖皮革茶酒絮帛染綵器械 價歲二百百萬元. 其在亞細亞者 所謂斗眠會城者卽古西比利亞之地也 所謂塊巴會城者 卽古土耳其西丹之地 乃北凶奴遺種也. 其地自北緯線三十五度至七十八度 自東經線五十度至一百八十度 南北六千里東西二[44]萬二千里 爲方十里者 七十一萬. 北界哥羅河若北氷洋 東界太平洋 南東界淸若**朝鮮** 西界歐羅巴. 其山曰 烏步伊若遏他伊 其江曰 勒那若亞毋魚 其湖曰 開西比安若杯曷 火山二十一在其東. 氣候東北甚寒 西南甚熱. 草木有松木綿及諸果 獸有橐駝熊虎**靑鼠 田礦之産大類彼得羅之地**. 人口十五百萬 氏族高加索 言語亦多端. 其人善造罽薦 商賈出貨爲綿穀金銀寶石 入貨爲茶料砂糖紬緞羊毛果菰諸器械. **此其大略也**. 至其立國規模 君主世傳摠政 置大臣四人有治罪過者 有司政教者 有掌師旅者 有掌外國交涉者. 分國爲五十州 州各置一監司 理之其刑 止誅亂逆 無連坐 餘罪分輕重 竄之或懲役禁錮. **人品有官人世食祖先采地 及士農工賈凡五等 而至於言語交際**. 仕官皆無分別無依老幼 及惡瘡病狂之人 皆公廩而養治之. 學業有九官分治 初學學堂三萬所 高材學堂二百所第一高材學堂九所 男女聚 學者常百萬計 歲以新說成書者 近**萬**[45]數 以及瞽聾跛啗之人 亦皆入學 擧一國之內無不學之人. 賦稅以錢 歲額爲五百百萬元. 軍

42 한문본에는 '廣布'이지만, 한글본에는 '늬버ㅣ란 강도(…중략…) 돠이나ㅣ란 강은(…하략…)'으로 표기되어 있음.

43 한문본에는 '一'이지만, 한글본에는 '이'로 표기되어 있음.

44 한문본에는 '二'이지만, 한글본에는 '일'로 표기되어 있음.

45 한문본에는 '萬'이지만, 한글본에는 '팔쳔'으로 표기되어 있음.

制 擧國之人 年自十七八至三十 必經三年爲兵 其陸軍二百萬 精兵八十萬 火輪戰船四百 艘鐵甲者三十二. 國內道路甚修治 而火輪車路亦甚多 又數年前大作火輪車路 自國都至朝鮮豆滿江近地 首尾三萬餘里計 三四年後可成. 蓋其國專以拓地爲圖 數百年間蠶食歐亞之地 而其志尙未已也. 若其宗教 則以天主爲宗 君主兼爲教主 而邊裔之人 或行耶蘇回回諸教者 亦不之禁. 貞男貞女學道者 有男願堂女願堂摠之. 氏族人品軍制稅法學政刑法道路 自俄以下諸國在歐洲者 大抵略同 故此以下不復多贅.

노르웨이 스웨덴那威 瑞典

조광윤[46]의 송나라(960~1127) 초에 '에리크'[47]라는 사람이 나라를 처음 세웠다. 명나라 초에 덴마크국에 합병되었으나, 가정[48] 2년(1523)에 '와살'이 그 나라를 회복시켰으며, 청나라 도광[49] 초에 이르러 '가이록사'가 지난날의 영웅이라 자처했다.

노르웨이 스웨덴이라는 곳은 두 나라이면서 임금은 하나인데, 비록 임금이 정치를 하더라도 백성 대부분이 주인이다. 그 노르웨이의 도성은 '크리스티아니아'[50]라 하는데 나라의 남쪽에 있고, 스웨덴은 '스톡홀름'이라 하

46 조광윤(趙匡胤) : 927~976. 송(宋)나라를 건국한 송 태조(太祖, 재위 960~976). 5대 10국의 혼란기를 정리하고, 후주 공제의 선양으로 송나라를 건국했음.

47 에리크(Erik) : 재위 970~995. 스웨덴 왕국과 문쇠가의 시조. 승리왕.

48 가정(嘉靖) : 중국 명대(明代) 세종(世宗)의 연호. 1522~1566.

49 도광(道光) : 중국 청대(淸代) 선종(宣宗)의 연호. 1821~1850.

50 크리스티아니아(Christiania) : 노르웨이의 수도인 '오슬로(Oslo)'의 옛 이름. 1624년 대화재로 전소된 후 당시 노르웨이를 지배하던 덴마크 왕 크리스티안 4세의 이름을 붙여 '크리스티아니아'로 이름 붙여졌다가 1925년에 본래 이름인 '오슬로'라 부르게 되었음.

는데 나라의 동쪽에 있다. 그 지역은 북위선 50도부터 70도까지이고, 동경선 5도부터 25도까지이다. 기후는 매우 춥고, 여름도 또한 덥지 않은데, 북쪽 변두리의 여름 밤과 겨울 낮은 매우 짧다. 남북이 대체로 3천 리이고, 동서가 6백 리이며, 사방 10리 되는 곳이 2만 개이다. 북쪽은 북빙양과 닿아 있고, 동쪽은 러시아와 통하며, 남서쪽은 발트해와 대서양을 대하고 있다. 그 지세와 풍경이 뛰어나 서북쪽에는 '도버빌드'와 여러 산이 있어 험하고, 동쪽에는 많은 작은 강들이 발트해의 물로 흘러들어가며, 또 여러 호수가 있으니 '베네른'[51]과 '베테른'[52] 두 호수가 남쪽에 있는데 가장 크고, 북쪽에는 8개의 작은 '로포텐'[53]섬이 마치 별처럼 나란히 벌여 있는데, '로포텐'이라는 곳은 세상에서 가장 험한 여울[54]이다. 그 나무는 거의 소나무 · 측백나무이고, 기타 겨울을 지내도 시들지 않는 나무이며, 또한 그 곡식 대부분은 거의 보리 · 귀리이고, 그 열매는 거의 감자이며, 그 길짐승은 곰 · 이리 · 멧돼지 · 사슴 · 말 · 소 · 양 · 염소이고, 그 새들은 오리 · 기러기와 마땅히 먹을 만한 여러 날짐승들이며, 그 생선이 온 세상 제일인데, 복어가 가장 맛이 좋다. 그 사람들의 등급은 평등하고, 그 종교는 주로 개신교이며, 그 생업은 바다 사냥 · 벌목 · 방적 · 목축 · 광업 · 농사이고, 배를 꼼꼼하게 많이 잘 만든다. 그 백성의 수는 노르웨이가 2백만이고, 스웨덴은 4백 7십만이며, 언어는 각 나라의 말소리에서 생겨났다. 연변[55]에 통상하는 항구가 많은데, 내

51 베네른(Vanern) : 스웨덴에서 가장 큰 호수. 스웨덴 남서부에 있으며, 유럽에서 3번째로 큰 호수.

52 베테른(Vattern) : 스웨덴에서 두 번째로 큰 호수. 스웨덴 중남부인 스카라보리 주와 외스테르예틀란드 주 사이에 있는 베네른 호 남동쪽에 있으며, 스몰란드 지방 북쪽에 있음.

53 로포텐(Lofoten) : 노르웨이 북부 노를란 주의 노르웨이해에 있는 제도(諸島). 북극권 내에 있고, 본토와 떨어져 있으며, 로포텐베스테롤렌 제도의 남단에 5개의 주요 섬으로 이루어져 있음.

54 여울 : 강이나 바다에서 바닥이 얕거나 폭이 좁아 물살이 빠르게 흐르는 곳.

다파는 물품은 생선 · 목재 · 모직물 깔개 · 새 깃과 짐승 털 · 가죽 · 은 · 구리이니, 값어치는 1년에 1백 15만 원이고, 사들이는 물품은 쌀 · 술과 고기 · 담배 · 향유 · 완구이니, 값어치가 1년에 1백 12만 원이며, 그 세금은 1년에 37만 원이 들어온다. 그 육군은 14만이고, 화륜전선이 1백 6척이며, 철갑대함이 6척이다. 그 기찻길은 1천 5백 리이고, 광산 · 형법 · 학교 · 군사 제도 · 세법 · 도로는 러시아와 대강 같을 것이다.

趙宋初有厄里哥者始立國. 明初爲丁抹[56]國所幷 嘉靖二年瓦撒復其國 至淸道光初 加爾祿斯稱雄于時.

那威瑞典者二國也 而一君主之. 雖君主而政治 民多主之. 其都城那威曰加理西得在國南 瑞典曰西托在國東. 其地自北緯線五十度至七十度 自東經線五度至二十五度. 氣候甚寒 夏亦不熱 而其北邊夏夜冬晝俱極短. 南北凡三千里 東西六百里 方十里者二萬. 北接北米洋 東通俄羅斯 南西臨伐得河若大西洋 其形勝西北有徒法必帶諸山爲阻 東衆小河入于伐得河水 又有諸湖而杯羅拔羅二湖在南最大 北則老包丹八小島羅列如星 老包丹者 天下之惡灘也. 其木宜松栢 而其他經冬不凋之木 亦多其穀宜牟麥燕麥 其蓏宜甘藷 其獸熊狼猪鹿馬牛羊羔 其鳥鳧雁及諸宜食之禽 其鮮甲天下而河豚最美. 其人品平等 其宗敎主耶蘇. 其業畋海採木績麻牧畜礦農 善造舟緻而多. 其民數那威二百萬 瑞典四百七十萬 言語各出國音. 沿邊多通商之港 而出物魚鮮材木罽氊羽毛皮革銀銅 價歲一百十五萬[57]圓 入物米穀酒肉烟草香臊玩具 價歲一百十二萬[58]圓 其稅入歲三十七萬[59]

55 연변(沿邊) : 국경이나 바다, 강, 도로 등을 따라 길게 잇닿아 있는 지역.

56 원문에는 '抹'이지만, '抹'의 오기이므로 바로잡았음.

57 한문본에는 '萬'이지만, 한글본에는 '빅만'으로 표기되어 있음.

58 한문본에는 '萬'이지만, 한글본에는 '빅만'으로 표기되어 있음.

圓. 其陸軍十四萬[60] 火輪戰船百六艘 鐵甲大艦六.[61] 其火輪車路一千五百里 而礦產刑法學敎軍制稅法道路 略與俄同矣.

덴마크丁抹

한편으로 '련국'이라 이르니, 송나라 초에 '고름'[62]이라는 사람이 나라를 처음 세웠다. 중세에 그곳을 잃었다가 요사이 비로소 그 원래대로 차츰 회복했다.

덴마크라는 나라는 그 도읍이 '셸란'[63]섬 안의 '코펜하겐' 지역에 있다. 사람 수는 불과 2백만이다. 세금은 5십 백만 원이 들어온다. 육군은 4만이고, 수군은 천 명이며, 전함이 40척이다. 그러나 그 땅은 대부분 평야인데, 한쪽으로는 잇닿은 여러 섬들로 나라를 이루었고, 발트해와 대서양의 좁은 길목을 마주 대하였으므로 일단 그 좁은 길목을 막으면, 뱃길이 도무지 통하지 않으니, 이것이 약소국이면서 그 스스로 지킬 수 있는 것이다. 또 그 정치는 임금이 백성에게서 잘 듣고 공평하니, 이른바 '공화'라는 것이다. 토산물은 대부분 이름난 재목 · 보리 · 감자 · 소 · 말 · 돼지 · 해산물 · 석탄이고, 다른 나라와 통상하는 물품으로 내다파는 것은 우유 · 치즈와 소고기 · 가죽이니, 값어

59 한문본에는 '萬'이지만, 한글본에는 '빅만'으로 표기되어 있음.

60 한문본에는 '十四萬'이지만, 한글본에는 '십ᄉ만 ᄉ쳔'으로 표기되어 있음.

61 한문본에는 '六'이지만, 한글본에는 '아홉'으로 표기되어 있음.

62 고름 가믈리(Gormr gamli) : 900～958(재위 936～958). 역사적으로 그 실재가 확인되는 가장 오래된 덴마크 왕. '가믈리'는 '늙었다'라는 뜻으로, '고름 가믈리'는 '늙은 고름' 또는 '노왕(老王) 고름'이라고 해석할 수 있음. 오늘날의 덴마크 옐링을 도읍으로 삼고 나라를 다스렸으며, 아내 튀라의 죽음을 추모하기 위해 옐링 거석을 세웠음.

63 셸란(Sjælland) : 덴마크에서 가장 크고 인구가 많은 섬. 덴마크 동부, 카테가트 해협과 발트해 사이에 있음.

치는 1년에 5십 백만 원이며, 사들이는 물품은 설탕·소금·베와 비단·커피·쌀·차·담배·수삼[64]이니, 값어치는 1년에 6십 백만 원이다. 언어는 오직 자기 나라 말만 배우기에 힘쓰고, 사람들은 7세부터 14세까지 모두 나라에서 관리하는 곳에서 가르치는데, 학당은 3천 5백 곳이며, 사범학교는 여섯 곳이고, 높은 재주를 배우는 학당은 네 곳이며, 논설을 글로 지어 만든 책은 수만 종을 헤아린다. 그 지역은 남북이 6백 리이고, 동서가 5백 리이며, 사방 10리 되는 곳이 4천 개이다. '아비'강이 그 북쪽에 있고, '발트'해가 그 동쪽에 있으며, 독일이 그 남쪽에 있다. 북위선 54도에서 57도의 사이에 있고, 동경선 8도에서 12도의 사이에 있기 때문에 기후가 늘 고르고, 백성들은 즐겨 농업과 어업을 한다. 일찍이 북아메리카와 북그린란드섬의 사이에 개척지가 몇천 리이고, 또 남북아메리카의 사이에 작은 섬 셋을 얻었으니, 또 이것이 스스로 지킴이 그치지 않는 것이다. 기타 종교·도로는 스웨덴과 같다.

一曰嗹國 宋初有哥里摩者始立國. 中世失之 近始漸復其舊.

丁抹[65]國者 其都在雪蘭得島中 高蕃回根之地. 人數不過二百萬. 稅入五十百萬圓. 陸軍四萬 水軍千人 戰[66]艦四十艘. 然其地多平野 而一方聯諸島成國 當伐德河大西洋之阨口 一遏其阨口 則船路都不通 此其弱小 而能自保者也. 又其政治君聽於民 而公平之 所謂共和者也. 土産多名材 牟麥甘藷牛馬猪海錯石炭 外國通商之物 出者牛酥糕若肉皮 價歲五十百萬圓 入者砂糖白鹽布緞珈琲米茶烟草麻枲 價歲六十百萬圓. 言語惟本國語學務 人自七歲至十四 皆公廩敎之

64 수삼(麻枲) : 아직 말리지 않은 길쌈할 삼(麻).
65 원문에는 '抹'이지만, '抹'의 오기이므로 바로잡았음.
66 원문에는 '獸'이지만, '戰'의 오기이므로 바로잡았음.

學堂三千五百 師範學校六 高材學堂四 著說屢萬種計. 其地南北六百里 東西五百里 方十里者四千. 亞比河在其北 伐德河在其東 德國在其南. 於北緯線居五十四度 五十七度之間 於東經線居八度 十二度之間 故氣候常調和 而民樂農漁之業. 嘗於北阿美利加 及北巨麟蘭得島之間 拓地數千里 又得三小島 於南北阿美利加之間 此又不止自保者也. 其他宗敎道路與瑞典同.

독일德國

한편으로 '프로이센'이라 이르니, 청나라(1636~1912) 초에 있던 '프리드리히 빌헬름 1세'[67]라는 사람이 나라를 처음 세웠다. 동치[68] 중에 이르러 프로이센의 빌헬름[69]이 프랑스를 크게 깨트리고, '게르만' 여러 부족을 통합했으며, 곧 황제의 자리에 올라 나라를 세우고 '독일'이라고 불렀다.

독일은 26개의 작은 나라가 합한 것인데, 임금 하나가 있고 대신 한 사람이 그를 도우며, 일이 있으면 26개 나라로부터 높은 사람 14명과 백성 397명이 수도에 와서 모여 함께 의논하니, 또한 공화의 나라이다. 그 나라를 위해 상업상의 일로 급함을 삼고, 부강으로 일을 삼으며, 개척으로 공을 삼기 때문에 배우는 인원들

67 프리드리히 빌헬름 1세(Friedrich Wilhelm I) : 1620~1688. 독일의 귀족. 브란덴부르크의 선제후 겸 프로이센의 공작. '대선제후 프리드리히 빌헬름'이라고도 부름. 프로이센의 초대 국왕이 된 프리드리히 1세의 아버지.

68 동치(同治) : 중국 청대(淸代) 목종(穆宗)의 연호. 1862~1874.

69 프로이센의 빌헬름 : 프리드리히 빌헬름 3세. 1831~1888(재위 1888). 독일 제국의 제2대 황제 겸 프로이센 왕국의 왕. 프리츠(Fritz)라는 애칭으로도 불림. 1861년 아버지가 프로이센 왕에 즉위한 후 왕세자에 책봉되었고, 제2차 슐레스비히 전쟁, 프로이센-오스트리아 전쟁, 프로이센-프랑스 전쟁에서 군공을 세우고 그 지도력과 능력을 인정받았으나, 전쟁에 대한 적개심을 갖고 있었으며, 그의 인도주의적 처사에 많은 우방과 적이 감탄하였음.

이 장난삼아 갑옷과 투구를 입고 검을 가지고 서로 조심스럽게 싸우는 풍속이 있다. 그 육군은 60만 명이고, 해군이 2만 명이며, 화륜전함은 1백 척이고, 철갑대함이 27척이니, 강대한 형세가 대개 러시아의 다음이다. 그 도성은 '베를린'이라 한다. 남북은 1천 6백 리이고, 동서는 2천 5백 리를 총괄하며, 사방 10리 되는 곳이 2만 3천 개이다. 요즈음 새로 땅을 얻었으니, 아프리카의 남쪽 바닷가와 태평양의 여러 섬들과 같은 곳인데, 이루 헤아릴 수 없을 것이다. 그 지세와 풍경이 뛰어나 남쪽에는 큰 산이 있으니 '소무발드'라 하고, '아던스'・'핫스'라 하며, 서북쪽에는 큰 들판이 있고, 동쪽에는 '오데르'[70]와 '라인' 등 큰 강이 있으며, 그밖에 또한 준설한 강들이 많다. 그 도회는 북쪽에 '뤼베크'[71]가 있고, 서쪽에 '프라이부르크'가 있으며, 남쪽에 '뉘른베르크'가 있고, 동쪽에 '보센'[72]이 있다. 인구는 많으니, 대략 4십 5백만이고, 사족[73]과 일반 백성의 등급이 있다. 기후는 그다지 춥거나 덥지 않기 때문에 백성들은 즐겨 농사와 방적의 일을 한다. 지역에서 소나무・측백나무・담배・말・소・양・구리・철・소금・석탄의 생산이 넉넉하다. 금지하는 기강은 정밀하지 않은데, 오직 반역과 살인자만 목매달며, 그 나머지는 가두거나 재물을 받고 죄를 면제한다. 언어는 각 나라 말이 섞여 있다. 장인들의 재주가 천하제일이니, 대체로 모직물 깔개・시계・유리 그릇・자기・반지・여러 악기・병기・이름난 총・서양

---

70 오데르(Oder) : 북유럽에 있는 강. 체코의 오데르 산맥에서 발원해 북서쪽으로 약 854km를 흐른 후 발트해로 유입됨. 13세기 게르만족의 팽창 이후 독일의 영토에 속했으나, 1945년 8월의 포츠담 회의에서 독일의 영토 일부를 폴란드에 합병시키기로 결정함에 따라 새 경계선이 되었음. 1950년에는 동독, 1970년에는 서독이 공식적으로 폴란드와 독일의 국경선으로 인정했음.

71 뤼베크(Lubeck) : 독일 북부 슈레스비히홀슈타인 주의 도시. 독일에서 가장 큰 발트해 항구임.

72 보센(Vosen) : 보센도르프(Vosendorf). 오스트리아의 로어 오스트리아 주 뫼들링(Mödling) 지구에 있는 도시.

73 사족(士族) : 문벌이 높거나 또는 선비나 무인 집안. 그 자손.

철 · 천리경 · 포도주인데, 다른 나라에 내다파는 것은 1년에 7백 8십 5백만 원이 되고, 다른 사람들에게 사들이는 것은 의복 · 약품 · 서양 피륙 · 가죽 · 양털 · 여러 기계인데, 값어치가 내다파는 것과 똑같다. 1년에 들어오는 세금은 3백 백만 원이 되니, 이 때문에 그 나라가 여러 나라에서 부유하고 뛰어난 것이다. 또 학무[74]를 널리 열어 나라 안 마을마다 학당이 있고, 또 높은 재주를 배우는 학당은 21곳에 두어서 높은 벼슬아치가 맡으며, 그밖에 악동 · 군사 · 손재주 · 그림 · 춤추기 · 장사도 또한 모두 학당이 있다. 종교는 천주교와 개신교가 뒤섞여 있다. 대개 그 나라 북쪽은 발트해이고, 동쪽은 러시아와 오스트리아이며, 남쪽 또한 오스트리아와 프랑스이고, 서쪽은 벨기에와 네덜란드이다. 북위선은 47도에서 56도의 사이에 있고, 동경선은 7도에서 23도의 사이에 있을 것이다.

一曰普魯士 淸初有佛勒得力維廉第一者 始立國. 至同治中 布倫士維廉大破法國 統合日耳曼諸部 卽皇帝位建國號曰德.

德國者合二十六小國 而有一君大臣一人佐之 有事則自二十六國 發高人十四員 百姓三百九十七人來會于京城共議之 **亦共和之國也. 其爲國也 以商務爲急 以富强爲事 以開拓爲功 故**其俗學員爲嬉戲被甲冑持劍相勅而鬪. 其陸軍六十萬人 海軍二萬人 火輪戰艦百艘 鐵甲大艦二十七 **强大之勢蓋俄之次也**. 其都城曰伐麟. 南北一千六百里 東西二千五百里**摠之** 爲方十里者 二萬三千. 近時所得新地 如亞非利加之南海濱 及太平洋之群島 **不在此數矣**. 其形勝 南有大山 曰昭武拔得 曰亞丹華西 西北有大野 東有奧得通若蘭仁等大江 其外亦多

74 학무(學務) : 학교의 교육이나 경영 등에 관계된 사무.

浚鑿之江. 其都會北有婁壁 西有蒲蘭坡 南有婁音法 東有保光. 生齒之蘩 大略四十五百萬 有士族黎庶之品. 氣候寒燠不甚 故民樂農績之業. 地饒松栢烟草馬牛羊銅鐵鹽煤之產. **禁綱疎闊** 惟簒逆及殺人者絞 其餘囚贖. 言語雜各國語. 工技甲天下 凡劂氈時鍾琉璃器甆器指環諸樂器兵械名銃西洋鐵千里鏡葡萄酒出售外國者 歲爲七百八十五百萬圓 而資於人者 衣服藥劑西洋布皮革羊毛諸器械之 價與出同. 稅課之入歲爲三百百萬圓 此其富雄諸國者也. 又廣開學務國中里各有學堂 又有高才學堂二十一置 大官以掌之 其外樂童軍師手藝圖畵舞人商賈 亦皆有學堂. 宗敎雜天主耶蘇. 蓋其國北伐得河 東俄羅斯若奧地利亞 南亦奧地利亞若法蘭西 西白耳義若荷蘭. 於北緯線居四十七度 五十六度之間 於東經線居七度 二十三度之間矣.

네덜란드荷蘭

옛날 야만족이었는데, 에스파냐의 번복[75]이 되었다가 명나라 말기에 '윌리엄'[76]이라는 사람이 나라를 처음 세웠다. 중간에 프랑스에 강제로 빼앗긴 바가 되었으나, 청나라 중기에 이르러 '윌리엄 1세'[77]가 그곳을 회복하였다.

---

75 번복(藩服) : 『주례(周禮)』「하관(夏官)」「직방씨(職方氏)」에 따르면, 9복(九服)의 하나로 중국 황제의 궁궐과 5천 리 떨어져 있는 땅을 말함. 9복은 궁궐에서 5백 리씩 한계지어 구획한 것인데, 후복(侯服)・전복(甸服)・남복(男服)・채복(采服)・위복(衛服)・만복(蠻服)・이복(夷服)・진복(鎭服)・번복임.

76 윌리엄 : 오렌지 윌리엄공(William of Orange). 스페인에 재산을 몰수당한 네덜란드 귀족 출신으로 저항세력의 지도자가 되어 17세기 80여 년간의 독립전쟁에서 승리하여 1648년에 네덜란드를 건국함. 세계 무역시장을 독점하며 네덜란드의 전성기를 이끌었던 인물. '침묵공'이라고도 불림.

77 윌리엄 1세(William I) : 모라니에 공(公)으로서 1814년에 네덜란드 오라니에 가(家)를 회복

북쪽은 북해 물이고 동남쪽은 독일이며, 서쪽으로 벨기에의 북쪽에 있다. 네덜란드라고 부르는 나라는 그 터가 북위선 51도부터 53도 반까지이고, 동경선 3도부터 7도까지이며, 남북이 6백 리이고, 동서가 3백 리이며, 사방 10리 되는 곳이 1천 5백 개이니, 벨기에와 함께 똑같이 유럽에서 가장 작은 나라이다. 그러나 그 기후는 매우 고르니, 지역에서 보리 · 귀리 · 메밀 · 감자 · 콩 · 삼 · 여러 과일나무 · 소 · 말 · 돼지와 물고기 · 날짐승 · 꿀벌의 생산이 넉넉하다. 호적부戶籍簿에 들어있는 사람이 4백만 명이다. 그 풍속에 무명 · 모직 · 삼실 · 신 · 종이 · 가죽 · 유리 · 자기 · 포 · 총 · 좋은 술 · 철활자 등 모든 장인들이 재주 부려 물품 만들기를 좋아하고, 또 다이아몬드를 빛나게 잘 갈 수 있다. 지금 이 세상 온 나라들에 배를 띄워 상점을 벌여놓고, 재물을 축적하는 사람들은 대체로 네덜란드 사람들이 많으니, 장인들의 재주를 물려줌과 상인을 중요시함은 또한 그들의 천성이다. 그 도성은 북해 물가 '헤이그' 지역에 있으니, 대부분 평원과 광야인데, 몇 차례 수해를 입은 듯하다. 북쪽에는 '사이더시'라는 큰 항구가 있고, 남쪽에는 '라인'과 '마스'[78]강이 있으니, 서쪽에서 두 강이 북해 물로 들어가는데, 준설한 강이 온 세상에 가득하며, 서북쪽에는 섬들이 많고, 또 '레이덴'[79] 등이 있으니, 큰 도시는 그 나라 서쪽에 있는데, 그 견고함이 스스로 지킬 만하다. 정치는 공화를 주로 한다. 언어는 복잡하다. 육군은 7만이고, 수군은 1만 명이며, 전선은 1백 25척이다. 외국 통상의 정사에 대해서는 들여오는 물품이 쌀 · 잡철[80] · 커피 · 차 재료 · 오색실 · 직물 ·

하였고, 벨기에가 1830년의 반란으로 독립을 얻기까지 벨기에와 룩셈부르크가 포함된 새로운 네덜란드 왕국을 세웠음.

78 마스(Maas) : 뫼즈(Meuse). 스헬데 · 라인강과 함께 벨기에 북부를 흐르는 강. 그 유역에 벨기에 안트웨르펜(Antwerpen) 주의 주도인 안트웨르펜이 있음.

79 레이덴(Leiden) : 네덜란드 서부 조이트홀란트 주의 도시. 헤이그의 북동부에 있음.

80 잡철(雜鐵) : 여러 가지 잡다하게 모아 놓은 헌 쇠붙이. 잡다한 데 쓸 만한 쇠붙이.

모직 · 금 · 은인데, 그 값어치는 1년에 3백 4십 백만 원이고, 내가는 물건은 우유 · 치즈 · 소기름 · 설탕 · 짜놓은 삼실 · 소 · 말 · 염소 · 돼지 · 술인데, 그 값어치가 1년에 4백 5십 백만 원이니, 이는 또 쓰는 것보다 생산이 많은 것이다.

古野蠻爲西班牙藩服 明季有維廉者始建國. 中爲法國所呑 至淸中世維廉第一復之.

北河水之 東南[81]德國之 西白耳義之北有. 曰荷蘭國者 其墟自北緯線五十一度 至五十三度半 自東經線三度 至七度 南北六百里 東西三百里 方十里者爲一千五百 與白耳義同爲歐洲最小之國. 然其氣候甚調和 地饒牟麥燕麥𪍿麥甘藷菽麻諸果牛馬猪及魚鳥蜜蜂之產. 入版籍者四百萬人. 其俗好爲綿布絨毛麻絲履紙革琉璃磁器砲銃好酒鐵活字 一切工技之物 又能善磨金鋼石. 今天下萬國浮航列肆 以居積者 大抵多荷蘭之人 其擅工技重商賈 亦天性也. 其都城在北河濱河噩之地 多平原曠野 數被水患然. 北有塞伊得西之大港 南有那麟卯 西二江入于北河水 而浚鑿之江 多於天下 西北多洲島 又有那利坦等 大都會在其國西其固足以自守. 政治主共和. 言語多端. 陸軍七萬 水軍萬人 戰船百二十五艘. 若夫外國通商之政 入物穀米雜鐵珈琲茶料綵絲布帛毛絨金銀 其價歲三百四十百萬圓 而出物酥糕油砂糖績麻牛馬羔猪酒 其價歲爲四百五十百萬圓 此又生衆於食者也.

81 한문본에는 '東南'이지만, 한글본에는 '동'으로 표기되어 있음.

벨기에白耳義

한편으로 '비리시'라 이르니, 처음에는 네덜란드에 속했다가 뒤에는 프랑스에 속했고, 또 에스파냐에도 속했으며, 이윽고 또 네덜란드에 속했다. 청나라 근세에 이르러 '레오폴드'[82]라는 사람이 스스로 일어나 처음으로 왕이 되었다.

벨기에라는 곳은 그 터가 북위선 49도부터 53도까지이고, 동경선 2도부터 6도까지이며, 동서남북 모두 4백 리이고, 그 속에 인구는 5백 5십만이니, 땅은 좁으나 인구가 많기로는 이 세상 제일이다. 벨기에라는 곳은 유럽 여러 나라에서 가장 작고 작은 곳이니, 유럽 사람들이 이르기를 '정치하는 사람들이 울적하지 않은 곳'이라고 말한다. 대개 그 나라는 대부분 평원과 광야인데, 오직 동쪽 방향에만 여러 작은 산과 강이 있으며, 또 준설한 강이 많다. 그 기후는 추위와 더위가 심하지 않다. 그 생산물에는 큰 나무 · 담배 · 염색용 풀 · 삼 · 보리 · 귀리 · 감자 · 여러 과일나무 · 소 · 말 · 돼지 · 꿀벌 · 맛있는 물고기 · 구리 · 철 · 명반[83] · 석탄 등 캐낸 돌이 있다. 그 제조품에는 피륙 · 모직 · 양가죽 장갑 · 모직물 깔개 · 포 · 창 · 금 · 은 노리개가 있고, 또 가죽 다루기와 솜 잣기를 잘한다. 대체로 토산품과 장인의 재주로 만들어 각 나라에 내다파는 것은 1년에 2백 3십만 원을 얻는데, 피륙 · 석탄 · 유리 · 총 · 쇠못이니, 그것은 늘 크게 유행하는 것이고, 사들이는 물건은 각종 곡식과 커피 · 차와 직물 · 금 · 은 · 구리 · 철인데, 그 값어치는 1년에 7십 백만 원이니, 재물이 그다지 풍부하지는 않으며, 그 세금은 1년에 1십 5백만 원이다.

---

82 레오폴드 : 레오폴 1세(Leopold I, 1790~1865, 재위 1831~1865). 벨기에의 첫 번째 왕. 벨기에 군대를 강화해 프랑스와 영국의 지원을 받아 네덜란드 빌렘 1세의 공격을 물리치고, 독립 왕국을 인정받음. 새로 생긴 의회 제도를 강화했으며, 유럽 외교관계의 주요 인물로 평가받음.

83 명반(明礬) : 황산알루미늄 수용액에 황산칼륨 수용액을 넣었을 때 분리되는 정팔면체의 무색 결정. 물에 잘 녹고, 식품 가공이나 약제 · 제지 등에 쓰임. 반(礬). 백반(白礬).

그 육군은 15만이고, 해군과 전선이 그다지 많지는 않다. 기찻길은 80리에 불과하나 그러나 그 백성들은 즐겨 농업・방적・어업・광업을 한다. 선비와 서민이 화목하다. 그러므로 비록 북쪽에 네덜란드와 닿아 있고, 동쪽으로 독일과 통하며, 남쪽으로 프랑스가 가깝고, 서쪽으로 북해를 대하고 있더라도 사방으로 강한 이웃과 친하고 가까이 지내니 강제로 빼앗을 수 없는데, 이야기하는 사람들은 '공화의 효험'이라고 말한다. 그 도성은 나라 안 '브뤼셀' 지역에 있고, 북동쪽에 '브뤼헤'[84]와 '안트웨르펜' 등 이름난 마을이 있으며, 그 백성은 독일어・프랑스어・네덜란드어를 함께 할 수 있다.

一曰比利時 始屬荷 後屬法 又屬西班牙 旣又屬荷. 至淸近世有留波的者 始自立爲王.

白耳義者 其墟自北緯線四十九度 至五十三度 自東經線二度 至六度 東西南北皆四百里 而其中人口爲五百五十萬 地狹人多爲天下最. 白耳義者歐洲諸國之最小小者 而歐人之言 政治者無不樂言之. 蓋其國多平原曠野 而惟東邊有諸小山水 又多濬河. 其氣不甚寒熱. 其産有大木烟草染色之草痲麥燕麥甘藷諸果牛馬豕蜜蜂嘉魚銅鐵礬煤石采.[85] 其製造有布絨羊皮掌甲厥氈砲槍金銀玩具 又善治革及織花絨. 凡土産工技之出售於各國者 歲得二百三十萬[86]圓 而布煤琉璃銃釘 其常所大行者也 而買入之物爲各穀若珈琲茶茗若布帛金銀銅鐵 其價歲爲七十百萬圓 而財不甚富 其賦稅歲爲十五百萬圓. 其陸軍十五萬 海軍若戰船不

84 브뤼헤(Brugge) : 벨기에 북서부 서플랑드르 주의 도시. 북해에 접해 있는 제브뤼헤 항구의 남쪽에 있음.

85 한문본에는 '采石'이지만, 한글본에는 '화반셕'으로 표기되어 있음. 이하 '采石'의 경우는 모두 동일함. '화반석(花斑石)'은 홍백색의 무늬가 있고, 바탕이 무른 돌. 도장이나 그릇을 만드는 데 씀.

86 한문본에는 '三十萬'이지만, 한글본에는 'ᄉᆞ십빅만'으로 표기되어 있음.

甚治. 火輪車路不過八十[87]里 然其民樂農績漁礦之業. 士庶和睦. 故雖北接荷蘭 東通德國 南近法國 西臨北河 四方昵比强隣 而能不爲所呑 談者謂之共和之效云. 其都城在國中伐魚雪之地 北東有扶婁若坯瑞等名邑 而其民能兼爲德法荷蘭國之語矣.

잉글랜드英吉利

옛날 본토박이 야만인들인데, '로마'국에 속했다가 6조[88] 때에 '앵글로'[89] 사람들이 비로소 잉글랜드에 자리 잡고 살았다. '앨프레드'[90]를 지나 송나라 진종[91] 때에 이르러 덴마크에게 멸망되었는데, '윌리엄'[92]이 회복시킨 뒤에 또 다른 부족에게 빼앗겼다가 명나라 초에 '헨리 4세'[93]가 다시 회복했다. 청나라 중기에 '조지 3세'[94]가

87 한문본에는 '八十'이지만, 한글본에는 '팔쳔'으로 표기되어 있음.

88 6조(六朝) : 229~589. 중국 삼국시대의 오나라, 동진 및 남조의 유송, 남제, 양나라와 진나라가 존속했던 기간을 모두 합한 시대. 당나라 이전, 곧 위진 남북조 시대와 수나라까지를 이름.

89 앵글로(Anglo) : 앵글족. 윌란반도의 남슐레스비히에서 발원했고, 명칭도 윌란반도의 앙겔른(Angeln)에서 기원함. 게르만 족의 일파로서 로마 제국의 붕괴 시점인 5세기경 지금의 영국 남부인 브리타니아를 침공해 장악한 전투종족. 현재 영국인들의 조상 중 상당한 비중을 차지함.

90 앨프레드(Alfred) : 앨프레드 대왕(Alfred the Great・Ælfred the Great, 849~899, 재위 871~899). 영국의 앵글로색슨족을 하나로 뭉치게 한 왕으로 사실상 잉글랜드 통일을 이룬 주역. 이교도 데인 인의 침략에 대항해 영토를 보존하였고, 법률을 집대성하였으며, 문화의 최성기를 이룩하였음.

91 진종(眞宗) : 북송(北宋)의 제3대 황제. 968~1022(재위 997~1022).

92 윌리엄(William) : 윌리엄 1세(William I). 1028~1087(재위 1035~1087). 잉글랜드의 국왕. 노르만 왕조의 시조. 별명은 정복왕(the Conqueror), 서자왕(the Bastard).

93 헨리 4세(Henry IV) : 1366~1413(재위 1399~1400). 15세기에 잉글랜드를 다스린 랭커스터 왕가 최초의 왕. 왕위를 찬탈해 국왕이 된 뒤 강력한 귀족들의 반란이 잇달았음에도 자신의 세력을 강화하는 데 성공했음.

94 조지 3세(George III) : 1738~1820(재위 1760~1820). 그레이트브리튼 왕국과 아일랜드의 국왕. 1800년 연합법이 제정된 이후, 1801년부터 1820년 사망할 때까지 그레이트브리튼 아

프랑스를 깨뜨리고 에스파냐를 평정하여 서양에 위엄을 떨쳤다. 지금 왕은 '빅토리아 여왕'[95]이다.

잉글랜드라는 나라는 대서양의 동쪽으로 잇닿은 유럽의 서쪽 가장자리에 큰 섬 둘로 동서에 벌여 있으니, 동쪽에 있는 섬은 셋으로 나누어 이름 부르는데, 남쪽은 '잉글랜드'라 하고, 동쪽은 '스코틀랜드'라 하며, 서쪽은 '웨일즈'라 한다. 잉글랜드 지역은 작은 산이 많고, 그 강은 '테임즈'와 '세번'[96]강 등이 있으며, 스코틀랜드 지역은 큰 산이 많아 매우 가파르면서 험하고, 그 강은 '트위드'[97]와 '클라이드'[98]강 등이 있으며, 웨일즈 지역은 산이 많고, 큰 강물이 없다. 서쪽 섬은 '아일랜드'라 하는데, 또한 산이 많고, 그 강은 '보인'[99]과 '섀넌'[100]강 등이 있으며, 두 섬 사이를 흐르는 물은 통용해서 '아일랜드해'라고 이른다. 그밖에 이름난 섬과 큰 항구가 그 사이에 뒤섞여 고르지 못하며, 별처럼 벌여 있고 바둑돌처럼 널려 있는 곳이니, 너무 많아 이루 다 셀 수 없다. 천문[101]에 있어서는 북위선 50도와 60도의 사이이고, 동경선 2

일랜드 연합 왕국의 왕을 지냈음.

95 빅토리아 여왕(Queen Victoria) : 1819~1901(재위 1837~1876). 영국의 국왕이자 인도 제국의 황제이고, 하노버 왕조의 마지막 군주. 대영제국의 최전성기를 이끌었던 군주지만, 당시 극에 달해 있던 영국의 제국주의를 상징하기도 함. 영국 역사상 가장 오래 재위한 군주이자 세계 역사상 가장 오래 재위한 여왕이었음.

96 세번(Severn) : 영국의 잉글랜드, 웨일스를 흐르는 강. 길이는 354km이고, 영국에서 가장 긺. 잉글랜드와 웨일스를 가로질러 브리스톨 해협으로 빠져나감. 1781년에 콜브룩데일에 설치된 다리는 세계 최초의 철교임.

97 트위드(Tweed) : 잉글랜드와 스코틀랜드 사이를 흐르는 강. 유역에서 생산되는 직물이 유명함.

98 클라이드(Clyde) : 영국 스코틀랜드에서 가장 유명하며 중요한 강. 길이는 약 170km로 서해안에서 대서양으로 흘러들어감.

99 보인(Boyne) : 아일랜드에 있는 강. 1690년에 그 강둑에서 영국 왕 윌리엄 3세의 군대가 폐위된 제임스 2세의 추종자들과 싸워 승리한 전투로 유명함.

100 섀넌(Shannon) : 아일랜드에서 가장 긴 강. 캐번 주 북서쪽에서 발원해 남쪽으로 흘러 대서양으로 들어감. 아일랜드 중부 저지대를 흐르는 주요 강임.

101 천문(天文) : 원래는 천체에 일어나는 온갖 현상을 일컫는 용어이지만, 여기에서는 '위도'와 '경도'를 일컫는 용어로 사용하였음.

도와 서경선 10도의 사이이며, 대체로 남북은 2천 리이고, 동서는 1천 5백 리이며, 사방 10리 되는 곳이 1만 3천 6백 개이고, 나라의 정치는 잉글랜드에 달려있다. 런던 지역은 인가가 8십리에 끝까지 즐비하니, 그 웅장하고 화려함이 대개 이 세상 제일의 이름난 도시이며, 그밖에 큰 도시와 스코틀랜드의 '에든버러'와 아일랜드의 '더블린' 등이 웅장하고 화려하며, 또 나라의 정치가 두 번째로 달려있는 곳일 것이다. 대개 그 지역의 기후는 늘 고르고, 여름에는 고우[102]가 없다. 지역에서 풀과 나무 · 쌀 · 날짐승과 길짐승 · 구리 · 철 · 소금 · 석탄의 생산이 넉넉하다. 사람의 등급에는 선비와 서민이 있다. 언어는 각 나라 말소리가 뒤섞였지만, 그러나 모두 심하게 다른 것은 아니고, 그 정치는 각 나라 임금과 백성이 함께 다스리는 일에 특별히 뛰어나며, 정사를 돕는 대신 또한 백성으로 말미암아 골라서 정하기 때문에 나라의 임금이 불행하게 대가 끊어져 여자가 그것을 이어서 나아가도 나라가 어지럽지 않다. 학교 교육과정에 엄격하여 사람들은 감히 게으르거나 버리지 못하고 영민하며 준수하여 사물의 이치를 끝까지 파고드는 선비들이 많이 나온다. 농업과 방적을 권장하고 장인들이 재주를 다하여 통상하되, 대체로 피륙 · 종이 · 자기 · 병기 · 완구 · 옷과 신 · 화륜차와 화륜선을 내다파는데, 모두 정밀하며 편리함이 이 세상 제일이니, 이 세상에서 쟁취한 것들은 1년 중에 얻어 들이는 값어치로 대략 9백 3십 백만 원이고, 사들이는 물건은 여러 곡식 · 설탕 · 생선살 · 차 · 담배 · 소금 · 양털 · 명주실과 삼실이니, 그 값어치가 또한 1년 중에 대략 1천 7백 5십 백만 원이다. 대체로 온 세계 지역에서 동서남북을 말할 것도 없이 다만 상업상의 일만 중히

102 고우(苦雨) : 날이 흐리고 침침하게 오랫동안 내리는 비. 궂은 비. 귀찮은 비. 장마.

여겨 관여하는 나라이니, 멀리 보고 빨리 밟아 차지하지 않음이 없고, 차지한 곳은 군사로 재물을 지켜 이미 부유하다. 군사는 강함을 따르기 때문에 약한 자를 지키고 교육을 시행할 수 있으며, 각 나라를 연결하여 또 사방에 영토를 확장했다. 대체로 아시아 서남 지역과 인도와 버마 일부와 오스트리아와 아프리카 해변 지역과 아메리카 남북 지역과 태평양·대서양·인도양·지중해 여러 섬이 모두 나라의 영토에 들어갔으니, 그 민속에 불편한 것이 있으면 달래서 고치고, 고치지 않는 사람에게는 협박하거나 무기를 거두어 보관하는 계략을 쓴다. 그 나라 안 인구는 4십 백만이다. 세금은 나라 안에서 나오는 것이 1년에 4백 6십만 원이고, 각 속방[103]에서 나오는 것이 1년에 2천 백만 원이며, 상선은 30만 척이다. 육군은 15만이고, 해군은 4만이며, 화륜전선은 3백 척이고, 철갑인 것이 백 척이며, 속방의 군사가 70만 명이니, 이것이 이 세상에 군사상의 계략을 떨치고, 러시아와 서로 지지 않으려고 다툴 수 있는 까닭이다. 그 종교는 주로 개신교인데, 또한 다른 종교를 익히는 사람도 있다. 도로를 잘 닦고 고쳐서 도로로써 나라 등급에 차례를 정하면 이 세상 제일이며, 또한 서양 정론[104]의 첫 실마리라고 말한다.

古土番屬羅馬國 六朝時有安各羅者 始據英倫. 歷厄伯德 至宋眞宗時爲丁抹所滅 威廉復之後 又爲別部所簒 明初顯理第四 又復之. 清中世若耳治第三破法定西班牙 威振西土. 今王維多利女主也.

英吉利國者 大西洋之迤東歐羅巴之西邊 有二大島列于東西 而東島有三名 南

103 속방(屬邦): 법적으로는 독립국이지만, 실제로는 정치·경제·군사·문화의 면에서 다른 나라의 지배적인 영향을 받는 나라. 속국.

104 정론(政論): 정치에 관한 의견이나 평론.

曰英吉蘭得 東曰錫蘭得 西曰月嶼. 英吉蘭得之地多小山 而其水有閼西若壐繁等江 錫蘭得之地多大山極險阻 而其水有斗得蝸帶若乞羅弋等江 月嶼之地多山而無大江水. 西島曰阿熱蘭得 亦多山 而其水有普仁若瑣蘭等江 而兩島間河水通謂之阿熱蘭得河. **其外名島大港之參錯其間 星列棋布者 不可勝數**. 在天文爲北緯線五十度六十度之間 東經線二度西經線十度之間 凡南北二千里 東西一千五百里 爲方十里者 一萬三千六百 而**國治在英吉蘭**. 倫敦之地人家櫛比八十里極 其壯麗蓋天下第一名城也 而其外大都會 若錫蘭得之外印福里 與阿熱蘭得之坦佛仁等雄麗 **又在國治之次矣**. 蓋其地氣候常調 夏無苦雨. 地饒草木穀米鳥獸銅鐵鹽煤之産. 人品士庶. 言語雜各國音 然皆無所甚異 而其政治**特優**於各國君與民共政 佐政大臣 亦由民擇定 故國君不幸世絶 以女屬繼之 而**國不亂焉**. 嚴於學課 人不敢怠廢英俊 格物之士多出焉. 勸農績極工技以通商 賈凡布紙磁器兵械玩具衣履車船 皆精利甲天下 爲天下所爭取一歲中所收價大略九百三十百萬圓而買入之物諸穀砂糖魚肉茶茗烟草鹽羊毛絲麻 其價一年中亦大略一千七百五十百萬圓. 凡宇內之地 無論東西南北 苟關商務之重者 無不長目飛踵以占之 而所在以兵爲衛財旣富裕. 兵隨以强 故能保弱施教 連結各國 而又拓地四方. 凡亞細亞西南地 若印度 若範亞一隅 若**奧地利亞** 若阿非利加海濱之地 若阿美利加南北地 若太平洋大西洋印度洋地中海諸島 皆入版圖 而其民俗有不便者 誘以改之不改者威戢之計. 其國中人口四十百萬. 稅錢出國中者 歲四百六十**萬**[105]圓 出各屬邦者 歲二千百萬圓. 商船三十萬艘. 陸軍十五萬 海軍四萬 火輪戰船三百艘鐵甲者百 **屬邦**[106]兵七十萬人 **此所以能奮武略 與俄爭衡於天下者也**. 其宗教主耶蘇 亦有習他教者. 修治道路爲天下最 以道路第人國之等 **亦泰西政論之一端云**.

105 한문본에는 '萬'이지만, 한글본에는 '빅만'으로 표기되어 있음.
106 한문본에는 '屬邦'이지만, 한글본에는 '각쳐에 버러잇는'으로 표기되어 있음.

프랑스法蘭西

한편으로 '불랑서'라 이르니, 소제[107] 때에 '가라미'라는 사람이 나라를 처음 세웠다. 당나라 중기에 '갑리태보'가 패자라 일컬었고, '루이 나폴레옹'[108]에 이르러 러시아와의 전쟁에서 대패하여 망했다. 청나라 동치 중에 나라 사람들이 공화정체를 세우고, '지야리'를 추대하여 대통령을 삼았다.

프랑스라는 나라는 본래 임금이 다스렸는데, 20년 전부터 통령[109]을 정하여 7년에 한 번씩 바꾸고, 각 지방으로부터 슬기롭고 뛰어난 사람을 뽑아 수도에 모여 여러 정사를 의논하여 결정하니, 이른바 민주의 나라이다. 그 정치를 다스림은 대체로 러시아·잉글랜드·에스파냐와 같아서 첫째 학업에 힘쓰고, 그 다음으로 상업에 힘쓴다. 그 나라는 천주교 외에도 초학 학당이 6만 5천 곳인데, 4만 5천 곳에는 남자가 속하고, 2만 곳에는 여자가 속하며, 높은 재주를 배우는 학당은 20곳인데, 모두 높은 벼슬아치를 두어서 맡기니, 이 세상의 기묘한 재주와 재능이 모두 이곳을 따라 나온다. 그러므로 온갖 물품이 모두 아름다우니, 술·아름답게 이어진 명주와 대체로 나무·자기·유리·약제·염색 재료·종이·모직 장막·모직 담요·설탕·장갑과 시계·여러 완구에 이르기까지 모두 이 세상에서 정밀하고 아름다워 사람들에게 팔리며, 나라는 1년에 7백 6십만 원을 얻고, 그 토지의 생산물은 감람나무[110]·상수리나무·

---

107 소제(蕭齊) : 479년에 유송(劉宋)을 무너뜨린 무장 소도성이 세운 나라. 손오의 오나라(동오)와 동진과 유송의 송나라에 이은 육조시대 왕조 중 하나. 북조의 북제에 비교해 '남제', '동제'라고도 함. 위치는 중국 남부와 베트남 북부이고, 존속기간은 479~502년.

108 루이 나폴레옹 : 프랑스의 황제. 1808~1873(재위 1852~1870). 나폴레옹 1세의 조카로 제2제정을 수립하였음.

109 통령(統領) : 전체를 관할하여 거느림. 또는 그런 사람.

110 감람(橄欖) : 감람나무의 열매. 길이 3~4cm의 길쭉한 둥근 모양으로 색깔은 푸르고 맛은 좀 쓰고 떫음. 한방에서 약재로 쓰며, 씨로는 감람유(橄欖油)라는 기름을 짬. 서양에서는 중국

능금나무 · 소나무 · 느릅나무 · 밤나무 · 감나무 · 호도나무 · 임금(능금)나무 · 배나무 · 유자나무 · 모과나무 · 오약[111] · 뽕나무 · 여러 종류의 포도나무가 풀과 나무이며, 산양 · 염소 · 여우 · 말 · 소 · 돼지가 길짐승이고, 들오리 · 집오리 · 닭 · 누에가 날짐승과 곤충이며, 복어가 물고기이고, 보리 · 귀리 · 감자가 곡식이며, 대체로 구리 · 철 · 납 · 석탄 · 소금 · 그릇 만드는 흙이다. 그중 세금으로 얻는 것은 또한 1년에 8백 백만 원이다. 그러므로 부강한 사업을 이룰 수 있었고, 그 수도는 이른바 '파리'라는 도읍이니, '센'강의 위쪽에 있으며, 웅장하고 화려하기가 영국의 수도에 버금간다. 인구는 대개 3십 8백만이다. 다른 나라에서 사들여 날마다 쓰는 것은 다만 옷 · 석탄 · 소금 · 수삼 · 가죽 · 기계 · 배와 군함 등의 물건이니, 값어치는 1년에 8백 4십 백만 원이다. 군인의 수는 5십만 명이고, 화륜전선은 3백 8십 척이며, 철갑을 입힌 것은 41척이다. 이 때문에 그 먼 나라를 칠 계략이나 이웃 나라와 맹약한 나라에 오가는 일을 마음대로 할 수 있다. 또 일찍이 나라의 땅을 아프리카 해변의 지역을 따르고, 지중해의 '코르시카'섬, 아시아의 '베트남', 남북아메리카의 여러 섬을 개척하여 모두 차지했다. 대개 그 나라는 북위선 42도부터 51도까지이고, 서경선 5도부터 동경선 8도까지이다. 기후는 심하게 춥거나 덥지 않다. 남북은 2천 4백 리를 헤아리고, 동서는 2천 1백 리이며, 사방 10리 되는 곳은 2만 3천 곳이다. 북쪽은 벨기에와 북해 물이고, 동쪽은 독일과 스위스이며, 남쪽은 지중해와 에스파냐이고, 서쪽은 대서양이다. 또 서북쪽에는 평야가 많고, 동남쪽에는 '쥐라'[112]와 '플로렌스(피렌체)' 등 큰 산이 있으며, '센'강이 그 북쪽

올리브라고 부름.

111 오약(烏藥) : 말린 천태(天台)오약의 뿌리. 곽란이나 토사, 각기 따위에 약제로 씀.

112 쥐라(Jura) : 프랑스와 스위스 국경을 사이에 두고 론강에서 라인강까지 활 모양으로 펼쳐진 산맥. 총길이는 360km이고, 대부분 스위스에 속하지만, 경관이 뛰어난 서쪽 부분은 프랑스

에 있고, '루아르'[113]와 '가론'[114]강이 그 서쪽에 있으며, '론'[115]강이 그 남쪽에 있으니, 모두 통상을 위한 큰 항구이자 대부분 준설하여 여러 가지를 계획하고, 그 사람들의 언어는 이 세상을 거의 감싸서 통할 것이다.

一曰佛狼[116]西 蕭齊時有哥羅味者始立國. 唐中世甲利泰甫稱霸 至路易拿破倫與俄戰敗績而亡. 淸同治中 國人立共和政體 推智耶利爲大統領.

法蘭西國者 本君主治之 自二十年前定統領 七年一易 自各州縣選賢豪 會京城議定諸政 所謂民主之國也. 其政治之修 大抵與俄英班 而第一務學 其次務商. 其天主教之外 初學學堂六萬五千所 四萬五千屬男 二萬屬女 高才學堂二十 皆置高官掌之 天下之奇技竗藝 皆從此出焉. 故璧都之百品 酒連瑞之紬 與夫木磁器琉璃藥劑染綵紙毛絨帳氈毹砂糖掌甲 及時鍾諸玩具 皆爲天下精美 以售於人 國歲得七百六十萬[117]圓 而其土地之産 橄欖櫟奈松楡栗柿胡桃林檎梨柚木瓜烏藥桑諸種葡萄之草木 山羊羔狐馬牛猪之獸 鳧鴨雞蠶之禽蟲 河豚之魚 牟麥燕麥甘藷之穀 及夫銅鐵鉛煤鹽範器之土. 其中稅入者 亦歲爲八百百萬圓. 故能成富强之業 而其國都所謂巴黎之城 在先江之上 宏麗次於英國國中. 人口蓋三十八百萬. 日用所資於外國 若衣服煤鹽麻枲皮革器械船艦之物 價歲八百四十百萬圓. 軍額五十萬人 火輪戰船三百八十艘[118] 被以鐵甲者四十一. 是以能

에 속함.

113 루아르(Loire) : 프랑스에서 가장 긴 강. 마시프상트랄 남부에서 발원해 북서쪽으로 1천 여 km를 흘러 브르타뉴 반도의 남쪽에서 대서양으로 들어감.

114 가론(Garonne) : 프랑스 남서부에서 가장 중요한 강. 스페인의 피레네 산맥 중부에서 발원해 지롱드강으로 불리는 삼각강을 거쳐 대서양으로 흘러들어감. 길이는 575km임.

115 론(Rhone) : 스위스 중남부의 알프스 산맥 빙하에서 발원한 강. 유럽의 가장 중요한 수로 가운데 하나이며, 유럽 대륙에서 유일하게 지중해로 직접 흘러들어 가는 큰 강임.

116 원문에는 '狠'이지만, '狼'의 오기이므로 바로잡았음.

117 한문본에는 '萬'이지만, 한글본에는 '빅만'으로 표기되어 있음.

騁其遠略交通隣國與於盟約. 又嘗開拓疆土如阿非利加海濱之地 地中海之乞時加島 亞細亞之安南國 南北阿美利加之群島 皆占有之. 蓋其國自北緯線四十二度 至五十一度 自西經線五度 至東經線八度. 氣候無甚寒熱. 計南北二千四百里 東西二千一[119]百里 爲方十里者二萬三千. 北白耳義若北河水 東德國若瑞西國 南地中海若西班牙 西大西洋. 又西北多平野 東南有住羅 及皮言伊西等大山 先尼江在其北 婁窩介論江在其西 老溫江在其南 皆爲通商大港 澮河之多以百計 而其人言語殆衣被天下矣.

에스파냐西班牙

당나라 때에 '류유즐적'이라는 사람이 나라를 처음 세웠다. 그 뒤에 조금 약해졌다가 명나라 초에 '페르난도'[120]가 다시 일으켰고, 지금까지 변함이 없다.

에스파냐라는 나라는 유럽의 아주 작은 나라이니, 옛 여송[121]이다. 북위선 36도부터 43도까지이고, 동경선 3도부터 서경선 9도까지이며, 남북은 1천 8백 리이고, 동서는 1천 2백 5십리이니, 그 넓이이다. 북쪽은 대서양과 프랑스이고, 동쪽은 지중해이며, 남쪽 또한 대서양과 지중해이고, 서쪽은 포르

118 한문본에는 '艘'이지만, 한글본에는 '팔척'으로 표기되어 있음.

119 한문본에는 '一'이지만, 한글본에는 '이'로 표기되어 있음.

120 페르난도(Fernando) : 1479년부터 여왕 이사벨 1세와 공동 군주로서 카스티야의 왕(페르난도 5세)을 겸했음. 또한 이탈리아 남부를 다스린 스페인 통치자로서, 나폴리에서는 페르디난도 3세, 시칠리아에서는 페르디난도 2세로 불렸음. 스페인의 여러 왕국을 통일하여 스페인을 단일 국가로 만들었고, 이때부터 스페인은 근대 제국주의 팽창기로 들어서기 시작했음.

121 여송(呂宋) : 필리핀 군도의 최북단에 있는 가장 큰 섬인 루손(Luzon)섬. 중앙에 필리핀의 수도 마닐라가 있음.

투갈과 대서양이니, 그 경계이다. 10리 되는 곳은 2만 1천 5백 곳이니, 그 지방이다. 그 북쪽 산은 '칸타브리아'[122]라 하고, 동쪽은 '이베리아'라 하며, 그 남쪽의 강은 '과디아나'[123]라 하고, 서쪽은 '타구스'[124]라 하며, 그 섬은 '발레아레스'[125]라 하니, 그 지형이다. 추위가 적고 더위가 심하니, 그 기후이다. 풀과 나무를 말하자면 감람나무 · 귤나무 · 유자나무 · 상수리나무 · 대추나무 · 석류나무 · 포도나무 · 자아놓은 삼이고, 곡식을 말하자면 쌀 · 보리 · 귀리이며, 가축을 말하자면 소 · 양이고, 광물을 말하자면 구리 · 철 · 은 · 납 · 수은이니, 그 토산물이다. 십 8백만이니, 그 인구이고, 본토박이 말은 한 종류이니, 그 언어이다. 임금이 있고 정사는 백성이 주로 맡으니, 그 나라의 정치이다. 나라의 중심이 있고 이름은 '마드리드'라 하니 그 도성이며, 동쪽에 있는 고을은 '바르셀로나'와 '마시아'[126]라 하고, 남쪽에 있는 항구는 '말라가'[127]라 하며, 서북쪽에 있는 고을은 '살라만가'[128]와 '빌바오'[129]라 하니,

---

122 칸타브리아(Cantábrica) : 스페인 북부 지방에 위치한 산맥. 서쪽으로는 피레네 산맥과 마주하고, 300km정도 이베리아 반도를 가로질러 뻗어 있으며, 산맥지대에는 구릉이 많음.

123 과디아나(Guadiana) : 이베리아 반도에서 가장 긴 강 가운데 하나. 대부분 스페인 중남부를 서쪽으로 흐르다가 포르투갈과의 국경 부근에 이르러 남동부 지방의 남쪽으로 흘러 대서양의 카디스 만(灣)으로 흘러들어감. 길이는 778km임.

124 타구스(Tagus) : 이베리아 반도에서 가장 긴 강. 타호(Tajo). 테주(Tejo). 총 길이는 1,038km. 스페인 동부 알바라신 산맥에서 발원하여 서쪽으로 흘러 스페인과 포르투갈의 국경을 거쳐 리스본 근처에 이르러 대서양으로 흘러들어감.

125 발레아레스(Baleares) : 지중해 서부에 있는 스페인령 제도. 행정구역상 스페인의 한 주이자 1983년의 자치법에 따라 설립된 지방이기도 함. 스페인 본토에서 동쪽으로 80~300km 지점에 걸쳐 있고, 2개의 도서군으로 나뉨. 동쪽의 큰 도서군이 발레아레스 본토를 구성하는 것으로, 마요르카섬과 메노르카섬 및 조그만 카브레라섬을 포함함. 서쪽의 도서군은 피티우사스 제도로 알려져 있으며, 이비사 섬과 포르멘테라섬 등으로 이루어졌음.

126 마시아(Masia) : 스페인 바르셀로나 지방의 도시.

127 말라가(Málaga) : 스페인에서 여섯 번째로 큰 대도시이자 안달루시아 지방에서 세비야 다음으로 큰 도시. 코스타 델 솔(Costa del Sol)의 대문 역할을 하는 바르셀로나에 이어 스페인에서 두 번째로 큰 항구도시.

128 살라만가(Salamanca) : 스페인의 중세 도시. 13세기에 창립된 최고(最古)의 대학인 살라만

그 도회이다. 사족과 학도[130]와 평민이니 그 사람의 등급이고, 농업 · 광업 · 양치기 · 말품팔기 · 솜 타기이니, 그 백성의 생업이다. 감람유 · 포도주는 품질이 좋다고 일컬으니, 그 재능 있는 일이다. 내다파는 물건은 술 · 포도 · 귤 · 수은 · 소금 · 소 · 양이니, 값어치는 1년에 1백 3십 백만 원이고, 사들이는 물건은 솜 · 석탄 · 소주 · 수산물 · 설탕 · 목재 · 기계 · 화륜차인데, 값어치는 1년에 1백 십 5백만 원이니, 그 통상이다. 비록 매우 급하지는 않으나 또한 늦출 수도 없으니, 그 상업상의 일이다. 재물은 매우 넉넉하지 못하여 세금으로 얻는 수입이 1년에 1백 8십 백만 원에 그치니, 그 나라의 형편이다. 육군은 10만이고, 해군은 2만이며, 화륜전선은 1백 2십 척이고, 철갑을 입힌 것은 7척이니, 그 군사의 형편이다. 천주교가 그 종교이다. 다른 나라와 비교하여 그 도로를 잘 닦지 못했다. 남북아메리카 사이와 아시아 동남부와 태평양 안에 여러 섬이 그 개척지인데, 그 사람들은 가끔 큰 담을 만들어 그 속에 소를 두고서 붉은 옷을 입고 소 앞에서 붉은 수건으로 놀리되, 소가 놀라 뿔로 받으며 뛰면, 소와 함께 서로 싸우고, 이 때문에 사람을 죽음에 이르게 함이 많으니, 이것은 비록 풍속이 기이하다고 할 만한 것이지만, 또한 그 사람들의 싸움하기 좋아하는 성품을 알 수 있다.

> 唐時有留維聖的者始立國. 其後少衰 明初匪地難多中興 至今不替.
>
> 西班牙者 歐洲之僅國 古呂宋也. 自北緯線三十六度 至四十三度 東經線三度

가 대학이 있음.

129 빌바오(Bilbao) : 스페인 북부 바스크 지방의 항구도시로 칸타브리카 해안 근처임. 네르비온 강 어귀를 끼고 있고, 바스크 지방에서 가장 큰 도시이며, 스페인에서 가장 중요한 항구임. 또한 화학공업과 야금업에서 스페인의 최대 중심지이자 금융 중심지로서도 중요한 곳임.

130 학도(學徒) : 학문을 닦는 사람. 학생.

至西經線九度 南北一千八百里 東西一千二百五十里 其幅員也. 北大西洋若法蘭西 東地中海 南亦大西洋若地中海 西葡萄牙若大西洋 其界也. 爲十里者二萬一千五百 其地方也. 其山北曰乾他伐利安 東曰亞利非理安 其水南曰科得安阿西曰棣居胥 其島曰發那阿勒 其地形也. 寒少熱多 其氣候也. 草木曰橄欖橘柚橡棗石榴葡萄績麻 穀曰稻麥燕麥 畜曰牛羊 礦物曰銅鐵銀鉛汞 其土産也. 十八百萬 其人口也 土音一種 其言語也. 有君主而政事民主之 其國治也. 在國中 而名曰梅得弋 其都城也 東有邑曰發實奴那若麻施亞 南有港曰末那加 西北有邑曰薩那萬加若瑟琶塢 其都會也. 士族若學徒若平民 其人品也 農礦牧羊雇馬彈綿 其民業也. 橄欖油葡萄酒 號爲美品 其技業也. 出物酒葡萄橘汞鹽牛羊 價歲一百三十百萬圓 入物綿煤燒酒魚鮮砂糖材木器械火輪車 價歲一百十五百萬圓 其通商也. 雖不甚緊 亦不可弛 其商務也. 財不甚富 稅入歲止一百八十百萬圓 其國勢也. 陸軍十萬 海軍二萬 火輪戰船一百二十艘 衣鐵甲者七 其軍形也. 天主其宗敎也. 比他國 不甚修其道路也. 南北亞美利加間 亞紬亞東南 太平洋中諸島 其開拓也 而其人或爲大垣 置牛其中 衣紅衣 弄紅帕於牛前 牛驚而角之 則與之相鬪以此多致斃 此雖風俗之可怪者 而亦可以知其人好戰之性云.

포르투갈葡萄牙

조광윤의 송나라 때에 '헨리'[131]라는 사람이 나라를 처음 세웠다. 에스파냐에

131 헨리(Henry) : 엔리케. 아폰수 엔리케 1세(Afonso Henriques I). 1109~1185(재위 1139~1185). 포르투갈 최초의 왕. 1147년 이슬람교도들의 산타렘과 리스본을 정복하고, 1139년에 레온으로부터 포르투갈을 독립시켰음. 별칭은 정복왕 아폰수(Afonso O Conquistador).

하나로 합쳤다가 청나라 초기에 이르러 '요한 4세'[132]가 나라를 다시 세웠고, 요즈음은 '루이 1세'[133]가 왕이라 일컫는다.

포르투갈이란 나라는 그 지역에서 포도가 많이 생산되기 때문에 이를 따라서 나라 이름(포도아)을 삼았다. 포도로 빚은 술이 상업상의 일에 주된 계획이니, 1년에 상업상의 일로 벌어들이는 2십 5백만 원 중에 술이 열 가운데 여덟이나 아홉인데, '오포르토'[134] 술이 더욱 맛이 좋다고 이 세상에 알려져 있으며, 이 세상 말에 '술 마시는 사람은 반드시 오포르토를 칭찬한다'고 하였으니, 또한 온 세계에 기이한 소문의 하나이다. 그 나라는 북위선 37도부터 42도까지이고, 서경선 3도부터 9도까지이며, 남북은 1천 리이고, 동서는 3백 리이며, 사방 10리 되는 곳은 3천 9백 개이다. 그 지역은 지진이 잦아서 가끔 무너져 내리는 데까지 이르지만, 도성은 '리스본' 지역에 있어서 '타구스'강이 막아준다. 정치는 공화를 주로 하고, 그를 돕는 대신 여섯이 있다. 나라 안 언어는 오직 한 종류뿐이고, 호적에 기재된 사람은 4백 5십만 명이다. 그 다른 나라에서 사들여 날마다 쓰는 것은 1년에 비용이 4십 5백만 원이다. 땅에는 군사 3만 5천이 있고, 바다에는 군사 3천 5백이 있으며, 화륜전선은 39척이고, 철갑 입힌 것이 서너 척이니, 대개 약한 나라이다. 스스로 지키기에는 크고 멀리 도모하기

132 요한 4세(Johann IV) : 주앙 4세(João IV). 1604~1656(재위 1640~1656). 포르투갈의 국왕. 포르투갈은 스페인과의 동군연합으로 병합된 상태였는데, 펠리페 1세는 자치권을 인정했지만, 펠리페 2세와 펠리페 3세가 자치권을 인정하지 않고 스페인 내 포르투갈 귀족들을 소외시키자 1640년 주앙 4세는 스페인 총독을 몰아내고 포르투갈의 국왕으로 즉위했음.

133 루이 1세(Louis I) : 루이스 1세. 1838~1889(재위 1861~1889). 포르투갈의 국왕. 부친인 페르난두 2세의 왕위를 계승한 형인 페드루 5세가 젊은 나이에 승하하자 즉위하였고, 훗날 왕위에 오르는 카를루스 1세의 부친임.

134 오포르토(Oporto) : 포르투(Porto). 포르투갈 북부의 항구도시로 포르투갈 제2의 도시. 도시 이름은 '항구'라는 뜻. 포르투갈 건국의 기원이 된 도시이자 대항해 시대에는 해양 무역의 거점이 된 도시. 또한 세계적으로 유명한 포르투 포도주의 생산지로서 이는 세계 3대 주정 강화 와인 중 하나인 '포트(Port)'와인의 유래임.

에는 작아서 지금 그 나라에 속한 지역은 다만 아프리카의 서쪽 지역과 대서양 '마데이라'[135] 와 '코르보'[136] 와 인도 해변의 크고 작은 섬들과 청나라 '홍콩'의 여러 작은 섬들뿐이니, 모두 그 앞 시대인 강하다고 일컬어지던 때에 소유했다. 기후 · 토산물 · 사람의 등급 · 백성의 생업 · 제조품 · 사들이는 물건 · 학업 · 종교 · 도로는 모두 에스파냐와 함께 같다. 형법은 각 나라와 함께 같다. 또 그 나라에는 '에스트렐라'[137] 라는 산이 동서에 가로 걸쳐 있고, 북쪽에는 '도우루'[138] 강의 항구가 있으며, 남쪽에는 '과디아나'[139] 라는 강이 있으니, 모두 에스파냐에서 발원해 이 나라를 지나 대서양으로 들어간다. 나는 세상에 포도주를 좋아하는 사람들이 있어 장차 손발에 굳은살이 생기고 지쳐도 이 나라를 여행할까 두렵다. 게다가 술 좋아하는 사람들에만 그치겠는가? 그러므로 그것을 위하여 이와 같이 지리를 자세히 습득했다.

> 趙宋時有顯利者始立國. 中合於西班牙 至淸初約翰第四復立國 近時路易第一稱王.

135 마데이라(Madeira) : 포르투갈령 마데이라 제도의 섬 중 하나. 1418~1420년경에 포르투갈의 엔리케 왕자가 마데이라 제도를 발견하면서 황금기를 구가하였음. 유럽과 신대륙을 잇는 무역로의 기항지 역할을 해왔고, 아메리카 대륙 식민지 곳곳에 널리 보급된 독한 포도주로 유명함.

136 코르보(Corvo) : 포르투갈의 영토로서 북대서양의 주요 9개 섬으로 구성된 아조레스(Azores) 제도의 북서부 군도에 속한 섬. 15세기 말부터 사람들이 거주했고, 9개 섬 중 가장 작은 섬인데, 마을 하나에 인구는 400여 명으로 유럽에서 가장 작은 섬이자 도시임.

137 에스트렐라(Estrela) : 포르투갈 북부 내륙 지방의 에스트렐라 산맥에 있는 1,991m의 최고봉으로 포르투갈에서 가장 높은 산임.

138 도우루(Douro) : 이베리아 반도에서 세 번째로 긴 강. 스페인의 우르비온 산맥에서 발원해 누만티아 고원을 크게 굽은 채 가로지르며, 스페인 북부와 포르투갈 북부의 서쪽을 흘러 대서양에 흘러듦.

139 과디아나(Guadiana) : 이베리아 반도에서 가장 긴 강 가운데 하나. 대부분 스페인 중남부를 서쪽으로 흐르다가 포르투갈과의 국경 부근에 이르러 남동부 지방의 남쪽으로 흘러 대서양의 카디스 만으로 흘러들어감. 길이는 778km임.

葡萄牙國者 其地多産葡萄 故因以爲國名. 以葡萄釀酒爲商務之主計 一歲商務所入 二十五百萬圓之中 酒居十八九 而烏浦島酒尤美 聞於天下 天下之言 酒者必稱烏浦 亦宇內之一奇聞也. 其國自北緯線三十七度 至四十二度 自西經線三度 至九度 南北一千里 東西三百里 爲方十里者三千九百. 其地數震 或至於塌崩 而都城在於禮西蕃之地 以得魚瑞江爲阻. 政治主共和 而有六大臣佐之. 國中言語惟一種入籍者四百五十萬口. 其日用之資於他國者 歲費四十五百萬圓. 陸有三萬五千兵海有三千五百兵 火輪戰船三十九艘 衣鐵甲者三四 蓋弱國也. 長於自守 而短於遠圖 今其所屬之地 如亞非利加之西地 若大西洋墨達牙若袷蕃 若印度海濱之州與島 若淸國弘宏之諸小島 皆其前世稱强之時所有也. 氣候土産人品民業製造買物學業宗教道路 皆與西班牙同. 刑法與各國同. 又其國有饍瑞得那之山橫亘東西 北有豆奴江之港口 南有弋得阿那之江 皆發源于西班牙 經此國 入大西洋. 吾恐世有好葡萄酒者 將重趼疲津 而遊是國. 況又不止好酒者乎? 故爲之 詳摭地理如此.

스위스瑞西

본래 오스트리아에 속했던 지역인데, 원·명나라 즈음에 '빌헬름 텔'[140]이라는 사람이 공화정체를 처음 세웠다.

독일의 남쪽이고, 오스트리아의 서쪽이며, 이탈리아의 북쪽이고, 프랑스의 동쪽 나라를 스위스라고 한다. 그 터는 북위선 46도부터 48도까지이고,

140 빌헬름 텔(Wilhelm Tell) : 14세기 스위스 독립전쟁에서 활약하였다는 영웅이자 활의 명수. 악독한 대관(大官)의 강요를 받아 아들의 머리 위에 사과를 올려놓고 활로 쏘아 떨어뜨렸다는 전설로 유명함.

동경선 6도부터 10도까지이며, 남북은 4백 리이고, 동서는 7백 리이다. 사방 10리 되는 곳은 1천 7백 개이다. 그 지역은 산과 언덕이고 수풀이 우거져서 5/6를 차지한다. 기후는 매우 춥고, 산 정상에 늘 설경이 있으니, 그 가장 큰 산들은 북쪽에 '쥐라'산이라 하며, 동남쪽에 '알프스'산이라 한다. 바위굴과 샘물 폭포가 이 세상에서 빼어나고 웅장하다. 또 동남쪽에 '콘스탄츠'[141] 호수가 있고, 서남쪽에 '취리히' 호수가 있다. 도로는 평탄한 길이 적고, 산을 뚫어 기차가 통하도록 25곳을 만들었다. 대개 그 지세가 원래 다른 나라보다 높고, 또 매우 가파르며 험하여 전쟁의 근심이 적기 때문에 사람들이 매우 즐겁게 산다. 인구는 대체로 2백 9십만인데, 2/3는 독일인이고, 1/5은 프랑스인이며, 그 나머지는 이탈리아인이니, 말소리에도 세 종류가 있다. 나라의 정치는 공화를 주로 한다. 사람의 등급은 평등하고, 백성의 생업은 농업과 방적이다. 그 토지의 생산물은 소나무・삼・담배・채소・보리・귀리・소・양・염소이고, 다른 제조품에 이르면 악기・시계・자기로써 다른 나라에 판매하는 것은 1년에 5십 백만 원을 얻으며, 사들이는 물건은 각종 곡식・각종 기계・피륙・술이니, 그 값어치는 1년에 1백 7십 백만 원이다. 세금으로 얻는 수입은 십 2백만 원이다. 군사의 수는 2십만이다. 학업에 자세하고 면밀하다. 종교는 천주교와 개신교가 뒤섞였고, 그 도성은 이른바 '베른'성이라는 곳이니, 나라의 한 가운데에 있어서 '취리히'와 '쑤릭' 등 여러 이름난 고을이 매우 가까운 곳일 것이다.

> 本奧地利亞屬部 元明際有維廉惕者 始立共和政體.

141 콘스탄츠(Konstanz) : 독일 남쪽 보덴 호에 위치한 도시. 보덴 호(湖)와 맑은 날에는 바로 스위스의 알프스가 보여 관광지로 유명한 도시. 콘스탄츠 공의회(1414~1418)의 개최지.

國於德國之南 奧地利亞之西 意大里之北 法國之東者曰瑞西. 其墟自北緯線四十六度 至四十八度 東經線六度 至十度 南北四百里 東西七百里. 方十里者爲一千七百. 其地山陵林藪 居六之五. 氣候多寒 山頂恒有雪色 而其最大之山 北曰窣牙山 東南曰遏山. 巖峀泉瀑之勝雄於天下. 又東南有干西丹瑞湖 西南有眞尼坡湖. 道路少平坦 鑿山通火輪車者爲二十五所.[142] 蓋其地勢旣高於他國 而又多險阻 少兵革之患 故人多樂居之. 人口凡二百九十萬 三之二爲德人 五之一爲法人 其餘爲意大里人 而語音有三種焉. 國政主共和. 人品平等 民業農績. 其土地所產松麻烟草蔬菜牟麥燕麥牛羊羔 及他製造之物樂器時鍾磁器 以販賣外國者歲收五十百萬圓 而買入之物各穀各器械布酒 其價歲爲一百七十百萬圓. 稅入十二百萬圓. 額兵二十萬. 精於學業. 宗教雜天主邪蘇 而其都城所謂蕃城者在國中 以眞尼坡 若秀弋 諸名邑爲肘腋矣.

이탈리아意大里

옛 로마국 이후, 중세에 약해져 여러 지역으로 나뉘어 하나로 합하지 못했고, 또는 오스트리아와 프랑스 등의 나라에 속한 지역이 되었다. 프랑스 왕 나폴레옹의 패배에 이르러 유럽 여러 나라가 오스트리아의 수도에서 회의하여 그 지역을 나누어 9개의 나라로 만들었다. 모든 이름을 이탈리아라고 했을 때는 바로 청나라 가경[143]의 사이이다.

이탈리아라는 나라는 처음에 그 도읍이 이 세상의 이름난 도시였던 '테

142 한문본에는 '所'이지만, 한글본에는 '리'로 표기되어 있음.

143 가경(嘉慶) : 가경제(嘉慶帝). 중국 청나라의 제7대 황제(1796~1820). 묘호(廟號)는 인종(仁宗). 그의 치세에 아편의 유입으로 은이 외국으로 유출되었고, 백련교의 난, 회족의 난 등으로 청나라는 쇠퇴기에 접어들었음.

베레'[144]에 있었는데, 근래에 '플로렌스'[145]로 옮겼다. 대개 그 나라는 2천 년 전에 이름이 로마였으니, 유럽 전 지역과 아프리카 남북 지역과 아시아 서남 지역을 점거하고 차지하여 이 세상에서 가장 큰 나라였다. 그 뒤에 점점 약해지고 오그라들었으나, 그러나 오히려 유럽의 강한 나라 반열에 머무를 수 있었으며, 지금은 그 아프리카의 해변 지역을 새로 얻었으니, 대개 그 과거를 회복했다. 그 터는 북위선 37도부터 46도까지이고, 대체로 2천 5백 리이며, 동경선 7도부터 18도까지이고, 대체로 1천 5백 리이다. 사방 10리 되는 곳은 1만 2천 개이다. 그 경계는 북쪽이 스위스와 오스트리아이고, 동쪽이 '아드리아'해이며, 남쪽이 지중해이고, 서쪽은 프랑스와 지중해이다. 알프스산이 그 북쪽을 두르고 있고, '아페나인'[146]산이 나라 가운데의 북쪽부터 남쪽에 가로 걸쳐 있으며, '베수비오' 두 화산이 그 남쪽에 있는데, 늘 연기와 불길과 소리를 내뿜고, '아디제'[147]강이 그 동쪽에 있으며, 테베레강이 그 서쪽에 있고, '시칠리아'와 '사르데냐'[148] 두 섬, '밀란'과 '나폴리' 두 항구, '볼로냐'와

144 테베레(Tevere) : 티베르(Tiber)강. 이탈리아에 있는 강. 총 길이 406km로 포강과 아디게강 다음으로 긴 강. 아펜니노 산맥에서 시작하여 이탈리아 중부를 흐르고, 로마 시를 관통하여 티레니아해로 흘러들어감. 로마 건국신화에 나오는 로물루스와 레무스 형제가 버려진 곳으로서 역사적으로 로마 제국이 있게 했던 뿌리임. 그들이 자라서 티베르강 하류에 도시를 건설하였고, 로물루스의 이름을 따서 로마라는 이름이 지어졌음.

145 플로렌스(Florence) : 이탈리아의 도시 '피렌체(Firenze)'의 영어식 이름. 이탈리아 토스카나 주의 주도. 아르노강변에 위치해 있고, 역사상 중세, 르네상스 시대에는 건축과 예술로 유명한 곳. 중세 유럽의 무역과 금융의 중심지였으며, 이탈리아 르네상스의 본고장으로 불리기도 함. 오랜 세월 동안 메디치 가문이 다스렸고, 1865년에서 1870년까지는 이탈리아 왕국의 수도였음.

146 아페나인(Apennines) : 이탈리아 한 가운데를 가로지르는 산맥.

147 아디제(Adige) : 이탈리아에서 포강에 이어 2번째로 긴 강. 북쪽으로 레시아 고개 밑에 있는 2개의 알프스 산정호수에서 발원해 베로나 근처의 포 저지대를 지나면서부터는 남동쪽으로 방향을 바꿔 이리저리 길게 굽이치면서 총 410km를 흐른 후, 포 삼각주의 북쪽에서 아드리아 해로 흘러들어감.

148 사르데냐(Sardinia) : 이탈리아 반도 서쪽 지중해 서부에 있는 섬들 가운데 시칠리아 다음으로 큰 섬. 이탈리아 반도의 서쪽으로 200km 지점에 있으며, 수도는 칼리아리임.

'메시나'[149] 두 커다란 도회가 또 모두 이름이 세상에 널리 알려진 곳이다. 기후는 매우 덥고 겨울에도 눈이 없다. 그 풀과 나무는 감람나무·무화과나무·대추나무·밤나무·귤나무·유자나무·포도나무·뽕나무·삼이고, 그 곡식은 콩·옥수수이며, 그 길짐승은 소·말·양·돼지·사슴·이리·살쾡이·멧돼지·낙타이고, 그 날짐승은 학·들오리·기러기이며, 그 물고기는 여러 종류이고, 그 곤충은 개똥벌레이며, 그 산과 바다의 생산물은 철·은·납·유황·백랍[150]·소금이다. 백성의 수는 3십 백만이고, 언어는 각 나라의 말소리가 뒤섞여 있다. 정치는 스위스와 같다. 사람의 등급은 학생·사족·평민이고, 백성의 생업은 농업·방적·그림 도안·포도 농사이다. 제조물은 피륙·거울·모자·종이·자기·유리·가죽·약제이고, 돌에 새긴 사람 형상은 이 세상에서 더할 수 없이 교묘하다. 상업상의 일을 서둘러서 그 다른 나라와 함께 통상한다. 대체로 토산물과 제조물을 내다파는 값어치는 1년에 2백 백만 원이고, 사들이는 물건은 밀랍·솜·석탄·잠종[151]·각종 기계·짐승 가죽과 염색 재료용 풀·제철·기차이니, 값어치가 1년에 3백 백만 원이다. 세금은 3백 5십 백만 원이다. 육군은 30만이고, 해군은 2만이며, 화륜전선은 2백 30척이고, 철갑인 것은 40척인데, 배를 단단하고 꼼꼼하게 만들기로는 이 세상에서 제일이다. 학업이 매우 성하여 관청에서 지급하는 학자금이 1년에 3백만 원이다. 그 종교는 천주교를 주로 하는데, 배우지 않은 사람은 물리쳐서 사람 축에 들지 못하고, 교당[152]은 웅

149 메시나(Messina) : 이탈리아 남부 시칠리아 섬 북동부 펠로리타니 산의 아래쪽 기슭에 자리해 메시나 해협을 사이에 두고 레조디칼라브리아와 마주보고 있는 도시.

150 백랍(白鑞) : ① 주석에 구리, 비스무트, 안티몬을 섞어 만든 합금. ② 벌꿀을 뜨거운 물에 녹여서 채취한 황랍을 가공하여 얻는 흰색의 물질. 초를 만들 때 쓰거나 생사·직물·기구 등의 광택제로 사용하고, 한방에서는 환약을 제조하고 지혈하는 것에 쓰이며, 진통제 등으로 씀.

151 잠종(蠶種) : 씨를 받을 누에의 알.

장하며 화려함이 여러 나라에서 으뜸이고, 지붕 위에는 늘 4백 사람이 있으면서 수호하며, 종교의 우두머리는 '교황'이라 이름 부르고, 도성에 살기 때문에 도성 또한 '천주교의 수도'라 이르니, 그 높이 받들어 존중함이 이와 같다. 요즈음 이래로 그 임금이 교황을 점점 소홀히 대접하므로 교황이 장차 사는 곳을 다른 데로 옮기려고 하니, 대개 좋아하고 숭상하는 뜻이 변했을 것이다. 또 그 나라에 이름난 샘이 있는데, 대개 땅속에 대竹 홈통을 써서 강물을 끌어다가 땅밖에서 콸콸 솟아나오게 하고, 각 나라로부터 와서 구경하는 사람들이 1년에 몇 만이니, 또한 신기하고 재미있는 소문의 하나이다.

古羅馬國後 中衰諸部分合不一 或爲奧法等國屬地. 及法王拿破倫之敗 歐洲諸國 會議于奧京 分其地爲九國. 摠名曰意大里時 則淸嘉慶間也.

意大里者 其都始在土美爲天下名城 近徙于佛盧堰西. 蓋其國二千年前名羅馬 據有歐羅巴全地 亞非利加南北地 亞細亞西南地 爲天下最大之國. 其後漸衰蹙 然尙能在歐洲强國之列 今其所新得亞非利加海濱之地 蓋復其舊也. 其墟自北緯線三十七度 至四十六度 凡二千五百里 自東經線七度 至十八度 凡一千五百里. 方十里者爲一萬二千. 其界北瑞西若奧地利亞 東埃坦里德河水 南地中海 西法國若地中海. 有遏山環其北 壓坡那仁山自北 而南橫亘國中 琲水琲魚二[153]火山在其南 而常出烟氣火聲 牙帶江在其東 他里法江在其西 而徐徐里若時禮二島 密蘭雷佛西二港 普老那若米氏那二會城 又皆著名者也. 氣候甚熱 冬亦無雪. 其草木橄欖無花果棗栗橘柚葡萄桑麻 其穀菽玉蜀黍 其獸牛馬羊猪鹿狼山猫山猪橐駝 其鳥鶴梟雁 其魚各種 其蟲螢 其山海之物鐵銀鉛硫黃白蠟鹽. 民數三十百

152 교당(敎堂) : 종교를 믿는 사람들이 모여서 예배를 드리거나 포교를 하는 집.

153 한문본에는 '二'이지만, 한글본에는 '엣나ㅣ란'으로 표기되어 있음.

萬 而言語雜各國之音. 政治如瑞西. 人品有學徒士族平民 民業農績圖畵葡萄. 製造之物布鏡冠紙磁器琉璃皮革藥劑 石刻人形妙絶天下. 急於商務 其與外國通商也. 凡土産及製造物 售價歲爲二百百萬圓 而買入之物 蠟綿煤蠶種各器械皮物 及染綵草煉鐵火輪車 價歲三百百萬圓. 稅課三百五十百萬圓. 陸軍三十萬 水軍二萬 火輪戰船二百三十艘 鐵甲者四十 而船製堅緻爲天下最. 學業甚盛 而公給學資歲爲三百萬圓. 其宗教主天主 不學者擯不齒 教堂壯麗冠諸國 屋上常有四百人守護 而教師名曰教皇 處於都城 故都城亦謂之天主教京 其崇重如此. 近時以來 其君待教皇稍衰 故教皇將欲遷居 蓋好尙之趣變矣. 又其國有名泉 蓋用筧引江水于地中 仰出地外滃滃然 各國來玩之人 歲爲屢萬 亦一異聞云.

오스트리아-헝가리奧地利亞 匈牙里

본래 이름은 '게르만'이니, 원나라 초에 있던 '루돌프'[154]라는 사람이 나라를 세웠고, '동왕'이라 일컬었으며, '지기스문트'[155]에게 전해졌고, 헝가리에 있는 지역을 합병했다. 청나라 강희 중에 여러 지역이 각각 스스로 왕이라 일컫자 이에 동왕이 따로 나라를 세웠고, '오스트리아'라 불렀으며, '게르만'이라는 이름은 회복하지 못했다. 가경 사이에 유럽 여러 나라가 회의하였고, 오스트리아는 맹주가 되었다.

---

154 루돌프(Rudolf) : 루돌프 1세. 1218~1291(재위 1273~1291). 합스부르크 왕가 최초의 신성로마제국 왕. 마르히펠트 전투에서 오타카르를 패사시키고, 오스트리아 변경백령을 완전히 합병하여 합스부르크 가문의 소유로 만들었으며, 독일 제국의 동부에 합스부르크 가문의 기반을 다져놓았음.

155 지기스문트(Sigismund) : 지그몬드(Zsigmond). 1368~1437(재위 1387~1437). 헝가리 여왕 마리어 1세와 결혼하여 헝가리 왕이 됨. 로마 왕, 독일 왕, 보헤미아 왕, 신성로마황제(1433년부터)를 겸임함. 신성로마제국의 황제 자리를 물려받은 마지막 룩셈부르크 왕조의 황제.

오스트리아-헝가리란 나라는 두 나라가 합하고, 한 임금이 있으며, 또한 민주정치의 나라이다. 그러나 나라가 각각 주장함이 서로 통하지 않고, 씨족은 '코카서스'와 몽고가 뒤섞였으며, 그 사람들의 말소리는 10여 종이고, 기타 풍속과 옷과 집의 양식에 대한 제도 또한 서로 크게 다르다. 대개 그 나라는 여러 나라의 사이에 끼어 있으니, 그 여러 나라는 북쪽에 독일과 러시아이고, 동쪽에 에스파냐와 러시아이며, 남쪽에 '루마니아'와 '세르비아'이고, 서쪽에 스위스이다. 이 여러 나라 가운데 러시아가 가장 강하고, 늘 이 여러 나라에 씹혀 삼켜지리라 생각하며, 만약 오스트리아-헝가리가 아니라면, 근심이 여러 나라에 닥치리라 여기고, 드디어 서로 힘을 내어 도우니, 그 나라들 또한 스스로 지키며 다스릴 수 있고, 여러 나라 사이의 반열에서 부강해질 수 있다. 그 나라의 천문에 있어서는 북위선 42도와 51도의 사이이고, 동경선 9도와 26도의 사이이며, 남북이 천 리이고, 동서가 3천 리이다. 사방 10리 되는 곳은 3만 개이다. 사방이 산으로 둘러싸였으니, 북쪽에는 '할슈타트'[156] 등의 산이 있고, 서남쪽에는 알프스산이 있으며, 나라 가운데는 평야가 펼쳐졌고, 그 강은 서북쪽에 '다뉴브'강이 있으며, 동쪽에 '타이스'강이 있고, 남쪽에 '드라바'[157]강과 '사바'[158] 등의 강이 있는데, 준설한 강이 또한 많다. 그 항구는 '트리에스트'[159]

156 할슈타트(Hallstatt) : 오스트리아 오버외스터라이히주의 마을. 할슈타트 호에 가까이 있으며, 알프스 기슭의 호수 지역 잘츠카머구트 지방의 가장 안쪽에 위치하는 경승지임.

157 드라바(Drava) : 유럽 중남부 도나우강의 오른쪽 연안에 있는 지류. 이탈리아 도비아코 근처인 카르니크알프스에서 시작해 동쪽으로 흘러 드라우강이라는 이름으로 오스트리아를 지남. 총 길이는 719km이고, 알프스 산맥에서 동서방향으로 가장 긴 골짜기인 드라우탈을 형성함.

158 사바(Sava) : 유럽 중남부를 흐르는 강. 주로 동남동 방향으로 약 940km를 흘러 베오그라드에서 도나우강으로 유입함.

159 트리에스트(Triest) : 오스트리아-헝가리 제국 제4의 도시이자 최대 항구도시. 제국령 시절에는 오스트리아령 동인도회사 본사가 있었고, 비엔나에 가장 가까운 항구 역할을 수행하면서 커갔지만, 이탈리아에게 강탈당한 후부터 쇠락함.

라 하고, 또 작은 섬이 많으며, 오스트리아 도성은 다뉴브 동쪽 '비엔나' 지역에 있고, 헝가리 도성은 나라의 서쪽 '부다페스트' 지역에 있으며, 이른바 '체프레그'[160]와 '그라츠'[161]와 '외스터라이히'[162]라는 여러 커다란 도회가 둘러쌌는데, 풍경이 뛰어나다. 기후는 고르다. 지역에 소나무 · 측백나무 · 포도나무 · 담배 · 보리 · 귀리 · 감자 · 금 · 은 · 구리 · 철 · 납 · 유황 · 석탄 · 소금 · 수은 · 유리 만드는 모래가 넉넉하다. 그 나라 안의 인구는 4십 백만인데, 농업 · 광업 · 방적 · 축산업 · 포도농사를 생업으로 삼고, 시계 · 악기 · 가죽 다루기 · 술 빚기와 유리 · 유황 만들기는 그 재능 있는 일이다. 상업상의 일을 더욱 중요시하여 그 토산물과 제조품을 수출하니, 값어치는 1년에 4백 4십 백만 원이고, 수입하는 물건은 다만 가죽옷 · 모직물 · 면주[163] · 의복 · 나무와 풀의 식용 열매 · 소 · 말 · 돼지 · 여러 기계이며, 값어치는 1년에 4백 6십 백만 원이다. 세금으로 얻는 수입은 1년에 3백 5십 백만 원인데, 그것으로 군사를 양성하여 육군 30만, 화륜전선 1백 60척, 철갑으로 만든 20척을 얻었다. 그 나라 사람의 등급 · 학업 · 종교는 포르투갈과 함께 같다.

本名日耳曼 元初有羅爾德福者建國 稱東王 傳至阿爾麥 幷有凶牙利之地. 清康熙中 諸部各自稱王 於是東王別立國 號曰奧地利亞 而不復名日耳曼. 嘉慶間歐洲諸國之會議也 奧爲盟主.

奧地利亞凶牙里者合二國 而有一君 亦民主政治之國也. 然國各主之不相通

160 체프레그(Csepreg) : 오스트리아 동부 부르겐란트 주의 도시인 '아이젠슈타트'에서 남쪽으로 50km 정도 떨어져 있는 헝가리의 도시.

161 그라츠(Graz) : 오스트리아 남동부 슈타이어마르크 주의 주도. 오스트리아에서 2번째로 큰 도시.

162 외스터라이히(österreich) : 니더외스터라이히(Niederösterreich). 남부 오스트리아에 있는 주. 오스트리아에서는 자국을 독일어로 '동쪽의 국가'를 뜻하는 '외스터라이히'라 부르기도 함.

163 면주(綿紬) : 면과 비단의 합사직물. 명주(明紬).

氏族雜高加索及蒙古 而其人語音十餘種 其他謠俗衣服屋制 亦大相不同. **蓋以其介於諸國之間也** 其諸國北爲德俄 東爲**西班牙**若俄 南爲婁禡里亞若西比亞 西爲瑞西. 是諸國之中 俄最爲强 常思呑噬於是諸國 **以爲若無奧凶 則患迫諸國 遂相出力以助 而其國亦能自守治 能以富强列於諸國之間焉**. 其國在天文 爲北緯線四十二度 五十一度之間 東經線九度 二十六度之間 南北千里 東西三千里. 方十里者爲三萬. 四環以山 而北有秀特得等山 西南有軋山 中開平野 其水西北有丹獵江 東有佗尼西江 南有得蠟若沙押等江 而濬河亦多焉. 港曰西特 又多小島 而奧地利亞都城在丹獵東匪言之地 凶牙里都城在國西拜多貝特西之地 所謂波乃加 若加洛 若那細里 諸會城環 **爲形勝焉**. 氣候調和. 地饒松栢葡萄烟草牟麥燕麥甘藷金銀銅鐵鉛硫黃煤鹽汞造琉璃之沙. 其中人口四十百萬 以農礦績畜葡萄爲生業 以鍾表樂器治革釀酒 及造琉璃硫黃爲技業. 尤重商務 其出口之物 **土産製造** 價歲四百四十百萬 而入口之物 若皮裘織絨緜紬服食果蓏牛馬猪諸器械價歲四百六十百萬圓. 稅入歲爲三百五十百萬圓 **以之養兵 得**陸軍三十萬 火輪戰船一百六十艘 鐵甲爲二十. **其人品學業宗教與葡萄牙同.**

터키土耳其

옛 회부[164]의 달단[165] 인종이고, 로마 동쪽 경계에 있었다. 원나라 성종 때(1265~

164 회부(回部) : 청나라 시대에 천산남로(天山南路, 동투르키스탄)의 이슬람교도(회교도) 터키족. 또는 그 지방의 명칭. 천산북로(天山北路)의 준부(準部, 중가르부)와 비교하여 일컬음.

165 달단(韃靼) : 타타르(Tatar). 튀르크 계통 부족의 하나. 유럽・러시아 등에서 튀르크 계통의 중앙아시아 종족을 통칭하는 말로도 쓰였음. 현재는 이슬람을 믿고 튀르크어족 계통의 언어를 사용함. 타타르란 고대 튀르크어로 '다른 사람들'을 뜻함.

1307)에 우두머리 '오스만'[166]이 나라를 처음 세워서 여러 지역을 점점 강제로 빼앗았으며, 더욱 사납고 용맹스러운 영웅인 '마호메트'[167]에 이르러 터키에서 '호랑이'라 일컬었다. 그 뒤에 날로 쇠하여 어지러워져 요즈음은 러시아에 의해 더욱 괴롭게 되었다.

터키라는 곳은 그 지역이 유럽부터 아시아까지 이른다. 그 유럽에 속해 있는 곳은 천문에 대해서 북위선 39도와 44도의 사이이고, 동경선 19도와 30도의 사이이며, 남북은 천 리이고, 동서는 천 5백 리이며, 사방 10리 되는 곳은 1만 4천 개이다. 그 경계는 북쪽에 루마니아와 세르비아이고, 동쪽에 '블랙(흑)'해이며, 남쪽에 지중해와 그리스이고, 서쪽에 산마리노이다. '유발우'와 '도피' 등의 산이 그 북서쪽에 있고, '마르마라'[168]해가 그 동쪽에 있으며, 큰 포구와 항구가 그 서쪽에 있다. 기후는 따뜻하다. 생산물은 소나무 · 뽕나무 · 상수리나무 · 감람나무 · 빈랑나무[169] · 귤나무 · 포도나무 · 석류나무 · 오약 · 복숭아나무 · 벼 · 보리 · 수수 · 담배 · 목면 · 양귀비 · 은 · 구리 · 유황 · 명반 · 석탄이다. 백성의 수는 9백만이고, 씨족은 코카서스이며, 언어는 각 나라의 말소리가 뒤섞여 있다. 도성은 '콘스탄티노플(이스탄불)'이라 이름하고, 그밖에 '키프러스'와 '소피아' 등이 커다란 도회이다. 사람의 등급에 사족과 노비가 있고, 백성의 생업은 농업 · 방적 · 광업이다. 재능 있는 일은 면직물 · 베와 비단 · 깔개 · 가죽다

---

166 오스만(Osman) : 오스만 1세(1258~1326?). 1299년에 오스만 제국을 건국한 초대 군주. 오스만 제국의 시조로 인정됨.

167 마호메트(Muhammad) : 마호메트 1세(재위 1413~1421). 1421년 오스만제국을 재통합함.

168 마르마라(Marmara) : 터키 북서부, 흑해와 에게해를 잇는 바다. 터키의 아시아 쪽 영토와 유럽 쪽 영토를 부분적으로 갈라놓는 내해.

169 빈랑(檳榔) : 태평양 연안 · 동남아시아 · 동아프리카 등 열대 지방 일부에서 자라는 종려나무의 일종. 열매는 빈랑자라 하여 약용함. 인도 · 태국 · 대만 등에서는 베틀후추 잎에 각성 효과가 있는 빈랑열매를 싸서 식후나 평소에 씹는 습관이 있음.

루기이고, 통상에서 내다파는 물품은 담배 · 각종 과일 · 아편연[170] · 커피 · 가죽 · 깔개 · 각종 철이니, 값어치가 1년에 5십 5백만 원이며, 사들이는 물품은 짜놓은 삼실 · 양털 · 비단과 면포 · 곡식 · 기계 · 화륜선과 기차 · 총이니, 값어치는 1년에 1백 백만 원이다. 그 아시아에 속해 있는 곳은 그 지역에 천문이 북위선 13도와 43도의 사이이고, 동경선 25도와 50도의 사이이며, 남북이 5천 5백 리이고, 동서는 2천 리이다. 그 경계는 북쪽이 '블랙(흑)'해이고, 동쪽이 '페르시아'해이며, 남쪽이 '아라비아'와 '홍해'이다. 사방 10리 되는 곳은 8만 개이다. 서북쪽에 산이 많으니, '시나이'산이 서쪽에 있고, '아라랏'[171]산이 그 북쪽에 있는데, 하우씨[172]가 물을 다스렸을 때에 배를 댔던 곳이며, '요단(요르단)'강이 그 서쪽에 있는데, 예수 그리스도가 살던 곳이고, '티그리스'와 '유프라테스' 등의 강이 그 동쪽에 있으면서 페르시아해로 흘러 들어가는데, 이곳은 인류가 처음 생겨난 지역이며, '투즈'[173] 호수가 그 서쪽에 있고, '시데'[174]와 동쪽에 '부르사'[175] 두 항구가 그 서북쪽에 있으며, 큰 사막이 그 남쪽에 있다. 생산물은 호두나무 · 밤나무 · 포도나무 · 감람나무 · 뽕나무 · 대추나무 · 모과나무 · 향나무와 목면 · 담배 · 벼 · 보리 · 조와 구리 · 철 · 은 · 납 · 명반 · 소금 · 석탄과 사자 · 표범 · 곰 · 말 · 소 · 양 · 산

---

170 아편연(鴉片煙) : 아편을 넣은 담배.

171 아라랏(Ararat) : 노아의 방주가 표착했다고 알려진 터키에서 가장 높은 산. 해발고도는 5,137m.

172 하우씨(夏禹氏) : 중국 하나라의 시조인 우임금. 치수 사업에 실패한 아버지 곤(鯀)의 뒤를 이어 순에게 천거되는 형태로 황하의 치수를 맡아 큰 공을 세웠음.

173 투즈(Tuz) : 터키 중앙부 아나톨리아 고원에 있는 터키에서 두 번째로 큰 소금호수. 해발 905m 높이에 형성되어 있으며, 터키어로 '소금'이란 뜻을 지니고 있음.

174 시데(Side) : 터키 안탈리아(Antalya) 마나브가트에 있는 고대 항구도시로 '시데'는 '석류'를 의미함. 동로마 유적지로서 팜필리아 지역에서 가장 중요한 항구도시였음.

175 부르사(Bursa) : 터키 북서부 부르사 주의 주도. 울루 산(고대 미시아의 올림푸스 산) 북쪽 기슭에 자리 잡고 있음.

양 · 산우[176] · 멧돼지 · 노새 · 꿀벌이다. 사람의 수는 대체로 십 6백만이고, 씨족은 코카서스와 몽고가 뒤섞였으며, 언어 또한 복잡하다. 정치는 도성으로부터 관리가 파견되어 다스리고, 부루사와 '메카' 등이 그 이름난 고을인데, '메카'라는 곳은 예수가 태어난 곳이다. 사람의 등급은 학생과 평민이고, 백성의 생업은 농업 · 방적 · 목축이다. 재능 있는 일은 감람유 · 면주 · 붉은 양포[177] · 안장 · 칼 · 모직 요 · 염료 · 자수[178] · 월계화 기름 · 아편연 · 양가죽 · 술이다. 통상에서 내다파는 물품과 토산물과 제조품은 값어치가 1년에 약 만 원 정도이고, 사들이는 물품은 유리 · 자기 · 종이 · 총과 칼 · 각종 기계이니, 총괄하면 값어치가 1년에 약 만 원 정도이다. 그 나라는 임금이 여러 가지 정사를 총괄하고, 백성은 감히 참여하지 못하기 때문에 정치에 많은 잘못이 나오며, 형법에 잔인함이 많다. 학업과 도로는 모두 닦고 고치지 못했다. 군인의 수는 25만에 지나지 않고, 화륜전선은 64척이며, 철갑인 것은 14척인데, 지중해와 러시아가 가까워 늘 방비에 난처하기 때문에 나라가 온전하기만을 꾀한다. 세금은 7십 5백만 원인데, 쓰기에 늘 부족하여 근근이 이웃나라에 빚을 구걸하여 지탱하는데, 갚을 날은 없다. 비록 일찍이 군대를 내보내 영토를 확장했더라도, 다만 홍해 끝 지역과 아프리카 북쪽 지역과 지중해의 '크레타'섬뿐인데, 모두 소유했다고 일컫기에 부족하다. 사람들이 여러 번 장가들어 아내를 서넛까지 둔 사람들이 많고, 또 첩과 여자종을 사고팔며, 여자가 출입함에는 반드시 수건으로 얼굴을 가리니, 그 법과 풍속이 모두

176 산우(山牛) : 경작에 사용하지 않고, 오직 희생으로만 사용하는 소의 일종.

177 양포(洋布) : 캘리코(calico). 평직으로 직조한 순면직물. 처음에 인도의 캘커타에서 생산되었다는 데서 유래한 명칭. 농가에서 자가 생산한 포.

178 자수(刺繡) : 옷감이나 헝겊 등에 여러 가지 색실로 그림이나 글자 · 무늬 등을 수놓아 나타냄. 또는 그 수.

좋지 않다. 대체로 유럽 여러 나라의 인류는 대부분 천박하지만, 그러나 그 나라의 아주 오랜 옛날에 있던 사람들은 '해문'[179]을 처음 만들었고, 지금 유럽에서 땅을 파거나 혹은 웅장하며 화려한 옛 궁실의 흔적에서 얻기가 유행하니, 대개 예나 지금이나 흥하고 망함의 이치이다. 또 그 종교는 이슬람교와 천주교를 두루 쓰는데, 지금 그 이슬람교가 크게 유행하는 지역은 이른바 '예루살렘'이라는 고을이니, 즉 옛날 예수가 종교를 창도한 곳이고, 중간에 잃어버리게 된 곳이다. 그러므로 유럽 여러 나라가 군대를 내보내 옛날로 회복시키려고 하였으나, 잠깐도 할 수 없었다. 이것이 또 하나의 신기하고 재미있는 소문이다.

古回部韃靼種 在羅馬東境. 元成宗時 頭人阿多曼始立國 寢呑諸部 至馬何美德尤梟雄 稱伯都於土耳其. 其後日就衰亂 近尤爲俄所困.

土耳其者 其地自歐羅巴 至亞細亞. 其在歐羅巴者 於天文爲北緯線三十九度四十四度之間 東經線十九度 三十度之間 南北千里 東西千五百里 方十里者爲一萬四千. 其界北樓馬尼亞若西比亞 東佛厄河 南地中海若希臘 西山馬利魯.[180] 有鉢盂若刀皮等山在其北西 痲毛羅河在其東 巨浦港在其西. 氣候燠. 物産松桑櫟橄欖檳榔橘葡萄石榴烏[181]藥桃稻麥蜀黍烟草木綿鶯粟銀銅硫黃礬煤. 民數九百萬 氏族高加索 言語雜各國音. 都城名乾西坦他盧佛 外有吉伊佛里西 若小彼俄等會城. 人品有士族奴婢 民業農績礦. 技業綿絨布緞褥襶治革 通商糶物烟草各果鴉片烟珈琲皮革褥襶各鐵 價歲五十五百萬圓 糴物績麻羊毛帛綿穀器械火輪船車銃

179 해문(蟹文) : 쐐기문자. 혹은 설형문자라고도 불리는 고대 문자. 대개 점토판에 기록되었는데, 그 특성상 특별히 필기도구에 제약이 강하지는 않았으나, 대개 갈대 가지를 뾰족하게 잘라 만든 철필로 썼음.

180 한문본에는 '山馬利魯'이지만, 한글본에는 '셔비아국과 또 만트늬그로국과 에드리아틱하슈ㅣ며'로 표기되어 있음.

181 원문에는 '鳥'이지만, '烏'의 오기이므로 바로잡았음.

價歲一百百萬圓. 其在亞細亞者 其地於天文爲北緯線十三度 四十三度之間 東經線二十五度 五十度之間 南北五千五百里 東西二千里. 其界北伐額河 東法西亞河 南阿拉彼亞若紅海. 方十里者爲八萬. 西北多山 而有沙里羅尼山在西 阿羅失山在其北 爲夏禹氏治水時 所泊舟處 祖得江在其西 爲耶蘇基督所居處 陀尼乙里西若遺布乃得西等江在其東 流入于法西亞河 是爲人所始生之地 帶時湖在其西 地帶若東扶蘇二港在其西北 大沙漠在其南. 物產胡桃栗葡萄橄欖桑棗木瓜香木 木綿烟草稻麥粟 銅鐵銀鉛礬鹽煤 獅豹熊馬牛羊山牛山猪山驢蜜蜂. 人數凡十六百萬 氏族雜高加索蒙古 言語亦多端. 政治自都城遣官理之 而茂婁斯若墨加等爲其名邑 墨加者耶蘇所生之地也. 人品學徒[182]平民 民業農績畜牧. 技業橄欖油綿紬紅洋布鞍刀絨縟染料刺繡月桂花油鴉片烟羊皮酒. 通商糶物若土產製造 價歲若干萬 糴物琉璃磁器紙銃劍各器械 價歲若干萬摠之. 其國君主總庶政而民不敢預 故政多失出 刑法多慘刻. 學業道路皆不修治. 軍[183]額不過二十五萬火輪戰船六十四艘 鐵甲者十四 而地與俄近 常困於防備 故計全國. 稅課七十五百萬元 用每不足 屢屢乞債隣邦以支 而償無日焉. 雖嘗出兵拓地 如紅海濱地 若亞非利加北地 若地中海之巨伊特島 皆爲所有 而不足稱也. 人多屢娶 至有三四妻者又買賣妾婢 女子出入 必以巾掩面 其法與俗均爲不美. 凡歐洲諸國人類多賤薄之 然其國上世有人始造蟹文 至今風行於歐洲 而掘地 或得古壯麗宮室之跡 蓋古今盛衰之數也. 又其宗敎兼用回回天主 今其回回敎大行之地 所謂禮婁斯廩邑者卽古耶蘇倡敎所 而中爲所失者也. 故歐洲諸國欲出兵復舊 而姑未能. 此又一異聞也.

182 한문본에는 '學徒'이지만, 한글본에는 '션비'로 표기되어 있음.
183 한문본에는 '軍'이지만, 한글본에는 '륙군'으로 표기되어 있음.

루마니아樓馬尼亞

나라의 처음과 끝은 본문 안에 갖추었다.

루마니아란 나라는 본래 터키에 속한 나라였는데, 먼저 지난 20년 동안 터키가 러시아와 전쟁을 벌였다. 어지러움을 틈타 배반하고, 각 나라와 함께 계약하여 드디어 한 나라를 만들었다. 그 넓이는 북위선 43도부터 48도까지이고, 동경선 23도부터 30도까지이며, 남북과 동서는 각각 천 리이다. 사방 10리 되는 곳은 5천 개이다. 북동쪽은 러시아이고, 남쪽은 터키이며, 서쪽은 오스트리아이다. '다뉴브'강이 그 동남쪽에 있고, '카파도키아'[184]산이 그 서북쪽에 있으며, '콘스탄자'[185] 항구가 그 동쪽에 있다. 기후는 겨울과 여름에 매우 춥고 덥다. 지역에는 숲의 나무 · 곡식 · 나무 열매 · 소 · 말 · 양 · 소금이 넉넉하다. 백성의 수는 5백 4십만이고, 언어는 두 종류가 있다. 나라의 정치는 공화를 주로 하고, 백성의 생업은 농업과 사냥이다. 통상에서 수출하는 물건은 보리 · 목재 · 가죽 · 소 · 말 · 양이니, 값어치가 1년에 7백만 원이고, 수입하는 물건은 기계 · 베와 비단 · 그릇이니, 값어치는 1년에 십 2백만 원이다. 세금의 액수는 2십 7백만 원이다. 군사의 수는 2만이고, 화륜선은 12척이다. 종교는 대부분 천주교를 주로 한다. 그 도성은 이른바 '부쿠레슈티'[186]라는 곳이니, 나라의 남쪽에 있

---

184 카파도키아(Cappadocia) : 악사라이와 네브쉐히르, 니그데, 카이세리, 크리쉐히르 등이 속한 지역. 잘 알려진 괴레메나 데린쿠유, 으흘라라 지역 등도 속해 있음. 이곳에는 땅 위에 우뚝 솟은 기암들이 있는데, '요정의 굴뚝'이라고 불림. 화산 분화에 의한 화산재와 용암 등이 오랜 세월을 거쳐 바람 · 비 · 눈 · 강물 · 호숫물 등에 의해 침식하고, 지진도 겪으면서 기암들이 형성되었음.

185 콘스탄자(Constanta) : 루마니아의 서쪽 끝에 있는 도시로 흑해에 있는 해안 도시. 유럽에서도 손꼽히는 큰 항구도시로서 부쿠레슈티에 버금가는 대도시였음.

186 부쿠레슈티(București) : 루마니아의 수도로 '동유럽의 파리'로 불림. 루마니아 남부 도나우강

고, 북쪽에 '야시'[187]와 '갈라치'[188] 등 여러 커다란 도회가 있는데, 그곳들은 번성하다가 시든 듯하니, 그 가까이 러시아 때문에 늘 미리 조심하며 두려워하는 마음을 지니고, 근근이 스스로 지킬 뿐이다.

> 始末具本文中.
>
> 樓馬尼亞國者 本土耳其屬邦 先是往二十年 土耳其之與俄構兵也. 乘亂而叛 與各國立約 遂爲一國. 其幅圓自北緯線四十三度 至四十八度 自東經線二十三度 至三十度 南北東西各千里. 方十里者爲五千. 北東俄 南土耳其 西奧地利亞. 有丹葉江在其東南 加貝特安山在其西北 九瑞坦支港在其東. 氣候冬夏甚寒熱. 地饒林木穀果牛馬羊鹽. 民數五百四十萬 言語有二種. 國治主共和 民業農獵. 通商出口之物牟麥材革牛馬羊 價歲七百萬圓 入口之物機械布緞器皿 價歲十二百萬圓. 稅額二十七百萬圓. 軍額二萬 火輪船十二. 宗教多主天主. 其都城所謂富巨來特西者 在國之南 而北有耶施若乙羅西諸會城 爲其蕃蔽然 以其近俄 故常懷戒懼 廑廑自守而已.

세르비아西比亞

이 다음으로 두 나라는 처음과 끝을 자세히 살필 수 없으니, 대개 근세에 처음 세운 곳들이다.

세르비아란 나라는 수도가 다뉴브강가의 '베오그라드'[189] 지역이다. 그

변과 카르파티아 산맥 사이 평야 중앙에 위치하고 있으며, 시내 중심에는 딤보비차강이 흐름.

187 야시(Iasi) : 루마니아의 북동부 지역에 있는 도시. 1565년부터 몰다비아 왕국의 수도였음.

188 갈라치(Galati) : 수도인 부쿠레슈티에서 북동쪽으로 약 190km 떨어진 곳에 있는 내륙 항구. 문화 중심지이고, 루마니아의 주요 수입항이며, 목재수출항으로도 중요함.

경계는 서북쪽이 오스트리아이고, 동쪽이 루마니아이며, 남쪽이 터키이다. 천문에 있어서는 북위선 42도부터 45도까지이고, 동경선 19도부터 23도까지이며, 남북과 동서는 각각 6백 리이다. 사방 10리 되는 곳은 2천 개이다. 동쪽에는 작은 산이 많고, 남쪽에 '모라바'[190]강이 있는데, 북쪽으로 흘러 나라 가운데를 지나 다뉴브강으로 들어간다. 기후는 고르다. 생산물은 대부분 숲의 나무 · 포도 · 오얏 · 보리 · 조 · 소 · 말 · 양 · 돼지 · 구리 · 철 · 납 · 석탄이다. 인구는 2백만이고, 언어는 오직 한 종류이다. 정치 체제는 임금과 백성이 함께 한다. 백성의 생업은 목축과 술 빚기이다. 제조하는 물건은 모직물 깔개 · 반지 · 술이니, 모두 정밀하기로 이름난 물품들이고, 토산물과 제조품을 내다팔아 1년에 9백만 원을 거두어들이며, 베와 비단 · 솜 · 설탕 · 기계 · 집물[191]을 사들여서 1년에 십 1백만 원을 쓴다. 세금으로 얻는 수입은 십 2백만 원이다. 군사의 수는 1만 5천이다. 대개 개국한 지 겨우 12년이라 각 나라 중에서도 약한 곳이다. 그러나 학업에는 매우 재빨라서 학당이 5백 곳이다. 도로는 매우 잘 닦았고, 가끔 기찻길도 있으니, 이것은 칭찬할 만하다. 종교는 대부분 천주교를 주로 한다.

> 此以下二國始末無攷 蓋近世創立者也.

---

189 베오그라드(Beograd) : 세르비아 공화국의 수도. 세르비아 북부 지방에 위치하고 있으며, 도나우강과 사바강이 만나는 지역에 위치하고 있음. 발칸 반도의 주요 도시 중 하나이고, '하얀 도시'라는 뜻을 지니고 있음. 1918년부터 2002년까지는 유고슬라비아의 수도였으며, 그 후 2005년까지는 세르비아 몬테네그로 연방의 수도였음.

190 모라바(Morava) : 세르비아를 흐르는 강. 남모라바(주지나모라바)강과 서모라바(자파드나모라바)강이 합류해 형성된 강. 북쪽으로 221km를 흘러 스메데레보 근처에서 도나우강으로 들어감.

191 집물(什物) : 집안 살림에 쓰는 갖가지 세간이나 그릇, 연장.

西比亞國者 都丹葉江邊配巨遏之地. 其界西北奧地利亞 東樓馬尼亞 南土耳其. 在天文自北緯線四十二度 至四十五度 東經線十九度 至二十三度 南北東西各六百里. 爲方十里者二千. 東多小山 南有毛羅鉢江 北流經國中入于丹葉江. 氣候調和. 物産多林木葡萄**烏蘗麥**粟牛馬羊猪銅鐵鉛煤. 人口二百萬 言語惟一種. 政體君與民共之. 民業畜牧釀酒. 製造之物罽褥指環酒 皆名精品 而土産製造之糶 歲收九百萬圓 布緞綿砂糖械器什物之糴 歲費十一百萬圓. 稅入十二百萬圓. 軍額一萬五千. **蓋開國僅十二年** 而弱於各國者也. 然頗銳於學業 學堂五百所. 道路甚修 往往有火輪車路 **此其足稱也**. 宗敎多主天主.

산마리노山馬利魯[192]

산마리노라는 나라를 만들었으니, 작고 러시아가 가까워 러시아가 씹어 삼킬까를 두려워하며, 날로 러시아에 친숙해져 따름을 급한 일로 삼는다. 그러나 그 사람들은 농사나 장사 일을 할 때에 창이나 칼을 잡지 않음이 없으니, 그 본성이 대개 겁이 많다고 이른다. 그 종교는 한 종교를 주로하지 않는다. 학업에 매우 힘쓴다. 군사의 수는 3만이다. 세금은 3십만 원이다. 정치는 백성으로 주인을 삼는다. 도성은 나라 남쪽의 '체티네'[193] 지역이고, '안티바리움'[194]과 '둘치그노'[195] 두 항구가 남쪽에 있으면서 큰 도회를 이루

192 한문본에는 '山馬利魯'이지만, 한글본에는 '만트늬그로국'으로 표기되어 있음. 문맥상 '몬테네그로'를 의미하는 한글본이 합당함.

193 체티녜(Cetinje) : 로브첸(Lovcen) 산기슭에 위치한 도시로 몬테네그로 문화·역사 유산의 보고. 15세기에 세워진 역사도시로 1918년 세르비아에 합병되기까지 몬테네그로 왕국의 수도였음.

194 안티바리움(Antibarium) : 바르(Bar). 몬테네그로의 중요한 항구도시. '바르'라는 이름은 '바

며, 북쪽에는 작은 산이 많다. 그 지역의 동·남·북쪽 삼면은 터키와 이웃하고, 서쪽은 오스트리아와 이웃한다. 남쪽부터 북쪽까지 3백 리이고, 동쪽부터 서쪽까지 2백 리이다. 사방 10리 되는 곳은 4백 개이다. 천문에 대해서는 북위선 42도와 43도의 사이이고, 동경선 19도와 20도의 사이이며, 기후는 조금 더울 것이다.

山馬利魯之爲國也 小而近俄 恐俄呑噬 日以親附俄爲急務. 然其人業農商者無不執槍劍 **其情蓋怯云**. 其宗教不主一教. **頗務學業**. 軍額三萬. 稅錢三十萬圓. 政治以民主. 都城在國南積丹禮之地 有晏特巴里若達施堯二港在南爲大都會 而北多小山. 其地東南北三面隣土耳其 西隣奥地利亞. 自南至北三百里 自東至西二百里. 爲方十里者四百. 於天文爲北緯線四十二度 四十三度之間 東經線十九度 二十度之間 而氣候梢熱矣.

그리스希臘

옛 이름난 나라인데, 명나라 초에 터키가 멸망시켜 속해 있는 지역으로 삼았고, 우두머리를 두었다. 요즈음 그 백성들이 땅은 병들고 정사가 가혹하여 우두머리를 서로 내쫓으며, 자립하여 나라를 만들었고, 잉글랜드·프랑스·러시아 세 나라가

리(Bari)의 반대편'이라는 뜻인 '안티바리움'에서 유래했음. '바리'는 이탈리아의 동쪽에 있는 항구도시임.

195 둘치그노(Dulchigno) : 몬테네그로 남동부에 위치한 도시. 베를린회의(1878) 결과로 독립을 인정받은 몬테네그로가 1880년에 알바니아로부터 포드고리차 평야 전체, 안티바리움 등과 함께 얻은 항구도시.

그것을 옹호했다.

남북은 7백 리이고, 동서는 5백 리이며, 사방 10리 되는 곳은 2천 7백 개이니, 만든 나라는 그리스라고 한다. 북위선에 대해서는 36도와 40도의 사이에 들어맞고, 동경선은 21도와 26도의 사이에 들어맞는다. 북쪽은 터키에 접했고, 동·서·남쪽은 지중해에 닿아 있다. 대개 그 지역은 사면에 산이 많고, '아테네'와 '에비아'[196] 등 여러 항구와 섬이 더욱 많다. 아테네라는 곳은 그 도성이고, 북쪽의 '라리사'[197]와 서쪽의 '파트라슈'[198] 등이 또 그 커다란 도회이다. 기후는 매우 덥고 겨울에 눈이 없다. 토산물에 감람나무·포도나무·귤나무·유자나무·모과나무·석류나무·보리·메밀·금·은·구리·철·석탄·소금·캐낸 돌·꿀·담배·가죽 따위가 있다. 인구는 2백만이고, 그 등급에는 학생과 평민이 있다. 정치는 공화를 주로 하고, 백성의 생업은 농업과 밭일이다. 통상에서 내다파는 물건은 토산물과 관계되니, 1년에 십 7백만 원을 얻는다. 세금은 십 6백만 원이다. 군사의 수는 2만 7천이고, 화륜전선은 30척이며, 철갑을 입힌 것은 2척이다. 종교는 많이 갈라져 있다. 도로는 각 나라 땅으로 나 있다. 대개 2천년 전에 그 나라는 이 세상에서 강하여 유럽 전 지역과 아프리카 북쪽 지역과 아시아 남서쪽 지역을 넉넉히 소유하였지만, 지금은 매우 약해졌을 것이다. 그러나 그 사람들의 학문과 재주는 오히려 큰 나라의 유풍이 있으니, 산

---

196 에비아(Εὔβοια) : 그리스 에게해에서 인구나 면적으로 크리티 다음인 섬. 에우리포스 해협으로 그리스 본토와 분리되어 있음. 그 모양은 길고 좁은 해마 모양임. 길이는 약 150km이고, 대체로 북서쪽에서 남동쪽으로 뻗어 있으며, 긴 섬을 따라 산맥이 있음. 섬 남쪽에는 안드로스와 티노스, 미코노스섬이 있음.

197 라리사(Larissa) : 9세기부터 그리스 테살리아 지방 라리사 주의 주도. 피니오스강을 끼고 있으며, 테살리아 지방에서 중요한 도시임.

198 파트라슈(Patrasche) : 그리스의 항구도시.

수·그림·돌 조각·집의 양식에 대한 제도·천체 관측 도구가 모두 매우 정교하고 아름다우며, 그 옛 실상을 전하는 사람들에 이르러도 이 세상에서 더욱 절묘하여 후세 장인들의 재주로는 미칠 수 없기 때문에 와서 구경하는 다른 사람들이 많다고 이른다.

古名國也 明初土耳其滅爲屬地 置酋長. 近時其民病土政苛虐 相與逐酋長 而自立爲國 英法俄三國擁護之.

南北七百里 東西五百里 方十里者二千七百 而爲國者 曰希臘. 於北緯線得三十六度 四十度之間 東經線得二十一度 二十六度之間. 北接土耳其 東西南浸地中海. 蓋其地四面多山 而埃坦西若琉琲亞等 諸港島尤多. 埃坦西者 卽其都城 而北之羅里斯 西之巴特羅徐等 又其會城也. 氣候甚燠冬無雪. 土産有橄欖葡萄橘柚木瓜石榴牟麥蕎麥金銀銅鐵煤鹽采石蜜烟草皮革之屬. 人口二百萬 其品有學徒平民. 政主共和 民業主農圃. 通商糶物係土産者 歲得十七百萬圓. 稅錢十六百萬圓. 軍額二萬七千 火輪戰船三十艘 衣以鐵甲者二. 宗教多歧. 道路出各國下. 蓋二千年前 其國强於天下 富有歐洲全地 亞非利加北地 亞細亞南西地 而今爲衰削矣. 然其人學技猶有大國之遺風 算數圖畵石刻屋制測天器 皆極精妙 而至其古實相傳者 尤玅絶天下 後世工技莫能及 故人多來玩云.

『사민필지』

권지이卷之二

조선 의정부주사 백남규 송서

영국 흘법 기記　　　　　　이명상 경소 동역

김택영 우림 찬撰

朝鮮議政府主事白南奎宋瑞

英國紇法記　　　　　　李明翔景霄 同譯

金澤榮友霖 撰

아시아 총론亞細亞總論

아시아라는 곳은 다섯 대륙 가운데 가장 큰 지역이다. 넓이는 북위선 70도부터 적도까지이고, 동경선 27도부터 180도까지이며, 남북은 1만 6천 리이고, 동서는 1만 8천 리이다. 사방 10리의 지역은 2백만 개이다. 그 경계는 북쪽이 북해와 유럽이고, 동쪽은 태평양이며, 남쪽은 인도양이고, 서쪽은 홍해와 지중해와 유럽이다. 북쪽에는 넓은 들판이 많고, 동·남·서쪽과 중앙에는 큰 산과 강이 많다. 기후는 북쪽이 매우 춥고, 남쪽은 매우 더우며, 중앙은 고르다. 사람의 수는 대개 8백 백만인데, 씨족은 몽고가 동북쪽에 살고, 코카서스가 서남쪽에 살며, 말레이가 동남쪽에 산다. 그 나라는 대체로 15개인데, '청'·'조선'·'일본'·'베트남'·'타이(태국)'·'미얀마(버마)'·'인도'·'아프간(아프가니스탄)'·'발루치스탄(파키스탄)'[1]·'아

1　발루치스탄(Balochistan) : 파키스탄에서 가장 서쪽에 있는 주. 서쪽으로 이란, 북서쪽으로 아프가니스탄, 북동쪽 및 동쪽으로 인도, 남쪽으로 아라비아해와 각각 맞닿아 있음. 1970년

라비아'·'오만'·'페르시아'·'러시아'·'터키'라 한다.

亞細亞者 五洲中最大之地也. 幅員自北緯線七十度 至赤道 自東經線二十七度 至百八十度 南北一萬六千里 東西一萬八千里. 方十里之地爲二百萬. 其界北北河水若歐羅巴 東太平洋 南印度洋 西紅海若地中海若歐羅巴. 北多廣野 東南西及中央多大山水. 氣候北甚寒 南甚熱 中央調和. 人數蓋八百百萬 氏族蒙古居東北 高加索居西南 巫來由居東南. 其國凡**十五** 曰淸 曰朝鮮 曰日本 曰安南 曰暹羅 曰緬甸 曰印度 曰阿富汗 曰鼈累穉斯坦 曰阿拉彼亞 曰塢滿 曰波斯 曰俄羅斯 曰土耳.

청나라淸

온 세계에서 가장 오래되고 가장 문명한 나라이다. 아주 오랜 옛날 '태호 복희씨'[2]가 있어서 왕업을 시작하였고, '5제3왕'[3]을 지나 나뉘었다 합하였다 하여 서로 같지 않았다. 지금은 청나라가 되었는데, '청태조'[4]인 '아이신줘뤄 누르하치'가

별도의 구역으로 분리되어 현재의 형태가 되었으며, 파키스탄에 있는 주들 가운데 면적이 가장 넓고, 인구밀도는 가장 낮음. 주도인 퀘타는 북부에 자리 잡고 있음.

2 태호 복희씨(太昊 伏羲氏) : 3황5제(三皇五帝)의 첫머리에 꼽는 중국 고대의 전설상의 제왕 또는 신. 기원전 2,800년 무렵에 살았고, 그물을 만들어 사람들에게 고기잡이를 가르쳤으며, 팔괘(八卦)를 만들었다고 전함. 사람의 머리에 뱀의 몸을 하고 있다고 하며, 다른 전설에는 용의 몸 이라고도 함. 포희씨(庖犧氏).

3 5제3왕(五帝三王) : 중국 고대 전설에 나오는 3황(三皇)과 5제(五帝)를 아울러 이르는 말. 일반적으로 복희(伏羲)·신농(神農)·황제(黃帝)의 3황과 소호(少昊)·전욱(顓頊)·제곡(帝嚳)·요(堯)·순(舜)의 5제로 전설상의 고대 중국 부락의 추장을 의미하거나, 일설에는 아주 먼 고대(古代)에 수인(燧人)·복희·신농이 3황이고, 황제·전욱·제곡·요·순이 5제라고도 함.

4 청태조(淸太祖) : 청나라를 건국한 초대 황제. 1559~1626(재위 1616~1626). 아이신줘뤄

만주에서 일어나 임금이라 일컬었고, 손자인 '세조'[5] '푸린'에 이르러 비로소 명나라를 대신해 통치자가 되었다. 갑신년(1636)부터 지금까지 252년이 되었다.

청나라는 아시아에서 가장 큰 나라이다. 그 터는 북위선 20도부터 54도까지이고, 동경선 70도부터 135도까지이며, 남북은 6천 6백 리이고, 동서는 9천 리이다. 사방 10리 되는 곳은 4십 6만 5천 개이다. 북쪽은 러시아이고, 동쪽은 '발해'와 태평양이며, 남쪽은 베트남과 인도이고, 서쪽 또한 인도와 러시아이다. 그 산 중 동서남북에 있는 것은 '태산'·'화산'·'형산'·'항산'이라 하고, 가운데 있는 것은 '숭산'이라 하며, 그 강 중 '황하'는 '곤륜산'에서 나오고, '양자강'은 '민산'에서 나온다. 기후는 북쪽이 매우 춥고 남쪽은 매우 덥다. 풀과 나무·곡물·날짐승과 길짐승·생선·금과 철·옥과 돌 등의 생산물이 모두 훌륭함을 갖추었다. 인구는 4백 백만이고, 씨족은 몽고이며, 언어는 복잡하다. 국체[6]는 임금이 정권을 한데 묶어 관할하고, 형벌은 매우 잔혹하다. 도성은 '북경'이라 이름 부르는 곳이니, 나라의 북쪽 변두리에 있고, 온 나라를 나누어 18개의 성省을 만들었으며, '천진'·'상해'·'홍콩' 같은 곳이 그 커다란 도회이다. 사람의 등급은 벼슬아치·선비·평민이고, 백성의 생업은 농업·방적·축산업·어업이다. 재능 있는 일은 무늬 비단·모직 깔개·자

(愛新覺羅)는 그의 성. 누르하치(奴兒哈赤)는 그의 이름. 호는 처음에 무황제(武皇帝), 나중에는 고황제(高皇帝). 묘호는 태조(太祖). 여진을 통일하고 후금을 세웠으며 명과의 크고 작은 전쟁에서 여러 번 대승을 거두어 청나라 건국의 초석을 다졌음. 그가 병사한 후 아들 홍타이지가 국호를 대청으로 고치고 청나라 제국을 선포했음.

5 세조(世祖) : 순치제(順治帝). 청나라 제3대 황제. 1638~1661(재위 1643~1661). 명나라가 멸망한 직후 청 제국이 산해관을 넘은 뒤, 천명을 상실한 명나라의 주씨를 대신하여 자금성에서 청 제국의 군주가 중국의 새로운 수명천자(受命天子)가 되었음을 선언한 이래 첫 번째 황제. 푸린(福臨)은 그의 이름.

6 국체(國體) : 주권(主權)이 누구에게 있는가에 따라 구분되는 국가의 형태. 군주국, 공화국 등으로 나뉨.

수・조각・자기・차이고, 토산물과 제조품을 수출하는 것으로 1년에 2십 5백만 원을 얻으며, 양포・아편연・기계・무기・화륜선・전선 등 수입하는 것으로 1년에 1백 백만 원을 쓴다. 세금으로 얻는 수입은 대략 1백 2십 백만 원이다. 군사의 수는 1백만이고, 철갑화륜선은 40척이며, 대함이 3척이다. 학업은 도학[7]과 문장을 배워 익히고, 아울러 외국 기술도 익힌다. 종교는 공자도(유교)를 주로 한다. 국내 도로는 더럽고 나쁘며, 기찻길은 막 닦거나 고치고 있다. 또 그 신기하고 재미있는 소문은 부인이 어렸을 때에 발을 동여매서 어린아이로 하여금 걸음을 어렵게 하며, 부축하는 사람을 기다려야 비로소 걸어갈 수 있고, 죄 있는 사람은 다른 사람을 사서 대신 매를 맞게 하며, 아편 마시기를 좋아하여 중독되어 죽는 사람의 수가 1년에 10만 명보다 덜하지 않다고 하니, 이것은 모두 풍속의 나쁜 것들이다.

宇內最古最文明之域. 上世有太昊伏羲氏爲始王 歷五帝三王 分合不一. 今[8]爲淸國 淸太祖 愛新覺羅 奴兒哈赤起於滿洲稱帝 至孫世祖福臨 始代明入主. 自甲申至今爲二百五十二年.

淸亞洲最大之國也. 其墟自北緯線二十度 至五十四度 自東經線七十度 至一百三十五度 南北六千六百里 東西九千里. 爲方十里者四十六萬五千. 北俄羅斯東渤海若太平洋 南安南若印度 西亦印度若俄羅斯. 其山在東西南北 曰泰山華山衡山恒山 在中 曰嵩山 其水黃河出崑崙山 江出岷山. 氣候北多寒南多熱. 草木穀粟禽獸魚鮮金鐵玉石之産皆具美. 人口四百百萬 氏族蒙古 言語多端. 國體君主總

7 도학(道學) : 중국 남송(南宋)의 주희(朱熹)가 집대성하여 조선 시대에 크게 번성한 유교 철학. 성리학, 주자학.

8 원문에는 '수'이지만, '今'의 오기이므로 바로잡았음.

攬政權 刑多殘酷. 都城名北京者 在國北邊 分全國爲十八省 而若天津上海香港其大都會也. 人品官人學儒平民 民業農績畜漁. 技業錦緞罽絨刺繡雕刻磁器茶茗 而土産製造出口者 歲得二十五百萬圓 洋布鴉片烟機器兵械輪船電線之進口者 歲費一百百萬圓. 稅入大略一百二十百萬圓. 軍額一百萬 鐵甲輪船四十艘 大艦三. 學業治道學文章 兼習外國技術. 宗教主孔子. 國內道路穢惡 而火輪車路方在修治. 若其異聞 則婦人幼時纏足 使小艱於行步 待扶始行 有罪者雇人代受笞好吸鴉烟 中毒死者 歲不下數十萬人 此皆俗之弊者也.

조선朝鮮

'당요'[9] 때에 '단군'이라는 사람이 있었고 나라를 처음 세웠다. '기자'를 지나 어떤 때는 나뉘었고, 어떤 때는 합하였다. 지금은 우리 이씨 왕조이니, 태조부터 지금까지 대체로 504년이다.

조선이란 나라는 넓이가 북위선 35도부터 43도까지이고, 동경선 123도부터 131도까지이며, 남북은 3천 리이고, 동서는 6백 리이다. 그 경계는 북쪽이 만주이고, 동쪽은 '일본해'이며, 남쪽은 '남해'이고, 서쪽은 발해이다. 지방은 사방 10리인 곳이 9천 5백 개이다. 지형은 사방에 산이 많고, 동북쪽에 있는 '백두산'은 가장 크며 여러 산의 근본이고, 그 강은 남쪽에 '낙동강'·'금강'이 있으며, 서쪽에 '대동강'이 있고, 서북쪽에 '압록강'이 있으며, 그 항구는 동북쪽을 '원산'이라 하고, 동남쪽은 '부산'이라 하며, 서남쪽은 '인천'이라

9 당요(唐堯) : 중국의 '요(堯)임금'을 달리 이르는 말. 당(唐)이라는 곳에서 봉함을 받은 데서 유래한 이름.

하고, 그 섬은 남쪽을 '제주'라 하며, 동쪽은 '울릉'이라 하고, 서남쪽은 '강화'라 한다. 기후는 고른데, 여름에는 대부분 장마이다. 토산물은 풀과 나무에 소나무 · 상수리나무 · 감나무 · 대추나무 · 목화 · 담배이고, 그 곡식에 벼 · 보리 · 기장 · 조 · 콩이며, 그 길짐승에 소 · 말 · 호랑이 · 사슴 · 곰 · 여우 · 멧돼지이고, 생선이 많으며, 또 철 · 구리 · 주석 · 납 · 금 · 은 · 수정 · 석회 · 캐낸 돌 · 진주 · 문패[10]의 따위가 많다. 사람의 수는 대개 십 2백만이고, 씨족은 몽고이며, 언어는 오직 자기 나라 말뿐이다. 국체는 임금이 정사를 한데 묶어서 하고, 형법은 칼로 베어 죽이며, 내쫓고, 가두며, 어떤 경우에는 볼기를 치는 형벌을 한다. 도성은 '한양'이라 이름 부르는 곳이니, 나라의 가운데에 있고, 그 외에 8도를 두었으며, 사람의 등급은 선비 · 양반 · 중인 · 백성이고, 백성의 생업은 농업과 방적이다. 제조품은 목기 · 칠기 · 유기 · 종이 · 부채 · 직물이고, 자수를 잘한다. 외국 통상은 내가는 물건이 금 · 은 · 쌀 · 콩 · 소가죽 · 인삼이니, 값어치는 1년에 몇 십만 원이고, 들여오는 물건은 양목[11] · 여러 비단 · 잡철[12] · 자기이며, 값어치는 1년에 몇 십만 원이다. 군사의 수는 몇 만이다. 학업 · 종교 · 도로는 청나라와 함께 같지만, 학사[13]들이 이단을 배척함은 이 세상 제일일 것이다.

唐堯時 有檀君者始立國. 歷箕子 或分或合. 今爲本朝李氏 自太祖至今 凡五百

10 문패(文貝) : 복족류(腹足類)에 속한 조개의 하나. 껍데기가 하나로 돌돌 말린 조개인데, 길이는 8~9cm가량이고, 두꺼운 법랑질(琺瑯質)로 되어 있어 표면이 반질거림. 배면(背面)에는 자색(紫色) 바탕에 아름다운 담색(淡色)의 무늬가 있음. 일본 · 대만 등에 분포함.

11 양목(洋木) : 두 가닥 이상의 가는 실을 되게 드려 한 가닥으로 꼬아 만든 무명실. 폭이 넓고 발이 곱게 짠 피륙. 광목보다 실이 가늘고 휨. 당목(唐木).

12 잡철(雜鐵) : 여러 가지 잡다하게 모아 놓은 헌 쇠붙이.

13 학사(學士) : 학술 연구에 전념하는 사람.

四年.

朝鮮國者 幅圓自北緯線三十五度 至四十三度 自東經線一百二十三度 至一百三十一度 南北三千里 東西六百里. 其界北滿洲 東日本海 南南海 西渤海. 地方十里者九千五百. 地形四面多山 而東北有自頭山 **最大爲諸山之祖** 其水南有洛東江錦江 西有大同江 **西北**[14]有鴨綠江 其港**東北**[15]曰元山 **東南**[16]曰釜山 **西南曰仁川** 其島南曰濟洲 東曰鬱陵 **西南**[17]曰江華. 氣候調 而夏多霖雨. 土産草木松**橡**柿棗木綿南草 其穀稻麥黍粟菽 其獸牛馬虎鹿熊狐山猪 多魚鮮 又多鐵銅錫鉛金銀水晶**石炭**采石珍珠文貝之屬. 人數概十二百萬 氏族蒙古 言語惟本國語. 國體人君總政 刑法斬戮竄囚或笞罰. 都城名曰漢陽 在國之**中**[18] 外置八道 人品儒生兩班中人百姓 民業農織. 製造木器貝器鍮器紙扇布帛善刺繡. 外國通商 出物金銀米豆牛皮人蔘 價歲數十萬圓 入物洋木雜緞**雜鐵**磁器 價歲數十萬圓. 軍額數萬. 學業宗教道路與清略同 而**學士之排斥異端爲天下最矣**.

일본日本

아주 오랜 옛날에 '아마노 미나카누시노미 코토'[19]라는 사람이 있어서 나라를 처음 열었다. 같은 성이 대대로 이어 서로 전해졌고, 지금은 메이지 임금이 개혁 정치를

14 한문본에는 '西北'이지만, 한글본에는 '셔'로 표기되어 있음.
15 한문본에는 '東北'이지만, 한글본에는 '동'으로 표기되어 있음.
16 한문본에는 '東南'이지만, 한글본에는 '남'으로 표기되어 있음.
17 한문본에는 '西南'이지만, 한글본에는 '셔'로 표기되어 있음.
18 한문본에는 '中'이지만, 한글본에는 '셔편'으로 표기되어 있음.
19 아마노 미나카누시노미 코토(天御中主尊) : 『고사기(古事記)』에서 조화(造化)를 담당하는 세 신(神)중 하나. 천지개벽하던 당초에 고천원(高天原)에 처음으로 나타나 하늘의 중앙에 앉아 우주를 주재했다고 하는 신. 중국의 사상에 의한 천제(天帝)의 관념으로부터 만들어졌다고 함.

하고 있다.

일본이란 나라는 태평양 가운데 이어진 여러 섬인데, 한 나라를 이룬 것이다. 그 나라가 처음 생겨서 지금 2천 5백년이 되었는데, 임금은 같은 성을 대대로 이어 서로 전했고, 정치는 귀족과 대신에게 들었으나, 근래에는 백성과 함께 정사를 의논하기 시작하였다. 대체로 속상[20] · 사람의 등급 · 학업 · 옷 · 기계 · 병법 · 상업상의 일 · 도로 · 종교는 유럽 여러 나라를 똑같이 따라서 20년 사이에 옛 풍속을 모두 고쳤으며, 마침내 부강함을 이루었으니, 이 세상 각 나라마다 그 빠른 성취에 대한 칭찬이 자자하지 않음이 없다. 그 여러 섬 중에서 가장 큰 것은 '에도'라 하고, 수도가 있는 곳은 이른바 '도쿄'이며, 그 나머지는 '고베'와 '사쓰마'[21]와 '쓰시마' 등의 섬이 그 도회이고, '아카마가세키'[22]와 '이치사키'[23]섬 따위가 있으며, 가운데에는 이름난 산이 많으니, '후지'산이 가장 웅장하다. 천문을 재면, 북위선 31도부터 46도까지이고, 동경선 130도부터 145도까지이며, 남북은 3천 5백 리이고, 동서는 6백 리이다. 사방 10리 되는 곳은 1만 5천 개이다. 기후는 조선보다 조금 덥고, 습기가 많다. 생산물은 등자나무 · 귤나무 · 소나무 · 상수리나무 · 박로[24] · 뽕나무 · 차나무 · 여러 풀과 나무의 열매와 오곡 · 감자와 소 · 말 · 돼지 · 곰 · 노루 · 학 · 큰 꿩과 맛있는 물고기와 금 · 은 · 철 · 구리 · 유황 · 만호[25]

20 속상(俗尙) : 시속(時俗)에서 숭상하여 좋아하는 것.

21 사쓰마(薩摩) : 일본의 옛 지명. 현재 가고시마 현(鹿児島縣)의 서부.

22 아카마가세키(赤馬關) : 일본 혼슈(本州) 야마구치 현(山口縣)의 최대 도시인 '시모노세키(下關)'의 옛 이름.

23 이치사키(一崎) : 이키시마(壹岐島). 규슈(九州) 나가사키현(長崎縣)에 속한 섬. 조선통신사가 일본 본토 상륙지인 시모노세키에 상륙하기 전에 머물렀던 중간 기항지.

24 박로(欂櫨) : 기둥 위에서 들보를 받치는, 장식을 위해 짜 올린 구조물. 두공(枓栱).

25 만호(曼胡) : 수만호(水曼胡). 빛이 아름답고 광택이 나는 석영의 하나. 붉은빛 · 검은빛 · 흰빛의 세 가지가 있고, 장식재로 씀. 수마노(水瑪瑙).

이다. 인구는 4십 백만이고, 씨족은 몽고이며, 말소리는 오직 한 종류뿐이고, 백성의 생업은 농업·방적·어업·광업이다. 재능 있는 일은 면주·자기·칠기·병풍·차이고, 대체로 토산물과 제조품을 수출하는 것은 값어치가 1년에 5십 일백만 원이며, 수입하는 물건은 양포·우단[26]·잡철·약제·설탕·옷·기계이니, 값어치는 1년에 4십 5백만 원이다. 세금으로 얻는 수입은 8십 백만 원이다. 육군은 20만이고, 화륜전선은 30척이다. 또 그 신기하고 재미있는 소문은 그 나라에 지진이 많아서 어떤 때는 하루에 두서너 번이라 하니, 대개 여러 섬이 모두 화산이 끓어올라 이루어졌기 때문이다.

上世有天御中主尊者始開國. 一姓相傳 至今帝明治改革政治.

日本國者 太平洋中聯諸島 而成一國者也. 其國開闢 今二千五百年 君主一姓相傳 而政治**聽于貴族大臣** 近年始與民議政. 凡俗尙**人品**學業衣服器械兵法商務道路宗教 一從歐[27]洲諸國 二十年之間 盡革舊俗 遂致富强 天下各國莫不嘖嘖稱其速成焉. **其諸島之最大者曰江戶** 國都所在所謂東京也 其餘爲神戶若**薩摩**若對馬等島其都會 **有赤馬關一崎島之屬** 中多名山 而富士山最雄. 測以天文 自北緯線三十一度 至四十六度 東經線一百三十度 至一百四十五度 南北三千五百里東西[28]六百里. 爲方十里者一萬五千. 氣候稍燠於朝鮮 而多濕氣. 物産**橙橘**松橡**樽櫨**桑茶諸果蓏 五穀甘藷 牛馬猪熊**獐**鶴大雉 嘉魚 金銀鐵銅硫黃曼胡. 人口四十百萬 氏族蒙古 語音惟一種 民業農績漁礦. 技業紬緜磁器髹器屛風茶茗 凡土産製造之出口者 價歲五十一[29]百萬圓 入口之物 洋布羽緞雜鐵藥劑砂糖衣服器

26 우단(羽緞) : 짧고 고운 털이 촘촘히 심어진 직물. 의복이나 실내용품을 만드는 데에 씀.

27 원문에는 '甌'이지만, '歐'의 오기이므로 바로잡았음.

28 원문에는 '北'이지만, '西'의 오기이므로 바로잡았음.

29 한문본에는 '一'이지만, 한글본에는 '이'로 표기되어 있음.

械 價歲四十五百萬圓. 稅入八十百萬圓. 陸軍二十萬 火輪戰船三十艘. 若其異聞 則其國多地震 或一日數三 **蓋由諸島 皆以火山湧成也.**

베트남安南

옛 '교지'[30]이니, 진·한 이래로 중국의 판도를 따랐다. 조광윤의 송나라 때에 '딘보린'[31]이라는 사람이 있어서 안남군에 책봉을 받았다. 오랑캐의 반열에서 시작했지만, 이후에 여러 번 성을 바꾸었고, '응우옌푹아인'[32]에 이르러 청나라가 베트남 국왕으로 고쳐서 책봉했다. 몇 년 전에 프랑스에 지배받게 되었다.

베트남이란 나라는 넓이가 북위선 8도부터 23도까지이고, 동경선 103도부터 109도까지이며, 남북은 3천 리이고, 동서는 4백 리이다. 그 경계는 북쪽이 청나라와 접했고, 동남쪽은 남해[33]와 만나며, 서쪽은 타이와 가깝다. 사방 10리 되는 곳은 2만 개이다. 대부분 평원과 광야인데, 그 동쪽에는 작은 산들로 둘러쌌고, 북쪽에는 '송가'와 '송홍'[34]이라는 강이 있으며, 남쪽에는

30 교지(交趾) : 중국 한(漢)나라 때 군(郡)의 하나. 현재 베트만 북부 통킹, 하노이 지방에 해당함.

31 딘보린(DinhBoLinh) : 정선황(丁先皇). ?~979. 베트남의 2번째 왕조를 세운 황제. 10여 년간의 혼란 뒤, 968년에 베트남 전 지역을 장악하여 국가를 재통일했음. '선황'이라는 황제 칭호를 사용하고, 재통일된 국가의 이름을 다이코베트(大瞿越)로 했음. 아울러 독립국가로서 중국으로부터 베트남의 지위에 관한 공식적인 승인을 얻어냈음.

32 응우옌푹아인(阮福映) : 가륭제(嘉隆帝). 묘호(廟號)는 세조(世祖). 1762~1820(재위 1802~1820). 이름뿐인 대월국(大越國)을 멸망시키고, 프랑스의 도움으로 '베트남국(越南國)'이라는 국호로 청나라의 승인을 받아 1802년에 응우옌 왕조를 수립함.

33 남해(南海) : 중국에서, 중국 남쪽에 있는 인도차이나·말레이·인도네시아 방면을 통틀어 이르는 말.

34 송홍(Sông hong) : 베트남의 지명이자 강 이름. 베트남어로 '송(sông)'은 '강'을 의미하고, '홍(hong)'은 베트남에 있는 강 이름임. 송홍에서 조금 떨어진 곳에 '홍강'이라는 큰 강이 흐르기 때문에 이름을 삼았음.

'메콩'이라는 강이 있고, 또 남쪽과 북쪽에 '사이공'과 '꽝닌'[35]이라는 항구가 있다. 기후는 매우 덥다. 풀과 나무는 소나무・목화・앵속각[36]・설탕풀・여러 과일나무・여러 향나무・여러 이름난 목재이고, 곡식은 벼이며, 길짐승은 소・말・양・염소・원숭이・코끼리이고, 광물은 금・철・석탄이다. 사람의 수는 18만이고, 씨족은 말레이와 몽고 두 인종이 뒤섞였으며, 언어는 오직 그 나라의 고유한 말소리뿐이다. 국체는 임금이 있고, 그 정사는 프랑스 관리가 보살핀다. 도읍은 나라 가운데에 있으니, '호아르'[37]라 이름하고, '통킹'[38]과 '캄보디아' 등의 고을이 그 도회이다. 사람의 등급에는 선비와 평민이 있고, 백성의 생업은 농업・배 만들기・아편연과 설탕 만들기이다. 외국통상에 내가는 물건은 쌀・실・설탕・이름난 목재이고, 들여오는 물건은 각종 기계・실・거울・종이・차・앵속・석류・염료이다. 군사의 수는 몇 만 이외에 프랑스 군사가 또 2만 2천명이고, 화륜전선이 10척이다. 종교는 공자도(유교)를 주로 하고, 또한 천주교와 불교도 주로 한다. 학업과 도로는 기록할 만한 것이 없다.

> 古交趾 秦漢以來 隷中國版圖. 趙宋時 有丁部領者 受封安南郡. 始列外夷 既而屢易姓 至阮福映 淸改封越南國王. 數年前爲法國所轄.

35 꽝닌(Quang Ninh) : 베트남 북부에 있는 주. 베트남 북동쪽 끝의 산악 지방에 자리 잡고 있음. 해안선의 길이가 200km에 이르고, 지역의 1/3 이상은 200m 높이의 산들임. 1963년에 홍콩 특별구와 하이닌 주가 합병되면서 만들어졌음.

36 앵속각(罌粟殼) : 양귀비 열매의 껍질. 이질・설사・배앓이 등에 약으로 씀.

37 호아르(Hoa Lu) : 베트남의 옛 수도이자 최초의 수도. 하노이에서 약 120km 정도 떨어진 닌빈 근처의 도시인 땀콕과 함께 있음.

38 통킹(Tongking) : 프랑스 식민지시대의 베트남 북부를 가리키는 이름. 인구조밀 지역으로 홍강(紅河) 삼각주에서 집약농경이 이루어지고 있음. 마강(馬河) 북쪽에 자리 잡고 있고, 남쪽 끝에 주요 도시 닌빈이 있으며, 북쪽으로는 중국의 남부 국경까지 뻗어 있음.

安南國 幅員自北緯線八度 至二十三度 自東經線一百三度 至一百九度 南北三千里 東西四百里. 其界北接清 東南**際南海**[39] 西近暹羅. 爲方十里者二萬. 多平原曠野 而其東繚以小山 北有**松**加秀昂之江 南有美箪之江 又南北有賽干若光烟之港. 氣候甚燠. 草木則松木綿罌粟穀砂糖草諸果諸香木諸名材 穀則稻 獸則牛馬羊羔猿象 礦產則金鐵煤. 人數十八萬 氏族雜巫來由蒙古二種 言語惟國音. 國體有君主 而其政則法國官監之. 都在國中 名喉牙 而東鎭若甘菩得亞等邑爲其都會. 人品有學儒及平民 民業農舟製造鴉片烟砂糖. 外國通商出物爲米絲砂糖名材 入物爲各器械絲鏡紙茶罌粟**石榴**染料. 額兵數萬外 法兵又**二**[40]萬二千人 火輪戰船十艘. 宗教主孔子 亦主天主教佛教. 學業道路無可記者.

타이暹羅

옛날에 '시암'[41]과 '롭부리'[42] 두 나라였는데, 원나라 초에 합하여 한 나라가 되었고, 스스로 왕이라 일컬었다. 청나라 건륭[43] 중에 미얀마에게 멸망되었다가 되돌아

39 한문본에는 '際南海'이지만, 한글본에는 '청국히요'로 표기되어 있음.

40 한문본에는 '二'이지만, 한글본에는 '일'로 표기되어 있음.

41 시암(暹 · Siam) : 수코타이 왕국(1249～1438). 13세기에 세워진 타이 최초의 통일 독립 국가. 라오스, 안다만해, 말레이 반도까지 영역을 넓혔음. 시암 문명의 발상지로도 유명한데, 1438년에 아유타야 왕국에 정복 · 합병되었음.

42 롭부리(羅斛 · Lopburi) : 아유타야 왕국(1351～1767). 14세기 중반에서 18세기 후반까지 타이 중부 메남강 유역을 통치하던 왕조. 법령을 정비하고, 무역을 활발하게 하였으며, 기독교의 포교를 인정하고, 불교문화를 꽃피웠음. 라보(Lavo).

43 건륭(乾隆) : 건륭제(乾隆帝). 1711～1799(재위 1735～1796). 중국 역사상 가장 오랜 치세를 한 위대한 군주로 알려져 있음. 여러 차례 군사원정으로 중국 북동부 지방에 대한 투르크족과 몽골족의 위협을 제거했고, 신장위구르자치구를 새롭게 창설했으며, 남 · 동부 지역의 기반도 공고히 했음. 예술과 문학의 진흥에도 크게 기여하여 『사고전서(四庫全書)』를 편찬했음.

왔기 때문에 왕이 없었다. 뒤에 그 우두머리 '정화'[44]를 책봉하여 왕이 되었고, 지금까지 대대로 이어 서로 전해진다.

적도부터 북위선 21도까지이고, 동경선 97도부터 107도까지에 있는 곳이 타이라고 하는 나라이니, 미얀마의 동남쪽, 베트남의 서북쪽, 남해의 북쪽에 자리 잡고 있다. 사방 10리에 들어맞는 곳이 3만 개이다. 대체로 남북은 3천 리이고, 동서가 1천 2백 리이니, 또한 조그만 나라이다. 그러나 국체에는 두 임금이 있어 정사를 듣고 주관하며, 정령이 서로 어긋나 같지 않으니, 스스로 강해질 수 없다. 세금은 6백만 원에 그친다. 군사의 수는 8천에 그치니, 이 때문에 일찍이 잉글랜드에게 땅을 잃었는데, 그 땅은 나라 남쪽에 이른바 '싱가포르'라는 섬이다. 대개 그 지역의 기후는 매우 덥다. 사면에 높고 큰 산이 없으며, 동쪽과 서쪽에 '메콩'과 '메남'[45] 등의 강이 있다. 그 풀과 나무는 백단향[46]・뽕나무・대竹・후추・월계수[47]・목화와 기타 뛰어난 재목・진귀한 과일이고, 그 곡식은 벼・보리이며, 그 길짐승은 코끼리・무

---

44 정화(鄭華) : 라마1세(Rama I). 1737~1809(재위 1782~1809). 태국의 현재 왕조인 차크리 왕조의 창시자로서 초대 국왕. 본명은 짜오프라야짜끄리이고, 딱신(鄭信) 왕의 장군으로 전쟁의 공적이 많았음. 역성혁명을 일으켜 톤부리 왕조의 피아딱신 왕을 죽이고, 스스로 왕위에 올라 수도를 방콕에 정했음. 재위 기간 동안 왕조를 공고히 하였고, 과거의 법전을 수집・개정하여 새로운 법전을 편찬해 냈음.

45 메남(Menam) : 타이의 중부를 흐르는 강. 북부 산지에서 시작해 남쪽으로 흘러 타이 만으로 흘러들어감. 하류 지역은 벼농사 지대이고, 이 강을 통해 타이의 주요 수출품인 티크와 쌀을 운송함. 길이는 1,200km임.

46 백단향(白檀香) : 인도가 원산지이고, 인도와 동남아시아 지역에서 재배함. 요리로 이용하지 않으며, 향(香)이나 약재로 활용함. 특유의 진한 냄새가 있고, 맛은 매움. 열로 부은 것을 삭이며, 신기로 오는 복통을 낫게 함. 명치 아래가 아픈 것・곽란・중악・헛것에 들린 것을 낫게 하고, 벌레를 죽임. 단향(檀香), 전단(栘檀).

47 월계수(月桂樹) : 녹나뭇과(科)에 속한 상록 교목. 높이는 10~20m이고, 잎은 긴 타원형 또는 피침형이며, 이른 봄에 담황색의 작은 단성화(單性花)가 산형 꽃차례로 핌. 열매는 앵두 모양으로 10월경에 암자색으로 익음. 잎은 향기가 좋아 향료로 씀. 지중해 연안 원산인데, 우리나라에서는 경상남도와 전라남도에서 재배함.

소 · 호랑이 · 원숭이 · 사슴 · 돼지이고, 그 물 속에 사는 짐승은 악어이며, 그 광물은 금 · 은 · 구리 · 납 · 채색 돌이다. 사람의 수는 5백만이고, 말소리는 오직 한 종류뿐이다. 사람의 등급에는 학도 · 사족 · 평민의 세 가지 칭호가 있고, 하는 일은 농업과 방적이다. 장인들이 재주 부려 만드는 물건은 유리 · 자기이고, 그 도성은 나라의 남쪽에 있는 '방콕'이라는 항구인데, 외국 장사꾼들이 왕래하는 곳이다. 대체로 토산물과 제조품을 수출하는 것은 값어치가 1년에 십 3백만 원이고, 수입하는 물건은 서양 피륙 · 수삼 · 유리 · 칼 · 아편 · 석류 · 술 · 노리개 · 기계이니, 값어치가 1년에 8백만 원이다. 학업은 아직 듣지 못했다. 종교는 불교와 천주교 · 개신교가 뒤섞였기 때문에 그 풍속은 사랑을 주로 하여 곤충도 죽이지 않고, 여자들은 그 이를 검게 물들이며, 남녀가 모두 삭발하되 뒷머리 털은 두세 치 길이로 조금 남겨둔다. 또 흰 코끼리를 귀하게 여겨 화려하게 지은 집에 살게 하고, 좋은 옷을 입히며 좋은 음식을 먹이니, 이것이 더욱 괴이하다고 할 만하다. 씨족은 베트남과 같다.

古暹與羅斛二國 元初合爲一國 自稱王. 淸乾隆中爲緬甸所滅 旋復而故王無. 後乃封其酋長鄭華爲王 相傳至今.

自赤道 至北緯線二十一度 自東經線九十七度 至一百七度有 曰暹羅國者 在緬甸之東南 安南之西北 南海之北. 得方十里之地三萬. 凡南北三千里 東西一千二百里 亦僅國也. 然國體有二君主聽政 政令不一 不能自强. 稅課止六百萬圓. 額兵止八千 以是嘗喪地於英 其地卽國南所謂乘魚普漁島者也. 槪其地氣候甚燠. 四面無高大之山 而東西有美公若美南等江. 其草木白檀香桑竹椒月桂木綿 及其他奇才珍果 其穀稻麥 其獸象犀虎猿鹿豕 其魚鱷 其礦物金銀銅鉛彩石.[48] 人數五百萬 語音惟一種. 人品有學徒士族平民三名 作業農績. 工技之物

琉璃磁器 而其都城在國南彭巨之港 **外國商賈之所往來**. 凡土產製造之出售者 價歲十三百萬圓 而入口之物 西洋布麻枲琉璃刀劍鴉烟石榴酒佩飾器械 價歲 八百萬圓. **學業未聞**. 宗教**雜**佛與天主耶蘇 **故其俗主愛** 不殺昆蟲 女子漆其齒 男女皆削髮 少留腦後髮長二三寸. 又貴白象 處之華屋 而美衣食之 **此尤可怪 也. 氏族與安南同.**

미안마緬甸[49]

옛날 '주파국'이니, 한대(B.C. 202~220)에는 '탄'이라 일컬었고, 당대에는 '표'라 일컬었으며, 송·원대에는 '면'이라 일컬었는데, 그 산천이 가는 실 모양이기 때문이다. 한대부터 그 뒤 대대로 중국의 번복이었지만, 청나라에 이르러 배반해 적에게 붙어 한결같지 않을 것이다.

미얀마란 나라는 그 서쪽 경계를 대부분 잉글랜드가 차지해 자리 잡았고, 비록 임금이 있더라도 정사는 잉글랜드가 대부분 간여하니, 대개 잉글랜드의 속방이다. 넓이는 북위선 10도부터 28도까지이고, 동경선 92도부터 130도까지이며, 남북은 3천 5백 리이고, 동서는 2천 리이다. 사방 10리에 들어맞는 곳이 만하고도 1천 개이다. 북쪽은 청나라이고, 동쪽 또한 청나라와 베트남이며, 남서쪽은 인도양이다. 사면에 작은 산이 많은데, 눈 쌓인 산이 가장 유명하고, 메콩강이 그 동쪽에 있으며, '이라와디'[50]강이 그 가운데에 있고,

---

48 한문본에는 '彩石'이지만, 한글본에는 '여러가지보셕'으로 표기되어 있음.

49 한문본에는 '緬甸'이지만, 한글본에는 '범아국'으로 표기되어 있음. '버마'는 미얀마의 옛 이름.

50 이라와디(Irrawaddy) : 미얀마 북부 높은 산맥의 빙하지대에서 발원하는 은마이카와 말리강이 합쳐져 이루어진 강. 남쪽으로 미치나와 만달레이 사이의 좁은 계곡 3개를 지나며, 미얀마

남쪽에는 작은 섬이 많으며, 또 '마르타반(모따반)'[51]과 '랑군(양곤)' 두 항구가 있다. 기후는 매우 덥다. 생산물에 빈랑 · 야자 · 소나무 · 대 · 배 만드는 목재 · 담배 · 목화 · 쪽과 벼 · 보리와 금 · 은 · 철 · 납 · 단사 · 보석 · 비취옥 · 채색 돌 · 문패 · 석유와 호랑이 · 표범 · 원숭이 · 코끼리 · 살쾡이 · 산우 · 산서[52]의 따위가 있다. 인구는 4백만이고, 언어는 오직 본토박이 말뿐이다. 도성은 '만달레이'[53]라 이름 부르는 곳이니, 나라의 가운데에 있고, '브롬'과 '람리'[54] 등 여러 커다란 도회가 그곳을 둘러싸고 있으며, 백성들은 농업 · 방적 · 광업으로 일을 삼는다. 장사꾼들이 내다파는 것은 담배 · 칠기 · 백랍과 기타 여러 아름다운 생산물이고, 사들이는 것은 다만 서양 피륙과 모직물 · 비단이니, 값어치는 1년에 모두 약간씩이다. 군사의 수는 2만이다. 종교는 서로 어긋나서 같지 않은데, 부처를 근본으로 삼아 흰 일산을 앞에 놓고 절하며 빌고, 흰 코끼리를 타이보다 더욱 귀하게 여겨 임금이 아니면 기를 수도 없다.

古朱波國 漢謂之撣 唐謂之驃 宋元謂之緬 以其山川緬邈也. 自漢以來世爲中國藩服 以迄于淸 而叛附不一矣.

緬甸國者 其西界多爲英所據 雖有君主 而政事英多預之 蓋英之屬邦也. 幅員自

의 고대문화 중심지인 건조지대에 이르러 인구가 밀집한 충적층 지역을 넓게 굽이쳐 흐름.

51 마르타반(Martaban) : 미얀마 남부의 안다만해에 있는 만. 그 이름은 항구도시 '모따만(옛 이름은 마르타반)'에서 유래함. 시타웅강과 살윈강이 이곳으로 흘러듦. 조수가 강함.

52 산서(山犀) : 숲에서 사는 무소의 일종.

53 만달레이(Mandalay) : 상미얀마 중부에 있는 만달레이 주의 주도. 이라와디 강변에 자리 잡고 있으며, 양곤 다음으로 큰 제2의 도시로서 내륙교통과 교역로의 중심지임.

54 람리(Ramree) : 미얀마 서부에 있는 섬. 제2차 세계대전 중에 비행장을 건설해 미얀마 본토 진출의 교두보로 삼으려했던 영국군과 섬을 점령하고 있던 일본군 사이의 격전지임.

北緯線十度 至二十八度 東經線九十二度 至一百三十度 南北三千五百里 東西二千里. 得方十里之地 萬[55]有一千. 北淸國 東亦淸若安南 南西印度洋. 四面多小山 而雪山最有名 美公江在其東 日理窩得江在其中[56] 南多小島 又有麽多般若郞君二港. 氣候甚燠. 物産有檳榔椰子松竹船材之木烟草木綿藍 稻麥[57] 金銀鐵鉛丹砂寶石[58]翡翠玉彩石[59]文貝石油 虎豹猿象山貓山牛山犀之屬. 人口四百萬 言語惟土音. 都城名滿達來者 在國之中 有伐陰若那無里等諸會城環之 民以農績礦爲業. 商賈所糶烟草髹器白蠟 及其他諸美産 所糴若西洋布絨帛 價歲共若干. 軍額二萬. 宗教不一 而以佛爲宗 其拜禱用素傘 貴白象甚於暹羅 非君主不得牧焉.

인도印度

옛 천축국에 있었는데, 후한 때(25~220)에 중국과 처음 통했고, 명나라 홍치[60] 중에 포르투갈이 해항[61]을 열어 그곳과 통하자 네덜란드가 그것을 꺼려 군사를 일으켜 서로 다투며 싸웠다. 청나라 초에 잉글랜드 사람들이 두 나라를 몰아내고 그 지역을 차츰차츰 소유했다.

인도란 나라는 그 터가 북위선 6도부터 36도까지이고, 동경선 66도부터 96도까지이며, 남북은 6천 리이고, 동서는 5천 7백 리이다. 사방 10리인 곳

55 한문본에는 '萬'이지만, 한글본에는 '이만'으로 표기되어 있음.
56 한문본에는 '中'이지만, 한글본에는 '셔에'로 표기되어 있음.
57 한문본에는 '麥'이지만, 한글본에는 '밀'로 표기되어 있음.
58 한문본에는 '丹砂寶石'이지만, 한글본에는 '붉은보셕'으로 표기되어 있음.
59 한문본에는 '彩石'이지만, 한글본에는 '화반셕'으로 표기되어 있음. '화반석(花斑石)'은 홍백색의 무늬가 있고 바탕이 무른 돌. 도장이나 그릇을 만드는 데 씀.
60 홍치(弘治) : 중국 명대(明代) 효종(孝宗)의 연호. 1488~1505.
61 해항(海港) : 외국과의 무역을 위한 항구.

은 십하고도 4만 개이다. 그 경계는 북쪽이 청나라이고, 동쪽이 미얀마와 인도양이며, 남・서쪽 또한 인도양이다. 사면에 작은 산이 많고, 곤륜산이 그 북쪽에 있으며, 그 강은 '브라마푸트라'[62]와 '나바다'[63] 등의 강이 동쪽과 남쪽에 있고, 또 동남쪽에 '콜카타(캘커타)' 등의 항구가 많이 있는데, 지세와 풍경이 뛰어나다고 일컫는다. 기후는 매우 덥다. 생산물은 풀과 나무에 향나무・앵속각・커피가 많고, 곡식에 벼・보리가 많으며, 길짐승에 호랑이・원숭이가 많고, 파충류에 독사가 매우 많으며, 광물 또한 좋은 것들을 갖추었다. 인구는 2백 6십만이고, 씨족은 코카서스와 몽고이며, 언어는 복잡하다. 도성의 이름은 '콜카타'이니 동쪽 경계에 있고, 그밖에 '아그라'[64]와 '과레' 등 이름난 커다란 도회가 있다. 사람에는 선비와 평민 두 등급이 있고, 백성의 생업은 농업・방적・사냥이다. 제조품에는 명주와 아편연이 있고, 내보내는 물품은 아편연・쌀・보리・차・가죽・쪽・명주・양털・여러 가지 열매이니, 값어치는 1년에 4백 백만 원이며, 들여오는 물품은 명주・옷・술・약・소금・금・철・유리・석탄・설탕・기계이니, 값어치는 1년에 3백 백만 원이다. 세금은 1백 8십만 원이다. 군사의 수는 10만이다. 학업과 도로는 모두 잘 닦고 고쳤다. 종교는 불교・회교・천주교・개신교가 뒤섞였다. 그 풍속에 사람이 죽으면 환생해 원숭이가 된다고 생각하기 때문에 원숭이를 좋은 집에 살게 하고, 음식을 바친다. 또 부처 받들기를 매우 공경하니, 가끔 큰 수레에 금부처를 싣고 가면, 행인들이 대부분 엎

62 브라마푸트라(Brahmaputra) : 중앙아시아와 남아시아를 흐르는 큰 강. 티베트의 히말라야 산맥에서 발원해 갠지스강과 합류함. 총 길이는 약 2,900km임.

63 나바다(Narbada) : 우랄 산맥 동쪽을 흐르는 강.

64 아그라(Agra) : 인도 북부 우타르프라데시 주 아그라 행정구의 행정 중심도시. 야무나 강변에 있고, 16세기 초 시칸다르 로디가 세웠으며, 무굴 제국이 다스리던 시기에 그 수도이기도 했음.

드려 맞이하다가 수레에 치여 죽음에 이르러도 피하지 않는다. 남편이 죽으면, 가끔 아내를 산채로 함께 묻었는데, 잉글랜드에 속한 뒤부터는 그 풍속이 변하기 시작한 듯하다.

古天竺國在 後漢時始通中國 明弘治中葡萄牙鑿海港通之 荷蘭忌之 構兵相爭. 淸初英人驅除二國 寢有其地.

印度國者 其墟自北緯線六度 至三十六度 東經線六十六度 至九十六度 南北六千里 東西五千七百里. 方十里者十有四萬. 其界北淸國 東緬甸若印度洋 西南亦印度洋. 四面多小山 而崑崙山在其北 其水有浮那馬扶得羅若那發多等江在東南[65] 又東南有葛可多港等 號爲形勝. 氣候甚燠. 所産草木多香木鶯粟穀珈琲穀多稻麥 獸多虎猿 蟲多毒蛇 而礦物亦具美. 人口二百六十萬 氏族雜高加索蒙古 言語多端. 都城名葛可多在東界 其外會城有亞加羅若戈內等名. 人有士庶二等 民業農績獵. 製造布紬鴉烟 出貨鴉烟米麥茶茗皮革藍布紬羊毛果品 價歲四百百萬圓 入貨紬綿衣服酒藥鹽金鐵琉璃煤砂糖機器 價歲三百百萬圓. 稅錢一百八十萬[66]圓. 軍額十[67]萬. 學業道路皆修治. 宗敎雜佛回回天主耶蘇. 其俗以爲人死還生爲猿 故處猿以美屋 供以飮食. 又奉佛甚虔 或以大車載金佛 以行人多伏迎 至轢死不避. 丈夫死 或以妻殉葬 自屬英之後 其風始變矣.

65 한문본에는 '南'이지만, 한글본에는 '셔편에'로 표기되어 있음.
66 한문본에는 '萬'이지만, 한글본에는 '빅만'으로 표기되어 있음.
67 한문본에는 '十'이지만, 한글본에는 '이십'으로 표기되어 있음.

아프간, 발루치스탄阿富汗 鼈累穉斯坦

아프간은 본래 회부의 큰 나라이고, 페르시아에 바탕을 둔다. 별도로 호칭은 없었는데, 앞의 이름으로 부르던 중간에 나라를 처음 세웠다. 발루치스탄은 자세히 살필 수 없었고, 잉글랜드 말소리로 다르게 음역했다. 대체로 자세히 살필 수 없는 것은 대부분 이것을 본뜨겠다.

북위선 25도부터 37도까지이고, 동경선 61도부터 72도까지이며, 대체로 남북은 3천 리이고, 동서는 1천 5백 리이다. 사방 10리 되는 곳은 4만 2천 개이다. 중간에 두 나라가 있으니, 하나는 발루치스탄이라 하는데, 그 도성은 '카라치'[68]라 하고, 나라의 동북쪽에 있으며, 하나는 아프간이라 하는데, 그 도성은 '카불'이라 하고, 나라의 동쪽에 있다. 이 두 나라는 각각 임금이 있고, 러시아를 두려워하여 잉글랜드의 보호를 받는 곳이다. 대개 그 지역은 북쪽이 터키스탄과 러시아 지역이고, 동·남쪽은 인도이니 잉글랜드의 땅이며, 서쪽은 페르시아이다. 또 남쪽에 평야가 많고, 북쪽에 '힌두쿠시'[69]산이 있는데, 이 산의 북쪽이 바로 터키스탄이다. 러시아가 여러 나라를 잠식하였고, 자주 이 산에 길을 내서 통하려고 하였는데, 이 산이 높고 험하여 일단 헐어 없애려고 하였으니, '오인도'[70]가 버리고 가서 잉글랜드가 그 근심을 맞이했기 때문에 잉글랜드는 늘 두 나라에 힘을 써서 도와줘

---

68 카라치(Karachi) : 1947년에 파키스탄이 독립할 당시의 수도. 남부 신드 주에 있고, 제1의 항구도시이자 최대 도시임.

69 힌두쿠시(Hindu Kush) : 중앙아시아 남부에 있는 산맥. 아프가니스탄 북동쪽에서 남서쪽에 위치한 파키스탄까지 1,200km에 달함. 힌두쿠시의 '쿠시'라는 이름은 산이나 산지를 의미함. 7,700m인 티리치미르산이 가장 높으며 7,000m 이상의 산들이 많음.

70 오인도(五印度) : 예전에, 고대 인도에 있던 다섯 개의 정치 구획. 동·서·남·북과 중앙의 천축국(天竺國)을 이름.

통해 다니는 길을 허락하지 않았다. 이 두 나라는 커다란 두 나라 사이에 낀 곳이니, 약하지만 보존할 수 있는 곳이다. 그러나 발루치스탄 이라는 곳은 그 세금으로 얻는 수입이 8만 원인데, 3만 원은 잉글랜드에 바치고, 아프간 이라는 곳은 세금이 8백만 원이다. 그곳은 러시아와 가장 가깝기 때문에 군사 경비가 많다. 그러므로 어찌 그것을 모두 바치지 않겠는가? 그 지역의 기후는 덥다. 풀과 나무는 여러 과일나무 · 포도 · 담배 · 목화 · 설탕풀이고, 곡식은 벼 · 보리 · 조이며, 가축은 양 · 염소 · 낙타 · 소 · 말이고, 광물은 구리 · 철 · 납 · 유황 · 명반이다. 사람의 수는 4백만이고, 언어는 오직 본토박이 말뿐이다. 그 생업은 농업 · 방적 · 목축이고, 모직물 깔개 · 모직물 · 비단 · 장막을 더욱 잘 만들며, 그 이름난 성과 큰 도읍은 이른바 '칸다하르'[71]와 '쿨룸' 등의 지역이다. 장사꾼이 왕래하며 내다파는 것은 1년에 백만 원이고, 사들이는 것은 1년에 2백 5십만 원이다. 종교는 갈래가 많은데, 회교를 주로 하고, 그 사람들의 씨족은 유럽과 함께 같다.

阿富汗 本回部大國 統於波斯. 別無名號 前名中葉始立國. 鼈累稱斯坦不可攷以英音訛異也. 凡不可攷者多倣此.

自北緯線二十五度 至三十七度 自東經線六十一度 至七十二度 凡南北三千里 東西一千五百里. 爲方十里者 四萬二千. 中有二國 一曰鼈累稱斯坦 其都城曰吉羅始 在國東北 一曰阿富汗 其都城曰甲乙 在國東. 是二國者各有君主 而畏於俄 爲英所保. 蓋其地北土耳其斯坦俄地也 東南印度英地也 西拜是牙. 又

71 칸다하르(Kandahar) : 아프가니스탄 중남부에 있는 도시. 타르나크강 옆으로 펼쳐진 해발 1,000m 높이의 평야지대에 자리 잡고 있음. 아프가니스탄 남부의 주요 상업 중심지이자 여러 도시 간 간선도로의 교차지임.

南多平野 北有掀斗九秀山 而是山之北 卽土耳其斯坦也. 俄之蠶食諸國也 數欲通道于是山 而是山之嶂一撤 則五印度擧 而英受其患 故英每力助二國 不許通道. 此二國所以介兩大國之間 而弱而得存者也. 然鼈累稺斯坦者 其稅入八萬圓三萬貢於英 阿富汗者 稅入八百[72]萬圓. 以其最近俄而兵費多. 故不貢焉摠之? 其地氣候熱. 草木則諸果葡萄烟草木綿砂糖草 穀則稻麥粟 畜則羊羔駝牛馬 礦物則銅鐵鉛硫礬. 人數四百萬 言語惟土音. 其業農績畜牧 尤善造罽褥織絨緞帛帷幕 而其名城大邑所謂干多若傑音等地. 商賈之所往來糴 歲百萬圓 糶歲二百五十萬圓. 宗敎多門 而以回回爲主 其人氏族與歐洲同.

아라비아, 오만阿拉彼亞 烏滿

아라비아는 또한 '아자백'이라고도 하니, 본래 옛날 '조지국'[73]이다. 한나라 때부터 중국과 통했고, 명나라 때에 자주 조공을 바쳤으며, 요즈음 잉글랜드 · 미국과 통상조약을 정했다. 오만은 자세히 살필 수 없었다.

터키의 동남쪽과 인도양의 서북쪽에 있는 두 나라를 하나로 아라비아라고 부른다. 그 사람들은 각각 그 씨족끼리 다스리고, 임금을 세우지 않으며, 정착하지 않고 정처 없이 옮겨 다니며, 물가에 자라는 풀로 집을 짓고 산다. 한편 오만에 대해 말하자면, 임금이 있고, '무스카트'[74]에 도읍이 있

---

72 한문본에는 '八百'이지만, 한글본에는 '빅'으로 표기되어 있음.

73 조지국(條支國) : 옛날 동양에서 서역의 맨 끝에 있다고 알려진 나라. 『후한서(後漢書)』「서역전(西域傳)」에 '감영(甘英)이 조지국에 이르러 앞에 놓인 큰 바다(지중해)를 건너려 하자 안식(安息, 파르티아)의 뱃사공이 만류했다'는 내용이 있음. 오늘날 시리아를 포함한 아라비아와 이라크 일대를 일컬음.

74 무스카트(Muscat) : 아라비아 반도의 남동부 오만 만 연안에 자리 잡은 오만의 수도. 화산들

다. 그 지역은 남북이 4천 5백 리이고, 동서가 1천 5백 리이며, 사방 10리 되는 곳은 9만 개이고, 북위선은 12도에서 33도의 사이에 들어맞으며, 동경선은 36도와 60도의 사이에 들어맞는다. 기후는 덥다. 지세는 끝없이 아득하게 넓고, 산과 강으로 막힘이 없으며, 그 남쪽 경계에만 단지 작은 강 셋이 있을 뿐인데, 가뭄을 만나면 바로 마른다. 생산물은 조 · 대추 · 말 · 낙타이고, 날다람쥐가 매우 많다. 인구는 1백 5십만이고, 씨족은 유럽과 같으며, 언어는 오직 본토박이 말뿐이고, 목축으로 생업을 삼는다. 그곳이 외국과 함께 통상함에 파는 물품은 대추 · 소금 · 물고기 · 진주 · 깔개이고, 사는 물품은 쌀 · 보리 · 설탕 · 양포 · 커피이며, 값어치는 각각 1년에 약간 원씩이다. 학업과 종교는 모두 회교를 주로 한다. 대개 이전 세대에 '마호메트'라는 사람이 그 종교를 앞장서서 이끌고, '메카'라는 고을에 살면서 이르기를 '회회교의 수도'라 했기 때문에 나라 사람들이 매일 아침에 반드시 회회교의 수도를 향하여 예배를 한다. 또 그 풍속에 아프리카 가운데 지역의 사람들을 사로잡아다가 동쪽 지역에 팔기를 좋아하였는데, 지금은 변했을 것이다.

阿拉彼亞 亦曰阿剌伯 本古條支國. 自漢時通中國 明時屢入貢 近與英米定約通商. 烏滿不可攷.

土耳其之東南 印度洋之西北 有二國一曰阿拉彼亞. 其人各以其族治之 不立君 不着土逐 水草以居. 一曰烏滿 有君主 都於毛西葛. 其地南北四千五百里 東西一千五百里 爲方十里者九萬 於北緯線得十二度 三十三[75]度之間 東經線得三十

로 둘러싸인 후미진 곳에 위치하며, 서쪽과 남쪽으로 도로가 나 있음.

75 한문본에는 '三'이지만, 한글본에는 '슥'로 표기되어 있음.

六度 六十度之間. 氣候燠. 地勢曠漠 無山川之阻 其南界只有三小河 而遇旱卽涸. 産粟棗馬駝 而鼴鼠尤多. 人口一百五十萬 氏族同歐洲 言語惟土音 以畜牧爲生. 其與外國通商 販物爲棗鹽魚珠席 買物爲米麥砂糖洋布珈琲 價各歲若干圓. 學業宗教皆主回回. 蓋前世有摩哈麥者倡其教 居於麥加邑 謂之教京 故國人每朝必向教京禮拜. 又其俗 好擄亞非利加中界之人 賣于東界 今變矣.

페르시아波斯

본래 회부의 큰 나라이고, 세운 나라가 하나라(B.C. 2070~B.C. 1600) 초에도 있었다. 당송 이래로 자주 중국에 조공을 바쳤고, 명나라 때에 터키가 빼앗아 그곳을 소유했으며, 2백 년을 전했다. 또 아프간에 합병되었는데, 청나라 강희 중에 옛 왕의 후예 '다마스'가 군사를 모집해 회복했으나 뜻대로 되지는 않았다. 이로부터 찬탈하는 어지러움이 잇따랐고, 마침내 시인[76] '마호메트'가 자리 잡고 살게 되었으며, 자손이 전해 지금에 이른다.

아시아 여러 나라는 모두 임금이 정치를 행하고, 형법은 닮아서 대부분 참혹하니, 페르시아국도 그 하나이다. 나라의 도읍은 북쪽에 '테헤란' 지역이고, 그 밖에 '라슈트'[77]와 '카샨'[78] 등의 커다란 도회가 줄지어 있다. 그 넓이는 북위선 25도부터 40도까지이고, 동경선 44도에서 63도까지이며, 남북과 동서는

76 시인(寺人) : 옛날에 임금을 가까이 모시면서 시중을 들거나 숙직 따위의 일을 맡아본 벼슬아치를 이르던 말.

77 라슈트(Rasht) : 이란 서북부에 있는 상공업 도시. 목공업과 견직물 공업이 발달하였음.

78 카샨(Kashan) : 이란 중서부 이스파한 주에 있는 도시. 중앙 이란 산맥 동쪽 기슭의 사막지대에 자리 잡고 있음. 한때 중요한 대상로가 지나던 곳으로 오늘날 이란 횡단철도의 남동부 지선이 지남.

모두 3천 리이다. 사방 10리인 지역은 7만 2천 개이다. 사면이 대부분 큰 들이고, 남쪽과 북쪽에는 '부셰르'[79]와 '발부루쉬' 두 항구가 있으며, 동쪽에 화산이 있으니, 이름은 '다마반드'[80]라고 한다. 기후는 북쪽이 고르고, 남쪽은 매우 덥다. 지역에 이름난 목재 · 뽕 · 포도 · 단향 · 목화 · 담배 · 설탕풀 따위가 넉넉하고, 곡식은 보리 · 귀리 · 벼 · 조이며, 길짐승은 이리 · 호랑이 · 여우 · 멧돼지이고, 가축은 말 · 낙타이며, 광물은 금 · 유황 · 석탄 · 보석인데, 진주는 페르시아 강물에서 나오는 것이 이 세상 최고이다. 호적에 기재된 백성은 8백만이고, 씨족은 유럽과 같으며, 언어는 난잡하고 뒤섞였다. 사람의 등급은 선비와 서민이고, 백성의 생업은 농업 · 방적 · 목축이다. 제조품은 거울 · 명주와 모직물 · 자수 · 염료이고, 내가는 물건은 담배 · 양털 · 아편연 · 나무진 · 가죽 · 여러 가지 열매 · 모직물과 명주이니, 값어치가 1년에 십 1백만 원이며, 들여오는 물건은 베와 비단 · 반지 · 총과 칼 · 시계 · 자기 · 유리 · 여러 기계이니, 값어치가 1년에 십 9백만 원이다. 세금은 2백만 원이다. 군사의 수는 10만이다. 학업은 병법과 외국 사무를 간단하게 갖춘다. 종교는 회교를 주로 하고, 또한 다른 종교도 있다. 대개 그 나라의 북쪽은 러시아국이고, 동쪽은 아프간이며, 남쪽은 페르시아이고, 서쪽은 터키인데, 러시아가 가장 근심거리이며, 막아 지키기에 고달프다. 또 페르시아 강변에 커다란 도회 하나가 있는데, 샘물이 없어 바다 속에서 샘의 줄기를 얻어 마시기 때문에 물 값이 매우 비싸니, 이것이 그 기이한 소문이다.

---

79 부셰르(Bushehr) : 이란 남서부와 페르시아 만 연안에 위치한 도시. 이란의 대표적인 항구 도시 가운데 하나.

80 다마반드산(Damāvand) : 높이 5,610m의 성층 화산. 이란을 비롯한 중동에서 가장 높은 산이고, 엘부르즈 산맥의 최고봉이며, 아시아 전체에서 가장 높은 화산임.

本回部大國 立國在有夏初. 唐宋以來 屢貢中國 明時土耳其奪 而有之 傳二百年. 又爲阿富汗所幷 淸康熙中 故王後裔達馬斯 募兵恢復不遂. 自是簒亂相繼 卒爲寺人馬何美所據 子孫傳之至今.

亞洲諸國皆用君主之治 刑法類多慘酷 而波斯國 又其一也. 都國北埭喜蘭之地 外列來水得若加山等會城. 其幅員自北緯線二十五度 至四十度 東經線四十四度 至六十三度 南北東西皆三千里. 方十里之地七萬二千. 四面多大野 而南北有富水來若勃佛兩水二港 東有火山 名曰多滿丹. 氣候北調和 南甚熱. 地饒名材葉葡萄檀香木綿烟草砂糖草之屬 穀則牟麥燕麥稻粟 獸則狼虎狐豕 畜則馬駝 礦產則金硫煤寶石 而眞珠出法西亞河水者爲天下第一. 入籍之民八百萬 氏族同歐洲 言語哤雜. 人品士庶 民業農績畜牧. 製造之物鏡紬絨刺繡染料 出貨烟草羊毛鴉烟木液皮革果品絨紬 價歲十一百萬圓 入貨布緞指環銃劍鍾表磁器琉璃諸器械 價歲十九百萬圓 稅課二百萬圓. 軍額十萬. 學業兵法 及外國事務略備. 宗教主回回 亦有他教. 蓋其國北俄國 東阿富汗 南法西亞 西土耳其 而俄最爲患 疲於防守. 又法西亞河邊有一會城 無泉水 於海中得泉脈以飮 故水價甚貴 此其異傳也.

러시아 유럽 분야에 보인다俄羅斯 見歐洲部

터키 유럽 분야에 보인다土耳其 見歐洲部

아메리카 총론亞美利加總論

아메리카에는 남과 북 두 개의 이름이 있다. 그 북쪽에 자리 잡고 있는 곳은 넓이가 북위선 10도부터 85도까지이고, 서경선 17도부터 160도까지이며, 남북은 1만 5천 리이고, 동서는 9천 리이다. 사방 10리인 곳은 8십 6만 개이다. 그 경계는 북쪽이 북빙양이고, 동쪽은 대서양이며, 남쪽은 남아메리카 대륙이고, 서쪽은 태평양이다. '로키'산이 가장 크니, 서북쪽부터 서쪽으로 이어져 남아메리카까지 길이가 3만 리이고, 한가운데 있는 '미시시피'강이 가장 크며, 크고 작은 섬들이 많은데, '그린란드'섬이 동북쪽에 있으면서 가장 크다. 그 남쪽에 자리 잡고 있는 곳은 넓이가 북위선 10도부터 남위선 55도까지이고, 서경선 35도에서 82도까지이며, 남북은 1만 3천 리이고, 동서는 9천 리이다. 그 경계는 북쪽이 대서양과 '카리브(캐리비안)'해이고, 동쪽 또한 대서양이며, 남쪽은 남빙양이고, 서쪽은 태평양이다. '안데스'산이 동쪽에 자리 잡고 있으면서 가장 크고, '아마존'강이 동쪽으로 1만 1천 6백 리를 흘러 대서양에 들어가니, 이는 이 세상에서 제일 큰 강이며, 남과 북이 엇갈리는 곳에 마치 벌의 허리처럼 잘록한 지역은 '파나마'라 하니, 넓이가 모두 백 리이다. 그 속에 있는 나라는 '캐나다', '합중국(미국)', '알래스카', '그린란드', '멕시코', '과테말라', '서인도',[81] '콜롬비아', '베네수엘라', '기아나',[82] '브라

81 서인도(West Indies) : 중앙아메리카 동쪽의 카리브해에 3,200km 이상에 걸쳐 초승달 모양으로 늘어서 있는 섬들. 대앤틸리스 · 소앤틸리스 · 바하마 제도의 3대 지형구를 이룸. '대앤틸리스 제도'는 아이티와 도미니카 공화국이 자리 잡고 있는 히스파니올라섬, 쿠바, 자메이카, 푸에르토리코 등으로 이루어짐. '소앤틸리스 제도'는 버진아일랜드 · 앵귈라 · 세인트키츠네비스 · 앤티가바부다 · 몬트세라트 · 과들루프 · 도미니카 · 마르티니크 · 세인트루시아 · 세인트빈센트그레나딘 · 바베이도스 · 그레나다 등으로 이루어져 있음. '바하마 제도'는 북아메리카 대륙붕의 고립된 섬들로, 터크스앤드케이코스 제도를 포함함.

82 기아나(Guianas) : 남아메리카 북동부의 대서양 연안 지역. 독립국인 '가이아나'와 '수리남',

질', '에콰도르', '페루', '칠레', '볼리비아', '아르헨티나', '우루과이', '파라과이'라 하니, 모두 18개 국이다.

亞美利加有南北二名. 其在北者 幅員自北緯線十度 至八十五度 西經線十七度 至一百六十[83]度 南北一萬五千里 東西九千里. 方十里者八十六萬. 其界北北氷洋 東大西洋 南南亞墨利加洲 西太平洋. 有落機山最大 自西北迤西 至南亞墨利加 袤三萬里 中界有味西西比江最大 多島嶼 而巨麟蘭得島在東北最大. 其在南者 幅員自北緯線十[84]度 至南緯線五十五度 西經線三十五度 至八十二度 南北一萬三千里 東西九千里. 其界北大西洋若葛阿比安河 東亦大西洋 南南氷洋 西太平洋. 有玉丹山在東最大 亞美孫江東流一萬一千六百里 入于大西洋 是爲天下第一大江 而南北之交有**地如蜂腰**曰巴那麻 廣百里摠之. 其中有土者 曰佳那多 曰合衆國 曰謁那斯哥 曰巨麟蘭得 曰墨西哥 曰危地馬拉 曰西印度 曰哥倫比 曰彬崖朱越那 曰貴崖那 曰巴西 曰厄瓜多 曰秘魯 曰智利 曰拔利比亞 曰亞然丁 曰猶貴羅 曰把羅貴 凡十八國.

캐나다佳那多

한편으로 '가나타'라 이르니, 북아메리카의 지역이다. 본래 프랑스 사람들이 개간한 곳인데, 잉글랜드 사람들이 이미 미국을 얻고, 프랑스와 함께 서로 전쟁을 해

프랑스령 '기아나'가 이 지역에 속함. 북쪽은 대서양과 카리브해, 동쪽과 남쪽은 브라질, 서쪽은 베네수엘라와 경계를 이루고 있음.

83 한문본에는 '六十'이지만, 한글본에는 '륙십칠'로 표기되어 있음.

84 한문본에는 '十'이지만, 한글본에는 '열두'로 표기되어 있음.

서 통합하여 소유했다. 청나라 건륭 말에 '워싱턴'이 들고 일어나서 미국의 여러 부분을 모두 가졌는데, 다만 이 지역은 세금이 가볍고 백성들이 따랐기 때문에 거듭 잉글랜드가 지배하게 되었다.

캐나다는 그 넓이가 북위선 45도부터 75도까지이고, 서경선 55도부터 140도까지이며, 남북은 5천 리이고, 동서는 9천 리이다. 사방 10리인 곳은 3십 8만 개이다. 북쪽은 북빙양이고, 남쪽은 합중국이며, 동쪽은 대서양이고, 서쪽은 태평양이다. 그 산은 '로키'라 하고, 그 강은 '맥킨지'[85]와 '넬슨'[86]이라 하며, 그 호수는 '슈피리어'[87]와 '휴런'[88]이라 하고, 그 섬은 '케이프브리튼'[89]과 '밴쿠버'라 하며, 그 항구는 '퀘벡'과 '빅토리아'라 한다. 기후는 매우 추우니, 북쪽 지역에는 아무 식물도 자라지 않고, 오직 남쪽 가장자리에만 사람들이 살고 있다. 그 도성은 이른바 '오타와'란 곳이니, 그 가운데 지역에 자리 잡았고, '위니펙'[90]과 '빅토리아' 등 여러 이름난 지역이 그 울타리가 된다. 호적에 기재된 백성은 4백 5십만이고, 모두 잉글랜드 씨족이며, 농업 · 방적 · 어업 · 목축으로 생업을 삼고, 언어는 미국 말소리와 뒤섞였으며, 대체로 그 정치는 공화이고, 사람의 등급은 평등하다. 군사제도와 학

---

85 맥킨지(Mackenzie) : 캐나다 노스웨스트 주를 흐르는 강.

86 넬슨(Nelson) : 캐나다 매니토바 주 북부의 강. 위니펙 호에서 시작해 포트넬슨 부근에서 허드슨 만으로 흘러들어감. 총 길이는 650km임.

87 슈피리어(Superior) : 북아메리카의 오대호 중 가장 큰 호수. 북쪽으로 캐나다 온타리오 주와 미국 미네소타 주, 남쪽으로 위스콘신 주와 미시간 주와 접함. 담수호 중에서 가장 면적이 넓으며, 부피도 세계에서 세 번째로 큼.

88 휴런(Huron) : 북아메리카의 오대호 중 두 번째로 큰 호수. 서쪽으로 미국의 미시간 주, 북쪽과 동쪽으로 캐나다의 온타리오 주와 각각 접함. 길이는 북서에서 남동 방향으로 331km임.

89 케이프브리튼(Cape Breton) : 캐나다 노바스코샤 북동쪽에 자리한 섬. '노바스코샤'는 '새로운 스코틀랜드'라는 뜻임.

90 위니펙(Winnipeg) : 캐나다 남부 매니토바 주의 레드강과 어시니보인강 합류 지점에 있는 도시. 1738년 프랑스의 항해가 라 베랑드리가 이곳에 최초의 교역소인 포트루즈를 설립했음.

업이 자세하면서 면밀하고, 도로가 잘 닦인 것과 그 종교가 천주교와 개신교를 겸용함은 모두 잉글랜드 관리들이 마련해 갖춘 것이다. 상업상의 일을 더욱 중요하게 여긴다. 내가는 물건은 소·말·양·돼지·곰·사슴의 가죽과 고기이고, 소나무·측백나무·상수리나무의 재목과 보리와 맛있는 물고기와 금·철·석탄·캐낸 돌·석유이니, 대체로 토산물이며, 값어치가 1년에 백 백만 원이고, 들여오는 물건은 베와 비단·술·솜·설탕·담배·여러 기계이니, 값어치는 1년에 내가는 물건의 2/10를 차지한다. 세금으로 얻는 수입은 3십 6백만 원이다. 그 풍속에 겨울에는 얼음을 얻어 큰 집을 짓고 그 속에서 서로 놀다가 여름이 가까워지면 치운다.

一曰加拿他 北亞美利加之地. 本法人所闢 英人旣得美利堅 與法交戰 括而有之. 淸乾隆末華盛頓之崛起也 盡有美諸部 而獨此地 稅輕民附 故仍爲英轄.

佳那多其幅員自北緯線四十五度 至七十五度 西經線五十五度 至一百四十度 南北五千里 東西九千里. 方十里者三十八萬. 北北氷洋 南合衆國 東大西洋 西太平洋. 其山曰奧樂基 其江曰馬巨嘶若粹仙 其湖曰水非利魚若休蘭 其島曰刼不利得若賓求法 其港曰龜法若壁突伊亞. 氣候甚寒 北地不毛 惟南邊有人居之. 其都城所謂魚得渦者 **在其中界** 而衛來法若白徒里亞等 諸名城**爲其扞蔽**. 入籍之民 四百五十萬 皆**英**[91]之氏族 以農績漁牧爲生 言語**雜美國音**[92] 而凡其政治之**共和** 人品之平等. **兵制學業之精** 道路之修治 及其宗敎之兼用天主耶蘇 皆英官之所施也. 尤重商務. 出貨牛馬羊豕熊鹿之皮肉 松栢橡之材 牟麥嘉魚 金鐵煤采石石油 凡土産之物 價歲百百萬圓 入貨布緞酒緜砂糖烟草諸器械 價歲居出物十

91 한문본에는 '英'이지만, 한글본에는 '고기션'으로 표기되어 있음. '고기션'은 '코카서스'임.
92 한문본에는 '雜美國音'이지만, 한글본에는 '옝길리국 말이며'로 표기되어 있음.

之二. 稅入三十六百萬. 其俗冬取氷作大屋 相戲其中 近夏乃撤.

합중국合衆國

한편으로 '미국'이라 이르니, 북아메리카의 지역이다. 본래 야만인 무리의 지역이었는데, 명나라 중기에 에스파냐가 그곳을 처음 개척했고, 그 뒤에 잉글랜드의 소유가 되었다. 청나라 건륭 40년(1775)에 다른 지역 사람인 '워싱턴'이 나라를 처음 세웠다.

합중국이라는 곳은 본래 여러 사람들의 마을이었는데, 워싱턴이 통합함으로부터 하나가 됨을 따라서 지금의 이름을 만들었다. 지금 이 세상에서 가장 재물이 풍부하다고 일컬으니, 그 재물의 액수가 대개 6만7천 백만 원이라 이른다. 그 국체는 나라 안에 대통령 한 사람을 세워서 4년에 한 번 바꾸고, 그밖에 49성이 있어서 성마다 부통령 한 사람을 두는데, 본토박이로 정하며, 대통령은 그 출척[93]에 관여하지 못하니, 이른바 민주 정치이다. 그 터는 북위선 25도부터 48도까지이고, 서경선 67도부터 125도까지이며, 남북은 5천 리이고, 동서는 만 리이다. 사방 10리인 곳은 40만 개이다. 그 북쪽이 캐나다이고, 동쪽은 대서양이며, 남쪽은 멕시코국이고, 서쪽은 태평양이다. 큰 산은 서쪽에 있는 것을 '로키'와 '캐스케이드'[94]라 하고, 강은 동쪽에 있는 것을 '서배너'[95]라 하며, 남쪽에 있는 것은 '리오그란데'[96]라 하고, 서쪽에 있는 것은 '컬럼비아'라 하며,

93 출척(黜陟) : 못된 사람을 내쫓고 착한 사람을 뽑아 씀.

94 캐스케이드(Cascade) : 미국 캘리포니아 주 북부 래슨 봉에서 시작해 오리건 주와 워싱턴 주를 지나 캐나다 브리티시컬럼비아 주 남부의 프레이저강까지 1,100km 이상 뻗어 있는 산맥.

95 서배너(Savannah) : 미국 조지아 주의 하트웰 댐에서 투걸루강과 세니카강이 합류하여 이루어지는 강.

96 리오그란데(Rio Grande) : 총 길이는 3,051km임. 콜로라도주 남쪽에서 발원해 뉴멕시코 주를

큰 섬은 북쪽에 있는 것을 '미시간'이라 하고, 호수는 북쪽에 있는 것을 휴런이라 하며, 항구는 동쪽에 있는 것을 '포틀랜드'라 하고, 남쪽에 있는 것은 '모빌'[97]이라 하며, 서쪽에 있는 것은 '시애틀'이라 하고, 도성은 이른바 '워싱턴'이라는 곳이니, 나라의 동쪽에 있다. 또 별도의 수도가 있으니, '뉴욕' 지역에 자리 잡고 있는데, 그 웅장하고 화려함이 잉글랜드의 수도에 버금간다. 또 '버팔로'[98]와 모빌과 '샌프란시스코'와 '오마하'[99] 등의 커다란 도회가 북·남·서와 중앙 지역에 줄지어 있다. 대개 그 지세는 아시아 지역과 더불어 서로 가슴과 등을 이루고, 기후는 고르며 심한 비가 없다. 풀과 나무에 소나무·측백나무·떡갈나무·노송나무·단풍나무·귤나무·포도나무·복숭아나무·오얏나무·배나무·앵두나무·자두나무·호도나무·여러 향나무·목화·담배·감자가 있고, 곡식에 보리·벼·콩·메밀·수수가 있으며, 각종 채소가 있고, 길짐승에 소·말·돼지·양·곰·여우·산우·산양·사슴이 있으며, 파충류와 어류에 거북·뱀·악어가 있고, 날짐승에 닭·꿩·들오리·집오리·기러기·학·황새가 있으며, 산과 바다의 생산물에 금·은·구리·철·납·석탄·캐낸 돌·석유·소금·약이 있다. 백성의 수는 6십 5백만이고, 씨족과 언어는 모두 잉글랜드이다. 사람의 등급에는 평등함을

가로질러 텍사스 주로 들어와 미국과 멕시코의 국경을 따라 흘러 멕시코 만으로 흘러들어감. 이 강을 경계로 앵글로아메리카와 라틴아메리카로 구분됨. 멕시코에서는 리오브라보 또는 리오브라보델놀테(Río Bravo del Norte)라 불림.

97 모빌(Mobile) : 모빌강이 모빌 만(멕시코만)으로 흘러드는 지점에 있는 도시. 하항일 뿐만 아니라 앨라배마의 유일한 해항임.

98 버팔로(buffalo) : 미국 뉴욕 주에 있는 도시. 뉴욕 주에서 뉴욕시 다음으로 인구가 많고, 별명은 '동전의 도시(The Nickel City)'인데, 이는 1913년부터 1938년까지 유통된 5센트짜리 동전(nickel)에서 유래한 것임. 또 다른 별명은 '빛의 도시(City of Light)'인데, 이는 20세기 초 인접한 나이아가라폭포의 수력을 이용해 발전을 했기 때문에 붙은 이름임.

99 오마하(Omaha) : 미국 네브래스카 주 동부의 미주리강 서안에 있으며, 아이오와 주의 카운실블러프스와 강을 사이로 마주보고 있는 도시.

시행하는데, 널리 배워 많이 알면 높은 등급 사람이라 하기 때문에 학업이 모두 자세하고 면밀하게 갖추어졌으며, 잉글랜드 · 독일 등 여러 나라와 함께 대략 같고, 백성의 생업은 농업 · 방적 · 상업 · 광업 · 축산업 · 공업 · 어업 · 사냥부터 아래로 연극과 노래하기까지이다. 시계 · 저울 · 기계 · 옷 · 모직물 요 · 가죽 · 화륜선 · 기차 · 여러 병기를 더욱 잘 만들고, 가장 정밀한 총을 만든다. 외국과 교역하는 물품은 내가는 것이 보리 · 수수 · 담배 · 설탕 · 물고기 기름 · 면자유[100] · 석유 · 금 · 은 · 구리 · 철 · 양포 · 옷 · 술 · 길짐승 고기 · 돼지고기이니, 값어치가 1년에 8백 백만 원이고, 들여오는 것은 명주와 비단 · 책 · 약제 · 유리 · 삼과 모시 · 각종 철 · 모직 · 자기 · 차 · 커피 · 악기 · 술 · 과일 · 보석이니, 값어치는 1년에 그 내가는 것과 같다. 세금으로 얻는 수입은 4백 백만 원이다. 군사의 수는 3만이고, 화륜전선은 100척이며, 철갑인 것은 30척이다. 도로는 매우 잘 닦였고, 기찻길은 모두 4십 5만 리이다. 종교는 대부분 개신교를 주로 한다. 요컨대, 그 나라의 사무는 스스로 지키는 데 있고, 다른 나라의 국내 정치에 관여함을 좋아하지 않으며, 또한 다른 나라가 침범해 차지함을 허락하지 않는다. 정치가 공평하고, 풍속이 순박하며, 백성이 그 삶을 즐기기 때문에 유럽과 아시아 사람들 중 와서 사는 자들의 수가 1년에 수십만 명을 밑돌지 않는다. 그 기이한 소문에 이르면, 나라의 가운데 지역에 굴이 있으니, 깊이는 30리이고, 속에 강물이 있으며, 물고기는 모두 눈이 없다. '파일럿납'이라는 산이 있으니, 전체에 쇠가 우뚝 솟아나 있다. 동북쪽 지역에 산을 뚫어 기차를 통하게 하였으니, 길이가 15리이다.

一曰美國 北亞墨利加之地. 本野蕃衆部 明中世西班牙始闢之 其後爲英所有.

100 면자유(綿子油) : 목화씨 기름. 외용으로 발라서 악창과 개선(疥癬) 등을 치료함.

清乾隆四十年 別部人華盛頓始立國.

合衆國者 本衆部落 自華盛頓統合爲一 因以爲今名. 今天下最號富饒 其財額大槪六萬七千百萬圓云. 其國體國中立大統領一人 四年一遞 外有四十九省 省置副統領[101]一人 以土人爲之 而大統領不干其黜陟 所謂民主之治也. 其墟自北緯線二十五度 至四十八度 西經線六十七度 至一百二十五度 南北五千里 東西萬里. 方十里者四十萬. 其北爲佳那多 東爲大西洋 南爲墨西哥國 西爲太平洋. 大山在西者曰奧樂基若加錫巨 江在東者曰斯班羅 在南者曰御要乙難得 在西者曰乞廩比阿 大島在北者曰米秀干 湖在北者曰休蘭 港在東者曰本蘭特 在南者曰毛畢 在西者曰時阿達 而都城所謂華盛頓者 在國之東. 又有別京 在紐約之地 其雄麗次於英京. 又有法鉢盧 若毛別 若山普蘭時 若烏馬河等會城 列於北南西及中界. 蓋其地勢與亞細亞之地相爲胸背 而氣候調和 無甚雨. 草木有松栢柞檜楓橘葡萄桃李梨櫻[102]桃紫桃胡桃諸香木木綿烟草甘藷 穀有牟麥稻菽麴麥蜀黍[103] 菜蔬有各種 獸有牛馬豕羊熊狐山牛山羊鹿 蟲魚有龜蛇鱷 鳥有雞雉梟鴨雁鶴鸛 山海之産有金銀銅鐵鉛煤采石石油鹽藥. 民數六十五百萬 氏族言語皆英也. 人品用平等 而以廣學多聞爲高等 故學業皆精備 與英德諸國略同 民業自農績商礦畜匠漁獵 下至演劇歌唱. 尤善造鍾衡機器衣服絨褥皮革火輪船車諸兵械 而造銃最精. 外國交易之物 出者爲麥蜀黍烟草砂糖魚油綿子油石油金銀銅鐵洋布衣酒獸肉猪肉 而價歲八百百萬圓 入者爲紬緞書冊藥劑玻璃痲枲各鐵絨毛磁器茶茗珈琲樂器酒果寶石 而價歲如其出.[104] 稅入四百百萬圓. 軍額三萬 火輪戰艦百艘

101 한문본에는 '副統領'이지만, 한글본에는 '감ᄉ'로 표기되어 있음.

102 원문에는 '樓'이지만, '櫻'의 오기이므로 바로잡았음.

103 한문본에는 '蜀黍'이지만, 한글본에는 '옥슈슈'로 표기되어 있음. 한문본의 '蜀黍'는 '옥수수'를 의미하는 한자어인 '玉蜀黍'의 오기인 듯함.

104 한문본에는 '如其出'이지만, 한글본에는 '팔빅 빅만원이며'로 표기되어 있음.

鐵甲者三十. 道路甚治 火輪車路揔四十五萬里. 宗教多主耶蘇. 要之其國所務在於自守 不好干預他國內政 亦不許他國侵占. **政平俗淳 民樂其生 故**歐亞洲人來居者 歲不下數十萬人. 至其異傳 則國中界有窟 深三十里 中有江水 魚皆無目. 有巴日魚納山者 全鐵聳出. 東北界鑿山 通火輪車 經十五里.

알래스카謁那斯哥

처음과 끝은 본문 안에 갖추었다.

알래스카라는 곳은 잉글랜드와 미국에 속해 있는 지역이다. 그 지역은 캐나다 서북쪽 해변에 자리 잡고 있는데, 본래 러시아에 속했으나, 25년 전에 미국이 은 십 5백만 원으로 그곳과 바꾸었다. 읍치[105]는 '싯카'[106] 지역에 있다. 남북은 2천 5백 리이고, 동서는 3천 리이다. 사방 10리인 곳은 6만 개이다. 남쪽에는 화산이 많고, 가운데 지역에는 '유콘'[107]강이 있으며, 큰 섬은 '알루시안'[108]이라 하고, 이름난 도시는 '생폴'[109]이라 한다. 기후는 매

105 읍치(邑治) : 군아(郡衙)가 있는 마을. 고을의 치소(治所)가 있는 곳.

106 싯카(Sitka) : 알래스카가 러시아 제국의 러시아령 아메리카로 불리던 때의 주도였던 노보아르한겔스크(Новоархангельск)의 현재 이름. 알래스카가 1959년 미국 본토의 49번째 주로 지정될 때까지 주도였고, 그 이후의 주도는 주노(Juneau)임.

107 유콘(Yukon) : 캐나다 브리티시컬럼비아 주와 유콘 주의 접경지대에 있는 태기시 호에서 발원하는 북아메리카 대륙의 주요 강. 북서쪽으로 흐르다가 남서쪽으로 흘러 알래스카 주를 가로지른 뒤 노턴 만에서 베링해로 흘러들어감.

108 알루시안(Aleutian) : 알류샨 열도(Aleutian Islands). 북태평양에 위치한 섬들로, 알래스카의 서남부, 알래스카 반도의 끝에서 러시아의 캄차카 반도에 걸친 길이 약 1,930km의 화산 열도. 대부분이 미국의 알래스카 주에 속하지만, 최서단의 코만도르스키예 제도는 러시아에 속해 있고, 환태평양 조산대의 일부를 구성함. 이 부근은 세계 3대 어장의 하나로서 어류의 보고(寶庫)임.

109 생폴(St Paul) : 세인트 폴섬. 알래스카 인근 베링해에 위치하고 있는 섬.

우 추운데, 그 남쪽은 더운 바닷물이 가깝기 때문에 조금 따뜻하다. 잡다한 해산물・광물・소나무・측백나무가 넉넉하고, 물양 등의 가죽 옷에 마땅한 짐승과 매우 큰 사슴 등이 있다. 인구는 3만 6천이고, 모두 몽고 씨족이며, 언어는 시끄럽고 소란스러우며, 새 울음소리를 내는 듯하다.

> 始末具本文中.
>
> 謁那斯哥者 英美之屬地. 其地在佳那多西北海邊 本屬於俄 二十五年前 美國以銀十五百萬圓易之.[110] 邑治在息加之地. 南北二千五百里 東西三千里. 方十里者六萬. 南多火山 中界有西昆江 大島曰戛婁水安 名城曰仙佛. 氣候甚寒 而其南近熱海 故稍溫. 饒海錯礦產松栢 有水羊等 宜裘之獸 及絶大之鹿. 人口三萬六[111]千 皆蒙古氏族 而言語囂然爲鳥音矣.[112]

그린란드巨麟蘭得

덴마크의 속방이니, 본문에 보인다.

그린란드섬이라는 곳은 덴마크국에 속한 지역이다. 그 지역은 캐나다 동북쪽에 자리 잡고 있으며, 남쪽부터 북쪽까지 5천 4백 리이고, 동쪽부터 서쪽까지 1천 5백 리이다. 기후는 매우 춥다. 생산물은 물양・순록・흰곰이고, 잡다한 해산물이 넉넉하다. 그 백성은 대부분 덴마크국 사람이

110 한문본에는 '易之'이지만, 한글본에는 '주고 사니'로 표기되어 있음.
111 한문본에는 '六'이지만, 한글본에는 '삼'으로 표기되어 있음.
112 한문본에는 '囂然爲鳥音矣'이지만, 한글본에는 'ᄆᆡ우 뒤숭숭ᄒᆞ며'로 표기되어 있음.

니, 덴마크로부터 관리가 파견되어 그곳을 다스리고, 읍치는 서쪽 지역에 자리 잡고 있는 '우페르나비크'[113] 지역일 것이다.

> 丁抹[114]屬邦 見本文.
>
> 巨麟蘭得島者 丁抹國之屬地也. 其地在佳那多東北 自南至北五千四百里 自東至西一千五百里. 氣候甚寒. 産水羊馴鹿白熊 饒海錯. 其民多丁抹國人 自丁抹[115]遣官治之 而邑治在西界 牛本那逮之地矣.

멕시코墨西哥

대개 옛 나라이니, 그 호칭과 연대에 대한 기록이 없다. 명나라 중기에 에스파냐가 개척하여 그곳을 소유했고, 3백년이 지나서 나라 사람들이 배반하며, '아구스틴 이투르비데'[116]를 추대해 황제를 삼았다. 뒤이어 그를 폐하고, 공화정을 만들어 '빅토리아'[117]로 통령을 삼았는데, 얼마 안 있어 내홍[118]이 잇달아 이에 통령도 그 자리

113 우페르나비크(Upernavik) : 그린란드 서부, 노르오스트 만 북쪽에 있는 마을. 그린란드의 수도는 '누크(Nuuk)'임.

114 원문에는 '抹'이지만, '抹'의 오기이므로 바로잡았음.

115 원문에는 '抹'이지만, '抹'의 오기이므로 바로잡았음.

116 아구스틴 데 이투르비데(Agustín de Iturbide) : 1783~1824. 멕시코의 정치가. 멕시코 독립전쟁의 지도자이자, 멕시코 제1제국의 초대 황제. 스페인군 장교이자 근왕주의자로서 1810년 스페인에 대항해 멕시코 독립전쟁을 일으킨 이달고 신부의 독립군을 격파했고, 1821년 모렐로스 신부가 이끄는 독립군을 격파했으나, 이후 반기를 들어 멕시코에 주둔하던 스페인군을 추방했음. 1822년 제1멕시코 제국을 성립하고, 스스로 왕위에 올라 아구스틴 1세라 칭했음. 독재와 중앙아메리카 원정 실패 등으로 재위 10개월 만에 산타 안나가 이끄는 공화혁명으로 퇴위했고, 유럽으로 망명했음.

117 빅토리아 : 과달루페 빅토리아(Guadalupe Victoria). 1786~1843. 멕시코 독립전쟁에서 스페인에 대항하여 독립을 위해 싸운 멕시코의 혁명 군인이었고, 후에 이투르비데 황제를 전

를 편안히 할 수 없는 사람이 늘 많았다.

멕시코란 나라는 도성 또한 멕시코(멕시코시티)라 하고, 민주의 나라이다. 그 터는 천문상으로 북위선 15도와 30도의 사이, 서경선 87도와 117도의 사이에 자리 잡고 있으며, 남북은 5천 리이고, 동서는 1천 5백 리이다. 북쪽은 미국과 접했고, 동쪽은 멕시코강을 대하고 있으며, 서남쪽은 태평양과 만난다. 사방 10리인 곳은 8만 3천 개이다. 큰 산 둘이 있으니, '연산'[119]과 '포포카테페틀'[120]이라 하고, 또 화산이 많으며, 큰 강은 '리오그란데'라 하고, 이름난 항구는 '마사틀란'[121]이라 하며, 이름난 도시는 '파소 델 노르테'[122]와 '레온'[123]이다. 기후는 덥다. 그 생산물은 초계[124]·포도와 여러 이름난 목재·진귀한 과일이고, 보리·밀·조·사탕수수·설탕풀·담배·커피·목화·짜놓은 삼실·염료이며, 금·철·납·수은·석탄이고, 소·말·양·나귀·산우·살쾡이·이리·사슴·고슴도치·앵무새이다. 그 사람들의 씨족은 코카서스와 아메리칸 두 종류이고, 언어는 모두 에스파냐 나라 말소리이며, 호적에 기재된 사람은 모두 십 2백만이다. 귀천의 등급이 없고, 농업·방

복한 후 최초의 멕시코의 대통령이 되었음.

118 내홍(內訌) : 한 나라나 집단 안에서 그 구성원들끼리 다투는 일. 또는 그런 다툼.

119 연산(烟山) : 멕시코 내륙에 매우 높은 산들에 둘러싸인 커다란 호수가 있는데, 이 산들에서 주야로 연기와 불을 뿜기에 '연산'이라 부름.

120 포포카테페틀(Popocatepetl) : 멕시코 중부 메히코 주와 푸에블라 주의 경계선에 있는 휴화산.

121 마사틀란(Mazatlan) : 멕시코 중북부 지방의 서쪽에 있는 시날로아 주의 남서부에 있음. 멕시코에서 가장 큰 태평양 항구임.

122 파소 델 노르테(Paso Del Norte) : 멕시코 북부에 있는 도시. 미국 국경과 접하고 있음.

123 레온(Leon) : 멕시코 과나후아토주에 있는 도시. 정식 명칭은 레온 데 로스 알다마(León de los Aldama).

124 초계(椒桂) : 산초(山椒)와 육계(肉桂). 일반적으로 뛰어난 향료(香料)를 가리키는데, 맛 좋은 술을 가리키기도 함. '산초'는 한방에서 식물인 초피나무, 산초나무 또는 화초의 잘 익은 열매껍질을 모두 한약명으로 일컫는 말. 여기에서는 구체적으로 '후추'를 일컫는 말로 쓰였음. '육계'는 스리랑카와 인도 남부가 원산지이고, 오늘날 열대 모든 지역에서 재배하는 '계피'를 일컫는 말.

적 · 광업 · 목축으로 생업을 삼는다. 장사꾼들이 내가는 물건은 금 · 은 · 수삼 · 커피 · 가죽 · 집짓는 목재 · 담배 · 염료 · 설탕 · 약 등이니, 값어치는 1년에 4십 백만 원을 거두어들이고, 들여오는 물건은 직물 · 기계이니, 값어치는 1년에 4십 3백만 원을 쓴다. 세금은 십 7백만 원이다. 군사의 수는 3만이다. 학업에는 힘을 다하지 않고, 종교는 천주교를 주로 하며, 또한 남원당과 여원당이 있다. 도로는 매우 잘 닦고 고쳤으며, 또한 기찻길도 많다. 또 그 지역은 지진이 잘 나고, 그 풍속에 투계와 투우를 좋아한다. 대개 이곳부터 아래로 아메리카 대륙 여러 나라는 씨족과 언어와 사람의 등급과 종교가 모두 같다. 다만 그 국체는 또 모두 에스파냐 사람으로 통령을 삼으니, 윗사람을 죽이는 변고가 많이 나온다고 이른다.

蓋古國也 而莫記其名號年代. 明中世西班牙闢而有之 歷三百年 國人叛 推奧古斯丁 依多毗德爲皇帝. 已而廢之 爲共和政 以威多利亞爲統領 旣而內訌頻 仍統領每多不能安其位者.

墨西哥國者 都城亦曰墨西哥 民主之國也. 其墟在天文爲北緯線十五度 三十[125]度之間 西經線八十七度 一百十七度之間 南北五千里 東西一千五百里. 北接美國 東臨墨西哥河 西南際太平洋. 方十里者爲八萬三千. 有二大山曰烟山若保保開多培達 又多火山 大江曰御要蘭得 名港曰馬山粹奴 名城曰巴小達來若內縕. 氣候熱. 厥産椒桂葡萄 及諸名材珍果 大小麥粟藷砂糖草烟草珈琲木綿績麻染料 金鐵鉛汞煤 牛馬羊驢山牛猫狼鹿猬鸚鵡. 其人氏族有高加索 及亞美利干二種 言語皆西班牙國音 而入籍者凡十二百萬. 無貴賤之等 以農績礦牧爲業. 商賈

125 한문본에는 '三十'이지만, 한글본에는 '삼십삼'으로 표기되어 있음.

所出貨爲金銀痲枲珈琲皮革屋材烟草染料砂糖藥 價歲收四十百萬圓 所入貨布帛器械 價歲費四十三百萬圓. 稅課十[126]七百萬圓. 軍額三萬. 學不甚力 而宗教主天主 亦有男女願堂. 道路頗修治 亦多火輪車路. 又其地善震 而其俗好鬪雞鬪牛. 蓋自此以下 美洲諸國氏族言語人品宗教皆同. 若其國體 則又皆以西班牙人爲統領 而弑逆之變多出云.

과테말라危地馬拉[127]

북아메리카 남쪽 경계에 자리 잡고 있다. 본래 에스파냐에 속했으며, 뒤에 멕시코를 따랐는데, 멕시코가 국왕을 폐한데 이르러, 나라 사람들이 스스로 과테말라를 세워 나라를 만들었으니, 때는 청나라 도광 4년(1824)이다. 요즈음 다섯 나라로 나뉘어 각각 벼슬아치를 추대해 일을 다스리고, 국왕을 세우지 않는다.

과테말라라는 지역에는 작은 나라 다섯이 있는데, 첫째는 '과테말라'이니, 그 도읍 또한 '과테말라'이고, 둘째는 '온두라스'이니, 그 도읍은 '테구시갈파'[128]이며, 셋째는 '산살바도르'[129]이니, 그 도읍 또한 '산살바도르'이고,

---

126 한문본에는 '十'이지만, 한글본에는 '이십'으로 표기되어 있음.

127 한문본에는 '危地馬拉'이지만, 한글본에는 '센드랄아메리까'로 표기되어 있음. 문맥상 '센트럴 아메리카'를 의미하는 한글본이 합당함.

128 테구시갈파(Tegucigalpa) : 온두라스 공화국의 수도이자 중남부 프란시스코모라산 주의 주도. 산으로 둘러싸인 구릉성 지역으로 해발고도 975m 지점에 있음. 1578년 피카초 산비탈에 금·은 채광 중심지로 세워졌음. 1824년부터 북서쪽으로 56km 떨어진 코마야과와 번갈아가며 수도가 되었다가 1880년에 영구 수도로 지정되었음.

129 산살바도르(San Salvador) : 엘살바도르(El Salvador). 중앙아메리카 7개국 중 가장 작은 나라. 태평양 연안에 자리 잡고 있으며, 남쪽으로 335km에 걸쳐 태평양 쪽에 맞닿아 있고, 북서쪽으로 과테말라, 북동쪽과 동쪽으로 온두라스에 접해 있음. 수도는 산살바도르.

넷째는 '니카라과'이니, 그 도읍은 '마나과'[130]이며, 다섯째는 '코스타리카'이니, 그 도읍은 '산호세'[131]이다. 넓이는 북위선 8도부터 18도까지이고, 서경선 82도부터 93도까지이며, 남북은 2천 5백 리이고, 동서가 7백 리이다. 사방 10리인 곳은 2만 개이다. 그 경계는 북쪽이 멕시코와 카리브해이고, 동쪽 또한 카리브해이며, 서남쪽은 태평양이다. 로키산이 남북을 가로지르고, 호수는 '니카라과'라 하며, 항구는 '드루힐료'와 '펀시가'라 한다. 기후는 매우 덥다. 생산물은 이름난 목재 · 진귀한 과일 · 목화 · 커피 · 설탕 · 염료 · 약초 · 담배 · 금 · 철 · 캐낸 돌 · 소 · 말 · 나귀이다. 다섯 나라의 인구를 모두 합하면 2백 7십만이다. 그 생업은 농업 · 방적 · 광업이다. 장사꾼이 내다파는 토산물로 1년에 4백 2십만 원을 얻고, 밖에서 들여오는 물건은 음식 · 기계 · 옷이니, 1년에 3백만 원을 쓴다. 세금으로 얻는 수입은 들여오는 물건 값과 같다. 종교는 멕시코와 같다. 대개 그 지역은 해마다 지진으로 도시와 마을이 많이 무너진다. 또 그 지세상 만약 니카라과 호수를 태평양에 통하게 한다면 미국 뱃길이 매우 빨라지기 때문에 미국이 바야흐로 다섯 나라 모두와 의논하여 그곳을 뚫었다. 또 다섯 나라 외에 '벨리즈'[132]라는 고을이 있으니, 잉글랜드가 거느려 다스리는 곳이다.

---

130 마나과(Managua) : 니카라과의 수도이자 서부 마나과 주의 주도. 해발고도 50m 지점에 자리 잡고 있으며, 중앙아메리카에 있는 국가의 수도 가운데 가장 따뜻한 곳으로 손꼽힘.

131 산호세(San Jose) : 코스타리카의 중앙 고원 지역에 있는 수도. 해발 1,160m의 넓고 기름진 계곡에 자리 잡고 있음. 1736년 개척 당시에는 '비야누에바'라고 불렸음. 스페인 식민지시대에 담배 생산 중심지로 서서히 개발되었음. 1823년 '카르타고'에서 이곳으로 수도가 옮겨졌고, 1840년대에는 19세기 내내 코스타리카의 주요 소득원이었던 커피 생산의 중심지가 되었음.

132 벨리즈(Belize) : 중앙아메리카 북동부 유카탄반도에 있는 나라. 수도는 벨모판. 북쪽과 북서쪽으로 멕시코, 남쪽과 서쪽으로 과테말라와 경계를 이루며, 동쪽으로 280km의 해안선을 따라 카리브해에 접해 있음.

在北亞墨利加南境. 本屬西班牙 後附墨西哥 及墨西哥廢國王 國人危地馬拉自立爲國 時淸道光四年也. 近年分爲五國 各推官司理事 不立國王.

危地馬拉之地有小國五 一曰瓜多磨羅 其都亦瓜多磨羅 二曰混斗羅斯 其都爲埭句時葛發 三曰聖撒排多 其都亦聖撒排多 四曰厄可羅果 其都爲馬多果 五曰高斯大樓哥 其都爲山胡勢. 幅員自北緯線八度 至十八度 西經線八十二度 至九十三度 南北二千五百里 東西七百里. 方十里者二萬. 其界北墨西哥若加乃非安河 東亦加乃非安河 西南太平洋. 有落機山橫截南北 湖曰厄可羅果 港曰得婁頡要若蒲時加. 氣候甚熱. 物産名木珍果木綿珈琲砂糖染料藥草烟草金鐵采石牛馬驢. 凡五國人口合 二百七十萬. 其業農績礦. 商賈之糶土物 歲得四百二十萬圓 糴外物飮食器械衣服 歲費三百萬圓. 稅入如糴數.[133] 宗敎如墨西哥.[134] 蓋其地歲震 城邑多陷. 又其地勢 若以厄可羅果湖通于太平洋 則美國船路甚徑 故美方謀諸五國 而鑿之. 又五國之外有伐義西邑 英所管轄也.

서인도西印度

처음과 끝은 본문 안에 갖추었다.

서인도라는 곳은 남북아메리카 사이에 무리를 이룬 크고 작은 섬들이다. 4백 년 전에 이탈리아국 사람이 아시아와 아메리카 대륙을 구해 찾았는데, 이곳 섬들을 인도 지역이라고 잘못 생각하여 마침내 이르기를 서인도라 하였다. 이 여러 섬들은 그 큰 것은 모두 화산이고, 작은 것은 모두 산호가 쌓여

133 한문본에는 '如糴數'이지만, 한글본에는 '삼뵉만원이며'로 표기되어 있음.

134 한문본에는 '墨西哥'이지만, 한글본에는 '텬쥬교ㅣ며'로 표기되어 있음.

이루어진 것이다. 첫째는 '쿠바'라 하니, 에스파냐의 속방이고, 둘째는 '아이티'[135]라 하는데, 그 안에 두 나라가 있으니, '아이티'와 '산도밍고(산토도밍고)'[136]라 하며, 셋째는 '푸에르토리코'라 하니, 또한 에스파냐의 속방이고, 넷째는 '자메이카'라 하며, 다섯째는 '바하마'[137]라 하니, 모두 잉글랜드의 속방이고, 여섯째는 '갈라파고스(콜론)' 제도라 하니, 잉글랜드・프랑스・덴마크 세 나라가 나누어 관할하는 곳이다. 그 지역의 생산물은 진귀한 과일・커피・목화・설탕이고, 쿠바의 고을에서 만드는 담배는 이 세상에서 최고이니, 외국에 팔아서 이익이 되며, 외국에서 가져오는 것은 직물・기계일 뿐이다.

> 始末具本文中.
>
> 西印度者 南北亞墨利加間群島. 四百年前 意大里國人之覔亞美洲也 誤認此群島爲印度地 遂謂之西印度. 是諸島者 其大者皆火山 小者皆珊瑚積成. 一曰趉排 西班牙屬邦 二曰許太伊 其中有二國 曰稀芾若山道明澳 三曰菩桃李高 亦西班牙屬邦 四曰齊梅加 五曰邦蝦蟆 皆英屬邦 六曰葛我飛諸 英法丁抹三國之所分轄也. 其地產珍果珈琲木綿砂糖 而奎發邑所造烟草 甲於天下 以售利於外國 而資於外國者 布帛器械而已.

135 아이티(Haiti) : 카리브해의 서인도 제도에 있는 섬나라. 아메리카 대륙에서 유일한 프랑스어권 독립 공화국. 고나이브 만을 사이에 둔 2개의 반도로 이루어져 있음. 수도는 '포르토프랭스'이며, 국민의 95%가 흑인임.

136 산도밍고(Santo Domingo) : 도미니카 공화국의 수도. 정식 명칭은 산토도밍고데구스만(Santo Domingo de Guzmán)이고, 1496년 크리스토퍼 콜럼버스의 동생인 바살러뮤 콜럼버스에 의해 건설되었음. 도시 이름은 스페인어로 '성(聖) 도미니코'를 뜻함.

137 바하마(Bahamas) : 서인도 제도 북서부 끝에 있는 국가. 약 700개의 크고 작은 섬으로 이루어져 있으며, 수도는 '나소'임. 국민의 85%가 흑인임.

콜롬비아可崙比亞

남아메리카 북쪽 경계에 있다. 명나라 홍치 중에 에스파냐가 그 신하를 파견해 새로운 지역을 찾게 했고, 얻어서 세 지역으로 만들어 우두머리를 두었다. 청나라 가경 중에 지역 사람 '볼리바르'[138]가 우두머리를 내쫓고, 스스로 서서 콜롬비아국을 만들었다. 도광 중에 옛날 세 지역 따라 나누어 '신그라나다'[139]와 '베네수엘라'와 '에콰도르' 세 나라를 만들었다. 망한 것은 어째서인가? 신그라나다 아홉 지역이 연합하여 콜롬비아국을 다시 세웠다. 에콰도르는 다음에 따로 보인다.

대서양의 서쪽이고, 에콰도르의 북쪽이며, 베네수엘라의 남쪽에 있는 나라를 콜롬비아라 한다. 그 지역은 적도부터 북위선 10도까지이고, 서경선 68도부터 82도까지이며, 남북은 2천 5백 리이고, 동서가 2천 리이다. 사방 10리인 곳은 3만 7천 개이다. 화산 6개와 큰 산 '안데스'가 그 서남쪽에 있고, '과비아레'[140]강이 그 동쪽에 있으며, '아스빈월'과 '파나마' 항구가 그 북쪽에 있고, '보고타'가 도성이니, 그 가운데에 자리 잡고 있으며, '가데지나'와 '보바얀' 등 여러 커다란 도회가 둘러싸고 있다. 기후는 매우 더워서 백성들은 대부분 산에 의지하여 피하고, 호적에 기재된 사람은 대개 4백만이다. 땅에서 생산되는 것에 이름난 목재・향나무・약초・염료・커피・목화・보리

---

138 볼리바르 : 시몬 볼리바르(Simón Bolívar). 1783~1830. 베네수엘라의 독립 운동가이자 군인. 호세 데 산 마르틴 등과 함께 라틴 아메리카의 해방자인 '리베르타도레스(Libertadores)'로 불림. 스페인의 식민지였던 콜롬비아, 에콰도르, 파나마, 베네수엘라를 그란콜롬비아로 독립시켰음.

139 신그라나다 : 신그라나다 공화국. 누에바 그라나다(Nueva Granada) 공화국. 그란콜롬비아가 해체된 이후 설립된 연방 공화국. 오늘날의 콜롬비아 공화국의 전신. 영토는 콜롬비아를 기반으로, 현 에콰도르・베네수엘라의 일부와 파나마・코스타리카・니카라과의 모든 부분을 차지한 거대 연방이었고, 1858년까지 존속되었음.

140 과비아레(Guaviare) : 콜롬비아 남동부를 흐르는 강.

와 금·은·구리·철·납·석탄·보석 따위가 있다. 만든 물건에 가죽·풀로 짠 모자가 있어서 외국에 팔아 1년에 십 3백만 원을 얻고, 각종 기계·군사 무기를 사들이는 것으로 1년에 7백만 원을 쓴다. 세금으로 얻는 수입은 5백만 원이다. 군사의 수는 3천이다. 종교는 천주교이고, 그밖에 또한 다른 종교도 있다. 그러나 학업은 일컬을 것이 없다. 그 습관이 난리를 좋아하고, 윗사람을 가벼이 여겨 거역을 많이 한다. 또 그 지세상 아스빈월부터 파나마까지 중간에 있는 육지가 160리인데, 만약 이곳을 뚫고 깊게 치운다면, 태평양과 대서양의 뱃길이 통할 수 있지만, 재물이 부족하여 할 수 없었다.

在南亞墨利加北境. 明弘治中西班牙遣其臣尋新地 取作三部置大酋. 淸嘉慶中部人波里瓦爾 逐酋自立爲可崙比亞國. 道光中仍舊三部 分爲新加拉那大若委內瑞粹若厄瓜爾多三國. 亡何? 新加拉那大九部聯合 再建可崙比亞國. 厄瓜多別見于下.

大西洋之西 厄瓜多之北 彬崖朱越那之南有 曰可崙比亞國. 其地自赤道 至北緯線十度 自西經線六十八度 至八十二度 南北二千五百里 東西二千里. 方十里者三萬七千. 有火山六 及黑得棲大山在其西南 夸比阿江在其東 愛胥濱月若發那馬港在其北 而菩姑茶都城 據其中 環以支羅若菩拔安諸會城. 氣候甚熱 民多依山以避 而入籍者 蓋四百萬. 土地所產有名材香木藥草染料珈琲木綿牟麥 金銀銅鐵鉛煤寶石之屬. 工作有皮革織冠 以販鬻外國 歲得十三百萬圓 而各機器軍仗之買入者 歲費七百萬圓. 稅入五百萬圓. 軍額三千. 宗教天主 外亦有他教. 然學業無可稱. 其風氣好亂 多僭逆. 又其地勢 自愛胥濱月 至發那馬 中有陸地百六十里 若於此鑿浚 則太平洋大西洋船路可通 而財絀未能也.

베네수엘라彬崖朱越那

나라의 큰 줄기는 처음과 끝을 자세히 살필 수 없다. 대개 남아메리카 대륙 가운데의 작은 나라이니, 처음 세운 지가 오래지 않은 곳이다.

베네수엘라란 나라는 그 터가 천문상 북위선 1도에서 12도의 사이이고, 서경선 60도에서 74도의 사이에 자리 잡고 있으며, 남북은 2천 4백 리이고, 동서가 2천 5백 리이다. 북쪽은 카리브해이고, 동쪽은 기아나이며, 남쪽은 브라질이고, 서쪽은 콜롬비아와 북아메리카이다. 사방 10리인 곳은 6만 2천 개이다. 사면이 모두 산인데, 가운데에 '오리노코'[141]강이 있고, 북쪽에 '규마니' 항구가 있으며, 또 '마라카이보'[142] 호수가 있다. 도성은 '카라카스'[143]라 이름 부르는 곳이니, 나라의 북쪽에 자리 잡고 있으며, '아구아이라'와 '거스두라'라는 커다란 도회가 있다. 기후는 매우 덥다. 인구는 2백 2십만이다. 통상에서 내가는 물건은 커피 · 가죽 · 솜 · 설탕 · 담배 · 소기름 · 염료 · 구리이니, 값어치가 1년에 십 6백만 원이고, 들여오는 것은 기계 · 술 · 음식이니, 값어치는 1년에 3백만 원이다. 세금으로 얻는 수입은 5백만 원이다. 대체로 생산물 · 생업 · 군사행정 · 학업은 모두 콜롬비아와 함께 같다.

> 國統始末無攷. 蓋南亞美利加洲中小國之 創立未久者也.

---

141 오리노코(Orinoco) : 베네수엘라와 브라질 국경을 따라 뻗어 있는 파리마 산맥 서쪽 비탈에서 발원하는 강. 커다란 활 모양으로 베네수엘라를 가로질러 트리니다드섬 근처에서 대서양으로 들어감.

142 마라카이보(Maracaibo) : 베네수엘라 북서부 마라카이보 분지에 있는 카리브해의 커다란 내해.

143 카라카스(Caracas) : 베네수엘라의 수도. 라틴아메리카 도시 가운데 가장 발전된 세계적 도시. 베네수엘라 중앙 고지대의 리토랄 산맥과 인테리오르 산맥에 둘러싸인 높은 지구대의 해발 922m 지점에 자리 잡고 있음.

彬崖朱越那國者 其墟在天文 爲北緯線一度 十二度之間 西經線六十度 七十四度之間 南北二千四百里 東西二千五百里. 北加乃非安河 東貴崖那 南巴西西可倫北亞. 方[144]十里者六萬二[145]千. 四面皆山 而中有奧乃奴高江 北有奎馬伊港 又有馬羅加伊甫湖. 都城名加羅可者 據國之北 而有阿九兒里羅 若巨瑞斗那之會城. 氣候甚熱. 人口二百二十萬. 通商之物出者 爲珈琲皮革綿砂糖烟草牛油染料銅 而直歲十六百萬圓 入者爲器械酒食 而直歲三百萬圓. 稅入五百萬圓. 凡物產生業軍政學業 皆與可倫比亞同.

기아나貴崖那

처음과 끝은 본문 안에 갖추었다.

기아나라는 지역은 동쪽이 프랑스에 속하고, 그 커다란 도회는 '가이엔느'라 하며, 서쪽은 잉글랜드에 속하고, 그 커다란 도회는 '조지타운'[146]이라 하며, 가운데는 네덜란드에 속하고, 그 커다란 도회는 '파라마리보'[147]라 하는데, 도시들은 모두 항구에 접근해서 세웠으며, 세 나라로부터 각각 관리를 파견하여 그곳을 다스린다. 천문상 북위선 2도부터 9도까지이고, 서경선 50

144 원문에는 '万'이지만, '方'의 오기이므로 바로잡았음.

145 한문본에는 '二'이지만, 한글본에는 '삼'으로 표기되어 있음.

146 조지타운(Georgetown) : 가이아나 북동부의 데메라라강 연안에 있는 가이아나의 수도. 또한 대서양 연안 데메라라 강어귀에 위치한 주요 항구도시임. 1781년 조지 3세의 이름을 따 영국인들이 세웠으나, 대부분 1784년 프랑스인들이 다시 건설했고, 1812년 영국이 다시 획득한 후 조지타운이라는 옛 이름을 되찾았음.

147 파라마리보(Paramaribo) : 수리남 북부의 수리남강 어귀 상류 연안에 있는 수리남의 수도이자 최대 도시. 수리남강을 끼고 있는 주요 항구이기도 함.

도부터 62도까지에 자리 잡고 있으니, 그 터이다. 남북은 1천 3백 리이고, 동서는 1천 8백 리이다. 사방 10리인 곳은 2만 개이다. 북쪽은 대서양을 의지하고 있으며, 동 · 남 · 서쪽은 브라질과 닿아 있다. 사면에 높은 산과 큰 강이 없고, 가운데는 대부분 평야이다. 백성들은 오직 농사로만 생업을 삼는다. 그 토산물은 이름난 목재 · 설탕 · 목화 · 커피와 소 · 말 · 나귀 · 원숭이 · 살쾡이와 금 · 철 · 술 · 꿀이고, 그 가운데 설탕 · 술 · 꿀 · 이름난 목재가 내다파는 것인데, 1년에 2십 백만 원을 얻으며, 직물 · 쌀 · 밀가루 · 물고기 · 술 · 기계는 밖으로부터 들여오는 것이니, 1년에 십 2백만 원을 쓴다. 세금으로 얻는 수입은 5백만 원이다. 대개 세 나라 사람의 수는 합하여 34만이고, 언어는 각 나라 말소리에서 생겨났으나, 그러나 각 나라 사람들이 뒤섞여 산다. 항상 싸움과 죽이는 일이 많아 옥송[148]이 끊이지 않으니, 이적[149]의 기질이 있다.

> 始末具本文中.
>
> 貴崖那之地 東屬法國 其會城曰加里言 西屬英國 其會城曰朝宁多溫 中屬荷蘭 其會城曰發那麻里保 而城皆壓港而起 自三國各遣官理之. 在天文自北緯線二度至九度 西經線五十度至六十二度 卽其墟也. 南北一千三百里 東西一千八百里. 方十里者二萬. 北負大西洋 東南西接巴西. 四面無高山大川 而中多平野. 民惟以農爲生. 其土産爲名材砂糖木綿珈琲 牛馬驢猿貓 金鐵酒蜜 而其中砂糖酒蜜名材之出售者 歲得二十百萬圓 布帛米麵魚酒器械自外入者 歲費十二百萬圓. 稅入五百萬圓. 蓋三國人數 合三十四萬 言語各出國音 然以各國人之雜處也. 恒多鬪殺 獄訟不絕 有夷狄之風焉.

148 옥송(獄訟) : 형법의 적용을 받는 송사.
149 이적(夷狄) : 예전에, 두만강 일대의 만주 지방에 살던 여진족을 멸시하여 이르던 말. 오랑캐.

브라질巴西

옛날에는 우두머리가 없었고, 명나라 중기 이래로 네덜란드에 처음 속했으며, 뒤에 포르투갈에 속했다. 청나라 건륭 사이에 나라 사람들이 포르투갈을 배반하고, 왕이 방탕함을 받들자 페드루 1세[150]로 왕을 삼았으며, 자손들이 대대로 잡도리하여 점점 편안하고 조용하게 이끌었다.

브라질이란 나라는 본래 임금이 있었는데, 요즈음에 변하여 백성이 주인이다. 넓이는 북위선 4도부터 남위선 32도까지이고, 서경선 45도부터 74도까지이며, 남북은 7천 5백 리이고, 동서가 7천 리이다. 북쪽은 페루이고, 동쪽은 대서양이며, 남쪽은 볼리비아이고, 서쪽은 콜롬비아이다. 사방 10리인 곳은 76만 개이다. 지역은 대부분 큰 들인데, 동쪽에 있는 산은 '옥안'이라 하고, 북쪽에 있는 큰 강은 '아마존'이라 하며, 또 북쪽에 있는 섬은 '요하네스'라 하고, 동쪽에 있는 항구는 '에버남뷔고'와 '바히아'[151]라 한다. 기후에 이르면, 북쪽이 매우 덥고, 남쪽은 고르다. 생산물에는 진귀한 과일·향나무·이름난 목재·염료와 보리·귀리·설탕풀·목화·담배·커피·삼과 살쾡이·호랑이·원숭이·돼지·거북·악어·뱀과 살무사·앵무새·소·말·양·꿀벌·큰 거미와 금·은·구리·철·다이아몬드·보석·캐낸 돌·약돌·석탄·유황·수은·소금이 있다. 사람의 수는 십 4백만이다. 도성은 '리우데자네이루'이니, 나라의 동쪽에 자리 잡고 있으며, 커다란 도회는 '바라'와 '아라카주'[152]와 '고야스'[153] 등이다. 백성의 생업은 농업·광업·벌목·목축이다. 외

150 페드루 1세(Pedro I) : 1798~1834(재위 1822~1831). 포르투갈 왕국 왕실 출신으로 브라질 제국의 초대 황제.

151 바히아 : 살바도르 데 바히아(Salvador de bahia). 브라질 북동부의 항구도시. 1549년 포르투갈의 식민수도로 건설되었음.

152 아라카주(Aracaju) : 브라질 북동부 세르지페 주의 주도이자 항구도시. 콘틴기바강을 끼고

국 교역에 내다파는 물품은 설탕·담배·목화·이름난 목재·다이아몬드·가죽·양털·소기름·보석·염료·약·곡식이니, 값은 1년에 1백 백만 원이고, 들여오는 물품은 옷·모자·신발·직물·기계·시계·술이니, 값은 1년에 내다파는 그것과 같다. 세금은 8십 백만 원이다. 군사행정을 다스려서 군사는 1만 3천을 얻었고, 화륜전선은 60척이며, 철갑은 9척이다. 또 학업을 서두른다. 도로와 기찻길을 잘 닦고 고쳐서 아메리카 대륙 여러 나라 중에 매우 강하다고 널리 알려졌다. 그 신기하고 재미있는 소문에 이르면, 그 지역에 있는 어떤 나무는 잎이 매우 크며, 진액이 아교풀과 같은데, 사람이 그 잎을 얻어서 호랑이가 다니는 길에 펴놓고, 그 가운데에 강아지를 놓아둬서 호랑이가 현혹되면, 호랑이가 그 잎 가운데로 들어가니, 몸이 달라붙은 호랑이가 의심하며 성내어 더욱 급하게 뛰어오르면, 더욱 많이 달라붙고, 이에 그 힘이 빠진 틈을 타서 창과 검으로 쳐서 죽인다.

古無君長 明中世以來 始屬荷蘭 後屬葡萄牙. 淸乾隆間 國人叛葡 王奉湯 伯得祿第一爲王 子孫世製 漸致寧謐.

巴西國者 本有君主 近時變爲民主. 幅員自北緯線四度 至南緯線三十二度 西經線四[154]十五度 至七十四度 南北七千五百里 東西七千里. 北秘魯 東大西洋南拔利比亞 西哥崙比亞. 方十里者七十六萬. 地多大野 而東有山曰玉韻 北有大江曰阿馬孫 又北有島曰韓威瑞 東有港曰樊巖比高 若發兮牙. 及氣候北甚燠 南

있으며, 1855년 바둑판무늬로 설계되어 새 주도로 세워졌음.

153 고야스(Goyaz) : 고이아스(Goias). 브라질 중남부에 있는 내륙 주. 연방구인 수도 '브라질리아'가 있음. 브라질에서 발전이 빠른 개척 지역 가운데 하나임. 1937년부터 '고이아니아'가 주도가 되었음.

154 한문본에는 '四'이지만, 한글본에는 '삼'으로 표기되어 있음.

調和. 物產有珍果香木名材染料 牟麥燕麥砂糖草木緜烟草珈琲麻 猫虎猿猪龜 鱷蛇虺鸚鵡牛馬羊蜜蜂大蛛 及金銀銅鐵金鋼石寶石采石藥石煤硫汞鹽. 人數十四百萬. 都城曰御了田伊老 在國之東 會城爲菩羅 若阿那加洲 若高夜棲之屬. 民業農礦材畜. 外國交易出物 砂糖烟草木綿名材金鋼石皮革羊毛牛油寶石染料藥穀 直歲一百百[155]萬圓 入物衣服冠履布帛機器鍾表酒 直歲如其出.[156] 稅錢八十百萬圓. 以修軍政 得兵一萬三千 火輪戰船六十艘 而鐵甲爲九. 又急於學業. 修繕道路若火輪車路 頗以强聞於美洲諸國之中. 至其異聞 則其地有樹 葉絶大 而津液如膠 人取其葉 鋪于虎行之路 置猧兒其中 以惑虎 虎入其中葉 卽黏身 虎疑怒 而躍躍之愈急 而黏之愈多 於是乘其力敝 以槍劍擊斃之.

에콰도르厄瓜爾多

콜롬비아 기사 중에 보인다. 그 지역에는 옛날에 큰 나라가 있었으니, '잉카'라 하는데, 이는 에스파냐에게 멸망당했다. 지금은 고적[157]이 매우 많다.

소유한 지역은 남북이 천 리이고, 동서가 2천 5백 리이다. 사방 10리인 곳은 2만 8천 개이다. 인구는 1백 십만이고, 나라를 만든 사람들은 '액과다'라 한다. 천문상 북위선 1도에서 남위선 5도의 사이이고, 서경선 68도에서 81도의 사이에 자리 잡고 있다. 그 경계는 북쪽이 콜롬비아이고, 동쪽은 브라질이며, 남쪽은 페루이고, 서쪽은 태평양이다. 큰 산인 '안데스'와 큰 화산 5개가 그

155 한문본에는 '百'이지만, 한글본에는 '십빅'으로 표기되어 있음.
156 한문본에는 '如其出'이지만, 한글본에는 '일빅 빅만원이며'로 표기되어 있음.
157 고적(古跡) : 남아 있는 옛날의 물건이나 건물. 또는 그런 것이 있던 터.

서쪽에 자리 잡고 있으며, 동쪽은 큰 들이고, 또 여러 강이 아마존강으로 들어가며, '과야킬'[158]이란 항구가 그 서쪽에 자리 잡고 있다. 도성은 '키토'[159]라 이름 부르는 곳이니, 나라의 북쪽에 자리 잡고 있는데, 지세가 이 세상에서 가장 높고, '과야킬' 등의 커다란 도회가 그곳을 끌어안고 있다. 그 풀과 나무는 금은초[160] · 상아목 · 야자 · 진귀한 과일 · 이름난 약 · 염료 · 목화 · 커피 · 감자 · 담배이고, 그 곡식은 보리이며, 그 길짐승은 소 · 양 · 나귀 · 원숭이이고, 그 산과 바다의 생산물은 금 · 철 · 유황 · 수은 · 보석이다. 그 백성들은 농업 · 목축으로 생업을 삼고, 또 풀로 모자를 짜는 데 익숙하다. 대체로 생산물과 제조품을 내다파는 것으로 1년에 6백만 원을 얻고, 외국에서 들여와 쓰는 물건은 다만 직물 · 옷 · 기계와 술이니, 1년에 5백만 원을 쓴다. 세금으로 얻는 수입은 3백 5십만 원이다. 군사행정과 학업은 진실로 일컬을 만한 것이 없다. 도로는 매우 잘 닦고 고쳤으며, 기찻길은 2백 리이다. 대개 이 나라는 적도의 밑에 자리 잡고 있어서 기후가 매우 더운데, 그곳에 높은 산이 많아서 시원한 공기가 있기 때문에 열이 병을 일으키는 데까지 이르지 않는다고 말한다.

> **見哥崙比亞記中. 其地古有大國 曰音加 斯爲西班牙所滅. 至今古跡甚多.**
>
> 有地南北千里 東西二千五百里. 方十里者二萬八千. 人口一百十萬 而**爲國者曰**

158 과야킬(Guayaquil) : 에콰도르에서 가장 큰 도시이며 주요 항구로 과야스 주의 주도. 에콰도르 전국에서 두 번째로 인구가 큰 도시. 정식 이름은 산티아고 데 과야킬(Santiago de Guayaquil). 과야킬 만 상류이자 과야스강 서쪽 강변에 있음.

159 키토(Quito) : 에콰도르의 수도이자 피친차 주의 주도. 과야킬 다음으로 인구가 많고, 적도의 남쪽에 위치하고 있지만, 안데스 산맥의 산 중턱인 해발 2,850m에 있기 때문에 기후가 비교적 시원함.

160 금은초(金銀草) : 인동초(忍冬草). 꼭두서니목 인동과에 속하는 덩굴식물. 우리나라 전역의 숲이나 구릉지 등에서 자람. 줄기는 망태기 등을 만드는 데 쓰고, 한방에서 잎과 꽃을 이뇨제 · 해독제 · 건위제 · 해열제 · 소염제 · 지혈제로 씀. 금은등(金銀藤). 금은화(金銀花).

厄瓜多. 在天文爲北緯線一度 南緯線五度之間 西經線六十八度 八十一度之間. 其界北哥崙比亞 東巴西 南秘魯 西太平洋. 有安得棲大山 及五大火山在其西 東爲大野 又有諸江入于牙馬遜江 而干利牙吉之港在其西. 都城名基都者 在國之北 地勢於天下爲極高 而有干伊樂吉等 會城控之. 其草木金銀草象牙木椰子珍果名藥染料木綿珈琲甘藷烟草 其穀牟麥 其獸牛羊驢猿 其山海之產金鐵硫汞寶石. 其民以農畜爲業 而又精於織冠. 凡物產製造之出售者 歲得六百萬圓 資用外國之物 如布帛衣服器械 及酒 歲費五百萬圓. 稅入三百五十萬圓. 軍政學業無甚可稱. 道路甚修治 火輪車路二百里. 蓋是國在赤道之下 氣候甚熱 而以其多高山 而有爽氣 故熱不至病云.

페루秘魯

옛날에 '황금국'이라 일컬었으니, 그 지역에 금과 은이 많았기 때문이다. 우두머리가 있었고, '잉카'라 일컬었다. 명나라 중기에 에스파냐가 그곳을 지배했고, 280여년이 지나서 나라 사람들이 배반하며, 스스로 세워서 공화정을 만들었는데, 내란이 잇따라 대통령이 그 자리를 오랫동안 할 수 없었다.

페루란 나라는 넓이가 북위선 2도부터 18도까지이고, 서경선 69도에서 81도까지이다. 북쪽은 에콰도르와 닿아 있고, 동쪽은 브라질과 닿아 있으며, 서쪽은 태평양과 만난다. 대체로 남북은 3천 리이고, 동서는 1천 5백 리이다. 사방 10리 되는 곳은 4만 5천 개이다. 그 지역은 산이 많고, 동북쪽은 들판이며, 가운데 지역에는 산이 있고, 아마존강이 흘러나오며, 서쪽에 '갈라오' 항구가 있고, 또 작은 섬들이 많다. 기후는 매우 덥다. 생산물에는 진귀한 과일·이름난 약·커피·담배·설탕풀·목화와 보리·귀리·벼와 금·철·돌소금과 금계·밀랍·소·말·양·돼지·라마가 있는데, 라마라는 것은 모습이 양과 같고, 힘은 낙타와 같은 기이한 짐승이다. 사람의 수는 3백만이다. 도성은 나라의 서쪽에 자리 잡고 있으니, 이름은 '리마'[161]라 하고, 커다란 도회는 '파스코'[162]와 '아레키파'[163]라 하며, 백성의 생업은 농업·광업·목축이다. 통상에서 내다파는 물건은 솜·가죽·양털·설탕·각종 철·약제와 논밭에 거름으로 주는 새똥이니, 값은 1년에 십 백만 원이고, 들여오는 물건은 직물·기계이니, 값은 1년에 5백만 원이다. 세금으로 얻는 수입은 7백만 원이다. 군사의 수는 1만이고, 화륜전선도 조금 갖추었으며, 학업은 뛰어나지 않다. 옛날에 에스파냐 대장이 이 나라를 치러 국경 안으로 들어와서 금이 많은 것을 보았다. 이에 온 힘을 다해 싸워 그 임금을 사로잡았고, 그 백성들을 속여서 "너희들이 만약 금으로 내 방을 채운다면, 마땅히 너희 임금을 돌려보내겠다."고 말했다. 백성들은 그 말과 같이 했으나, 대장은 그 금을 거두어들였으며, 거듭 그 임금을 데리고 돌아갔다.

古稱黃金國 以其地多金銀也. 有君長稱印客. 明中世西班牙轄之 歷二百八十餘年 國人叛 而自立爲共和政 而內亂相繼 大統領無能久其位者.

秘魯國者 幅員自北緯線二度 至十八度 西經線六十九度 至八十一度. 北接厄

161 리마(Lima) : 페루 중부의 리마 주에 있는 페루의 수도. 페루 중부해안 가까이의 상업 및 공업 중심지임.

162 파스코(Pasco) : 페루 중부의 주로서 1944년 주가 되었음. 안데스 산맥에서 동쪽으로 아마존강 유역까지 펼쳐져 있음.

163 아레키파(Arequipa) : 페루 남부 아레키파 군과 주의 주도. 칠리강 유역 해발 2,300m가 넘는 고지대에 자리 잡고 있음. 잉카 제국 때에 쿠스코에서 해안으로 연결되는 주요 길목이었음.

瓜爾多 東接巴西 西際太平洋. 凡南北三千里 東西一千五百里. 爲方十里者四萬五千. 其地多山 而東北則野 中界有山 牙馬遜江出焉 西爲曷羅奧港 又多小島. 氣候甚熱. 物産有珍果名藥珈琲烟草砂糖草木綿 牟麥燕麥稻 金鐵靑鹽 金雞蠟牛馬羊猪羅馬 羅馬者象如羊 力如駝奇獸也. 人數三百萬. 都城在國西 名曰能馬會城曰拔西固 若阿那貴發 民業農礦畜. 通商出物爲綿皮革羊毛砂糖各鐵藥劑及糞田之鳥矢 而直歲十百萬元 入物爲布帛機器 而直歲五百萬元. 稅入七百萬元. 軍額一萬 頗備火輪戰船 而學業非其長也. 昔有西班牙大將 伐此國入境 見其多金. 乃力戰執其君 紿其民曰若等若以金充吾室 當還若君. 民如其言 大將收其金 仍以其君歸.

칠레智利

옛날에는 페루와 함께 임금이 똑같았는데, 뒤에 에스파냐에 속하였다. 청나라 건륭 사이에 비로소 스스로 서서 공화제를 사용하여 다스렸고, 근래에 이르러 나라의 형편이 점점 번성하고 있다.

칠레란 나라는 그 세금으로 얻는 수입이 4백만 원이다. 군사의 수는 6만이고, 화륜전선은 50척이며, 철갑을 입힌 것은 3척이다. 도로는 매우 잘 고쳤고, 기찻길은 모두 몇천 리나 된다. 대개 아메리카 대륙 여러 나라의 형편 중에서 미국이 첫째이고, 칠레가 그 다음이다. 그 넓이는 남위선 18도부터 55도까지이고, 서경선 68도부터 76도까지이며, 남북은 7천 5백 리이고, 동서가 3백 리이다. 사방 10리인 곳은 3만 개이다. 북쪽은 페루이고, 동쪽은 볼리비아이며, 남쪽은 남빙양이고, 서쪽은 태평양이다. 안데스산과 화산

20개가 동쪽에 자리 잡고 있으며, 서쪽에는 작은 산이 많고, 또 서쪽에 '코피아포'[164]와 '콘셉시온'[165] 항구가 있으니, 모두 커다란 도회이다. 남쪽에 작은 섬 30개가 있고, 도성은 나라 한가운데에 자리 잡고 있으니, 이름은 '산티아고'[166]라 한다. 기후는 북쪽이 덥고, 남쪽은 춥다. 생산물에는 곡식으로 보리·콩·귀리 및 풀과 나무로 마·사탕수수·담배·포도·여러 나무와 풀의 열매 및 광물로 금·은·구리·철·석탄·약돌이 있다. 사람의 수는 2백 십만이다. 광물 캐기·술 빚기·가죽 다루기로 생업을 삼는다. 수출하는 물건은 보리·밀가루·수수·가죽·새똥·구리·은이니, 값은 1년에 6십 백만 원이고, 수입하는 물건은 면주·모직·필로 된 비단·음식·기계·무기이니, 값은 1년에 5십 5백만 원이다. 공·사립 학당이 모두 7백 개이니, 학업이 매우 성하여 재능이 뛰어난 사람들이 많이 나온다. 또 그 사람들의 성품은 싸움을 즐기니, 이것은 나라를 경영하고, 강한 자들을 마음대로 할 수 있기 때문이다. 또 안데스산은 매우 높고 추우며, 지구에서 따뜻하고 화창한 날씨가 적은 곳이기 때문에 산 가까이에서 사는 사람들은 두 시간 넘게 일을 맡아하면, 반드시 병이 들거나 코피가 나니, 이것이 그 신기하고 재미있는 소문이다.

---

164 코피아포(Copiapo) : 칠레 북부의 매우 건조한 지역인 아타카마 주의 주도이자 코피아포 군의 군청 소재지.

165 콘셉시온(Concepcion) : 칠레 중남부 비오비오강 하구 가까이에 있는 도시. 칠레에서 세 번째로 큰 도시이며, 1550년 지금의 펜코 자리에 세워졌음. 지진으로 도시가 여러 번 피해를 입었으며, 주요 상공업 중심지임.

166 산티아고(Santiago) : 안데스 산맥이 보이는 마포초강 연안에 있는 도시. 1541년 스페인의 정복자 발디비아가 세웠으며, 스페인 정착민들의 지배를 받았음. 1818년 칠레가 독립하면서 공화국 수도로 지정하였음.

舊與秘魯同一君 後屬西班牙. 淸乾隆間 始自立用共和爲治 至近日國勢漸盛.

智利國者 其稅入四百萬圓. 軍額六萬 火輪戰船五十艘 衣鐵甲者三. 道路甚治 而火輪車路摠爲數千里. 蓋美洲諸國之勢 美爲第一 而智利其次也. 其幅員自南緯線十八度 至五十五度 西經線六十八度 至七十六度 南北七千五百里 東西三百里. 方十里者三萬. 北秘魯 東拔利比亞 南南氷洋 西太平洋. 安得棲山 及火山二十在東 而西多小山 又西有高金甫 若乾磊孫港 皆會城也. 南有小島三十 而都城在國中央 名曰山斗牙高. 氣候北燠南寒. 物產有牟麥菽燕麥之穀 麻藷烟草葡萄諸果蓏之草木 金銀銅鐵煤藥石之礦物. 人數二百十萬. 以採礦造酒治革爲業. 出口之物爲麥麵葡黍皮革鳥屎銅銀 直歲六十百萬圓 入口之物爲綿紬絨毛匹緞 飮食機器兵仗 直歲五十五百萬圓. 公私學堂皆七百 學業甚盛 而才俊多出. 又其人性嗜戰鬪 此所以能籌國 而擅强者也. 又安得棲山甚高寒 少地毬和氣 故近山而居者 執事過二時 則必受病 而難作 此其異聞也.

볼리비아拔利比亞

한편으로 '파리비아'라 이르고, 『영환지략』에는 칠레국 기사 끝에 실려 있는데, 나라의 시작과 끝을 자세히 살필 수 없다.

볼리비아라는 나라를 만들었으니, 토산물을 수출하는 것으로 1년에 7십만 원을 얻고, 외국의 상품인 명주 · 철 · 기계를 들여와 사용하는 것으로 6십만 원을 쓴다. 세금 또한 1년에 4백만 원이다. 군사의 수는 6천이니, 매우 약함을 알 수 있을 것이다. 그러나 나라 안에 또한 철로가 조금 있어서 기차는 다닌다고 이른다. 대개 그 나라는 남북이 3천 리이고, 남위선 8도에서 24도의 사이에 들어맞으며, 동서는 2천 5백 리이고, 서경선 58도에서 72도의 사이에 들어맞는다. 동북쪽 경계는 브라질인데, 대부분 큰 들이고, 남쪽 경계는 에콰도르인데, 안데스산과 '일리마니'[167] 등 높고 큰 산이 있으며, 북쪽 경계는 칠레이니, 여러 강들이 있는데 아마존강으로 들어가고, 가운데 지역에는 큰 호수 '라고스(티티카카)'[168]가 있다. 기후는 북쪽이 덥고, 서남쪽은 고르다. 야자 · 목화 · 담배 · 약초 · 염료 · 여러 나무와 풀의 열매가 풀과 나무이고, 라마 · 소 · 말 · 양 · 나귀 · 악어가 동물이며, 금 · 구리 · 철 · 유황 · 소금이 산과 바다의 물품이니, 이 토산물들을 모두 갖추어서 내다파는 것이다. 도성은 나라 가운데 있으니, '수크레'[169] 지역이고, '라파스'[170]와 '포토시'[171] 등 커다란 도회가 밖을 둘러싸고 있다. 그 안의 인구는 모두 2백 3십만이다. 오직 농업과 광업만으로 생업을 삼으며, 학업은 힘쓰지 않는다.

> **一曰玻利非亞 載瀛寰志略 智利國記末 而始末不可攷.**
>
> **拔利比亞之爲國也** 一歲土貨之出售者 得七十萬圓 外貨紬鐵機器之入用者 費六十萬圓. 稅額亦歲四百萬圓. 軍額六千 甚弱可知矣. 然國中亦頗有鐵路 行火

---

167 일리마니(Illimani) : 안데스 산맥의 지맥(支脈)으로, 볼리비아 서부 라파스 주에 있는 해발 6,463m의 산.

168 라고스(Lagos) : 서쪽으로 페루, 동쪽으로 볼리비아의 경계에 걸쳐져 있는, 남아메리카에서 두 번째로 큰 호수. '티티카카(Titicaca)'라고도 불림.

169 수크레(Sucre) : 볼리비아의 사법수도이자 추키사카 주의 주도. 카치마요강이 가로질러 흐르는 기름진 골짜기의 해발 2,790m 지점에 자리 잡고 있음.

170 라파스(La Paz) : 볼리비아 북서부에 있는 주의 주도이자 볼리비아의 수도. 경제 중심지이며, 서쪽으로 페루와 칠레에 접하고 있음. 1826년에 세워졌고 기후와 지형이 다양함.

171 포토시(Potosi) : 볼리비아 남부 포토시 주에 있는 주도. 고도 3,976m로 세계에서 가장 높은 도시에 속함. 수천 개의 광산이 벌집처럼 분포하는 구릉 가까이 춥고 황폐한 고원에 있음.

輪車云. 蓋其國南北三千里 得南緯線八度 二十四度之間 東西二千五百里 得西經線五十八度 七十二度之間. 東北界巴西 而多大野 南界**厄瓜多**[172] 而有安帶棲山 若日尼曼等 高大之山 **北**[173]界智利 而有諸江 入于俄馬遜河 中界有羅加瑞大湖. 氣候**北**[174]熱 而西南調和. 柳子木綿烟草藥草染料諸果蓏之草木 羅馬牛馬羊驢蛇鱷之蟲 金銅鐵硫黃鹽山海之物 皆備此土貨之所出也. 都城在國中 夙巨來之地 外環羅巴瑞 若蒲土時等會城. 其中人口總二百三十萬. 惟以農礦爲業 而學業非所務也.

아르헨티나亞然丁

자세히 살필 수 없다.

아르헨티나라는 곳은 북쪽이 볼리비아와 파라과이이고, 동쪽 또한 파라과이와 대서양이며, 남쪽 또한 대서양이고, 서쪽은 칠레이다. 남북은 6천 리이고, 동서가 3천 리이다. 사방 10리인 곳은 5만 7천 3백 개이다. 그 천문은 남위선 22도부터 52도까지이고, 서경선 55도부터 73도까지이며, 기후는 남쪽이 춥고, 북쪽이 덥다. 그 산과 강은 서쪽에 안데스산이 있고, 동쪽에 작은 산들이 많으며, 가운데는 큰 들과 강가이고, 또 서쪽에 '부에노스아이레스' 항구가 있으며, 북쪽에 '티에라델푸에고'[175]라는 큰 섬이 있고, 도성

172 한문본에는 '厄瓜多'이지만, 한글본에는 '바라괘국과 아젠틘합즁국'으로 표기되어 있음.

173 한문본에는 '北'이지만, 한글본에는 '셔는'으로 표기되어 있음.

174 한문본에는 '北'이지만, 한글본에는 '동북'으로 표기되어 있음.

175 티에라델푸에고(Tierra del Fuego) : 남아메리카 대륙 남쪽 끝에 있는 제도. 마젤란 해협으로 본토와 분리되며, 주요 섬인 티에라델푸에고 섬은 비글 해협이 밑변에 해당되는 3각형 형태를 이룸. 총면적 가운데 약 2/3는 칠레령, 1/3은 아르헨티나령에 속함.

은 나라의 동쪽에 자리 잡고 있으니, '부에노스아이레스' 지역이며, '산타페'[176]와 '투쿠만'[177] 등과 같은 이름난 도시가 끌어안고 있는데, 지세와 풍경이 뛰어나다. 그 토산물은 이름난 목재 · 담배 · 차 · 수수 · 보리 · 나무와 풀의 열매이고, 소 · 말 · 양이며, 금 · 철 · 석탄 · 소금 · 유황 · 명반이다. 그 인구는 4백만 명이다. 그 생업은 농업 · 목축 · 광업이다. 그 상업 상 내다파는 물품은 소와 양의 가죽 · 기름 · 털 · 고기 · 수수 · 보리의 즙이니, 값은 1년에 9십 백만 원이고, 들여오는 물품은 서양 피륙 · 융포[178]이니, 값은 1년에 3십 백만 원이다. 그 세금으로 얻는 것은 5십 백만 원이다. 그 군사의 수는 1만이고, 그 화륜전선은 35척이며, 철갑인 것은 3척이다. 학업은 온 나라를 통틀어 학당이 2천 5백 개이다. 그 도로는 매우 잘 고쳤고, 기찻길은 합하여 1만 5천 리이다. 대개 부강해지는 일에 매우 빠른 곳이다. 그러므로 유럽 대륙 여러 나라 사람들이 건너와 사는 것이니, 헛된 세월은 아닐 것이다.

無攷.

亞然丁者 北拔利比亞 若把羅貴 東亦把羅貴 若大西洋 南亦大西洋 西智利. 南北六千里 東西三千里. 方十里者 五萬七千三百. 其天文自南緯線二十二度 至五十二度 西經線五十五度 至七十三度 而氣候南寒北熱. 其山川西有安帶棲山 東多小山 中爲大野 若渚江 又西有愛里瑞之港 北有堞羅達布愛姑之大島 而都城在國東 保奴瑞愛尼胥之地 若山打布友斗九蠻等 名城控爲形勝. 其土宜名材

176 산타페(Santa Fe) : 아르헨티나 북동부 산타페 주의 주도. 파라나강 연안 살라도강 어귀에 파라나 시를 마주보며 자리 잡고 있음.

177 투쿠만 : 산미겔데투쿠만(San Miguel de Tucuman). 아르헨티나 투쿠만주의 주도이자 북아르헨티나 최대의 도시. 경관이 아름다운 아콩키하 산맥 기슭, 살리강 연안에 자리 잡고 있음.

178 융포(絨布) : 면(綿) 플란넬(flannel). 모직물의 한 가지. 모 섬유를 평직이나 능직으로 짠 다음 가공하여 촉감이 부드럽게 만든 직물. 코트 · 신사복 · 스커트 감으로 씀.

烟草茶茗萄黍牟麥果菰 牛馬羊 金鐵煤鹽硫礬. 其生齒四百萬口. 其業農畜礦. 其商業出物 牛羊之皮膏毛肉萄黍牟麥之涪 直歲九十百萬圓 入物洋布絨布 直歲三十百萬圓. 其稅入五十百萬圓. 其軍額一萬 其火輪戰船三十五艘 鐵甲者三. 學業通國 學堂二千五百. 其道路甚治 而火輪車路合一萬五千里. 蓋駸駸乎富强之業者也. 故歐洲諸國人之就居者 無虛歲矣.

우루과이猶羅貴

청나라 건륭 중에 나라를 처음 세웠고, 공화정을 한다.

우루과이라는 곳은 그 터가 천문상 남위선 30도에서 남쪽으로 35도이고, 서경선 53도에서 동쪽으로 58도에 자리 잡고 있다. 북・동쪽은 브라질과 닿아 있고, 서쪽은 아르헨티나와 닿아 있으며, 남쪽은 대서양과 만난다. 남북은 모두 9백 리이고, 동서는 7백 리이다. 사방 10리 되는 곳은 8천 개이다. 그 가운데에는 큰 산이 없고, '우루과이'강이 그 서쪽에 있으며, '말도나도'[179]라는 항구가 그 남쪽에 있고, '메린'[180] 호수가 그 동쪽에 있다. 기후는 매우 고르다. 인구는 50만이다. 도성은 '몬테비데오'[181] 지역에 자리 잡고 있으니, 나라의 남쪽 지역이고, 말도나도와 '콜로니아'[182] 등 이름난 마을은 그

179 말도나도(Maldonado) : 우루과이 남동부에 있는 도시. 대서양 연안 가까이에 있고, 몬테비데오 동쪽 107km 지점에 있으며, 1757년에 세워졌음.

180 메린(Merin) : 우루과이와 브라질과의 국경에 걸쳐 있는 호수.

181 몬테비데오(Montevideo) : 우루과이의 수도이며, 몬테비데오 주의 주도. 우루과이 남부 라플라타강 어귀 북부 기슭에 자리 잡고 있으며, 우루과이 최대 무역항임.

182 콜로니아(Colonia) : 우루과이 남서부에 있는 주. 서쪽으로 우루과이강, 남쪽과 남서쪽으로 라플라타강이 경계를 이루며 흐름. 우루과이에서 역사적・경제적으로 중요한 지역임.

요충지를 담당한다. 세금의 액수는 9백만 원이다. 군사행정과 학업은 일컬을 만한 것이 없고, 도로는 모두 잘 고쳤으며, 기찻길은 합하여 7백 리이다. 외국에서 날라 오는 그 상품은 직물·기계·석유·석탄이니, 1년에 2십 5백만 원을 쓰고, 토산물은 소와 양의 고기·기름·가죽·뿔인데, 내다파는 것은 쓰는 데 보이는 1년 돈에 2백만 원을 더한다. 대개 그 지역의 생산물은 풀과 나무가 약간의 나무와 풀의 열매에 그치고, 곡식은 보리·수수에 그치며, 광물은 금·은에 그치고, 털 달린 짐승은 말에 그치는데, 소와 양이 가장 잘 번식하여 집에 받아들일 수 없어서 들에 방목하며, 주인은 각자 불에 달군 쇠도장을 찍어 짐승들을 구별한다. 대체로 포르투갈의 포도주와 우루과이의 소와 양은 이것들 모두 매우 특별하니, 기록할 만하도다!

> 淸乾隆中始立國 爲共和政.
>
> 猶羅貴者 其墟在天文 爲南緯線三十度 以南五度 西經線五十三度 以東五度. 北東接巴西 西接亞然丁 南際大西洋. 摠之南北九百里 東西七百里. 爲方十里者八千. 其中無大山 而猶婁軌江在其西 末島那島之港在其南 末立湖在其東. 氣候甚和. 人口五十萬. 都城在滿逮比得烏之地 卽國之南境也 而末島那島 若高奴尼阿等 名邑當其衝. 稅額九百萬圓. 軍政學業無可稱 而道路皆治 火輪車路合七百里. 其商貨之輸於外國者 爲布帛器械石油煤 歲費二十五百萬圓 而土産牛羊之肉膏皮角 出售者視所費 歲加二百萬圓.[183] 蓋其地所産 草木止於若干果蓏 穀止於麥蜀黍 礦物止於金銀 鬣獸止於馬 而牛羊最繁殖 家不能容 放牧於野 主者各烙印以別之. 夫葡萄牙之葡萄酒 猶羅貴之牛羊 是皆特特 可書者乎!

183 한문본에는 '視所費 歲加二百萬圓'이지만, 한글본에는 '일년에 이십칠빅만원'으로 표기되어 있음.

파라과이把羅貴

이탈리아 사람들이 그 지역을 처음 개척했는데, 뒤에 에스파냐가 그곳을 빼앗아 천주교 주교를 두어서 그곳을 지배했다. 청나라 건륭 중에 이르러 본토박이들이 스스로 일어서 나라를 만들었고, 대통령을 받들었는데, 정치와 교화가 매우 성했다. 근래에는 여러 나라와 함께 군사를 일으켜서 조금 약해졌다.

파라과이라는 곳은 그 지역에 사방 10리 되는 곳이 8천 개이다. 남북은 천 2백 리이고, 남위선 22도에서 시작해 27도에서 끝나며, 동서는 천하고도 2백 리이고, 서경선 54도에서 시작해 61도에서 끝나니, 볼리비아의 남쪽이며, 브라질의 서쪽이고, 아르헨티나의 동북쪽이다. 나라 안 '아순시온'[184] 지역을 따라 도성을 세웠고, '빌라리카'로 커다란 도회를 삼았다. 큰 산이 없고, 동남쪽과 서쪽에 큰 강이 있다. 기후는 조금 덥다. 생산물에는 귤·차·염료·아름다운 목재·이름난 약·목화·담배·설탕풀·벼·수수·커피·말·소·양이 있다. 사람의 수는 4십 5만이다. 그 생업인 농업·목축·벌목에 힘쓰고, 혹은 솜·양털·설탕을 만들며, 술빚기와 가죽 다루기를 더욱 잘하니, 그것들을 외국과 함께 통상한다. 내다파는 물품은 귤·술·설탕·솜·담배·차 재료·가죽·나무껍질이니, 1년에 2백 2십만 원을 거두어들이고, 들여오는 물품은 여러 기계이니, 1년에 2백만 원을 쓴다. 세금으로 얻는 수입은 2백만 원이다. 군사의 수는 천 명이니, 약한 나라이다. 그러나 도로는 매우 잘 닦고 고쳤으며, 기찻길은 합하여 3백 리인 듯하다.

---

184 아순시온(Asunción) : 파라과이의 수도. 필코마요강과 파라과이강의 합류점 근처에 숲이 우거진 갑(岬)에 자리 잡고 있음. 파라과이강 쪽으로 경사가 져 있음.

意大里人始闢其地 後西班牙奪之 置天主敎師 以轄之. 至淸乾隆中 土人自立爲國 奉大統領 政化頗盛. 近年與諸邦 構兵少衰.

把羅貴者 其地爲方十里者八千.[185] 南北千二百里 始於南緯線二十二度 終二十七度 東西千有二百里[186] 始於西經線五十四度 終六十一度 卽拔利比亞之南巴西之西 亞然丁之東北也. 就國中阿順時奧伊之地建都城 而以彬那伊加爲會城. 無大山 而東南及西有大江. 氣候少熱. 物産有橘茶染料美材名藥木綿烟草砂糖草稻蜀黍珈琲馬牛羊. 人數四十五萬. 其業以農畜採木爲務 或造綿絮羊毛砂糖 尤善釀酒治革 其與外國通商也. 糶物爲橘酒砂糖綿絮烟草茶料皮革木皮 而歲收二百二十萬圓 糴物爲諸器械 而歲費二百萬圓. 稅入二百萬圓. 額兵千弱國也. 然頗能修治道路 而火輪車路 合爲三百里矣.

아프리카 총론阿非利加洲總論

아프리카 대륙이라는 곳은 넓이가 남위선 32도부터 북위선 36도까지이고, 동경선 13도부터 52도까지이며, 남북은 1만 5천 리이고, 동서는 1만 3천 리이다. 그 경계는 북쪽이 지중해이고, 동남쪽은 홍해와 인도양이며, 서쪽은 대서양이다. 사방 10리 되는 곳은 1백 3십만 개이다. 지형은 북쪽에 있는 산을 '아틀라스'[187]라 하고, 큰 들은 '사하라'사막이라 하며, 큰 강

185 한문본에는 '八千'이지만, 한글본에는 '일만륙천'으로 표기되어 있음.

186 한문본에는 '二百里'이지만, 한글본에는 '일천리며'로 표기되어 있음.

187 아틀라스(Atlas) : 모로코・알제리・튀니지에 걸쳐 있는 산맥. 대체로 북동쪽에서 남서쪽으로 뻗어 있고, 평원과 고원이 모여 있는 지역을 감싼 타원형으로 되어 있으며, 북부의 텔아틀라스와 남부의 사하라아틀라스로 구분됨.

은 '나일'이라 하고, 동쪽에 있는 큰 산은 '케냐'라 하며, 큰 강은 '잠베지'[188]라 하고, 호수는 '탕가니카'[189]라 하며, 큰 섬은 '마다가스카르'라 하고, 남쪽에 있는 산은 '손노의'라 하며, 큰 강은 '오렌지'[190]라 하고, 또 큰 사막도 있으며, 서쪽에 있는 큰 산은 '카메룬'이라 하고, 큰 강은 '콩고'와 '나이저'[191]라 하며, 가운데 지역에 있는 큰 호수는 '차드'[192]라 하고, 또 큰 숲이 있다. 기후는 매우 덥고, 동·서·남쪽 해변이 더욱 심하여 사람들이 살 수 없다. 그 안에 분명히 드러난 여러 나라는 북쪽에 '이집트'와 '모로코'라 하고, 서쪽에 '라이베이라'[193]라 하며, 남쪽에 '오렌지(남아프리카 공화국)'와 '트란스발(남아프리카 공화국)'이라 하고, 동쪽에 '마다가스카르'라 한다. 사람의 수는 대체로 2백 2십 백만인데, 북쪽 변두리 지역에 사는 사람들은 코카서스이고, 그 나머지는 모두 에티오피아 인종이다. 그 가운데 지역에

---

188 잠베지(Zambezi) : 아프리카 대륙 남부의 강. 잠비아의 칼렌 구릉 부근에 있는 해발 약 1,460m의 수원에서 남쪽으로 흘러 앙골라·잠비아 서부를 지난 다음 북동쪽으로 잠비아·짐바브웨 국경을 이루며 흐르다가 남동쪽으로 모잠비크를 가로질러 인도양에 면한 삼각주로 들어감.

189 탕가니카(Tanganyika) : 동아프리카 지구대 서부 남단에 있는 호수. 길이 660km로 세계에서 가장 긴 담수호이며, 깊이 1,436m로 러시아 연방의 바이칼 호에 이어 세계에서 두 번째로 깊은 호수임. 탄자니아와 콩고 민주공화국 사이의 국경을 이룸.

190 오렌지(Orange) : 남아프리카 공화국에서 가장 긴 강. 레소토 고지대의 싱쿠강에서 발원해 서쪽으로 흘러 남아프리카 공화국을 가로지르며, 칼라하리사막의 남쪽 가장자리를 따라 흐르다가 남아프리카 공화국 알렉산더베이에서 대서양으로 흘러들어감.

191 나이저(Niger) : 서아프리카의 주요한 강이며, 아프리카에서 세 번째로 긴 강. 기니의 푸타잘론 고원지대 동편에서 발원해 북동쪽으로 흘러 말리의 타우사에 이르고, 남동쪽으로 흘러 니제르의 서부를 지나며, 나이지리아의 로코자에 이른 후, 남쪽으로 포트하커트 서쪽에서 기니 만으로 흘러들어감.

192 차드(Chad) : 아프리카 중서부에 있는 호수. 차드·카메룬·나이지리아·니제르 등의 국경선이 맞닿은 곳에 자리 잡고 있음. 과거 바다의 일부였던 이 호수는 서아프리카 최대의 호수이며, 아프리카 대륙 전체에서는 네 번째로 큰 호수.

193 라이베이라(Liberia) : 서아프리카의 공화국. 북서쪽은 시에라리온, 북쪽은 기니, 동쪽은 코트디부아르, 남서 해안은 대서양과 접해 있음. 건국과 가장 관계가 깊은 사람들은 북아메리카 대륙에서 온 흑인 자유민들로, 19세기에 이주해 왔음.

는 코끼리가 많으니, 이 세상의 상아는 모두 이곳으로부터 나온다. 그곳 사람들은 혼인의 예의가 없고, 나무 열매와 뱀을 먹으면서 살아가며, 또한 가끔 사람 고기를 먹기도 한다. 궁궐의 제도도 없어서 땅굴을 만들어 서로 모여 살고, 창과 칼을 잘 쓰며, 늘 서로 싸우니, 이른바 숲이 우거지고 짐승이 출몰하는 특이한 곳이다. 그곳 사람들의 수는 아직 듣지 못했다.

阿非利加洲者 幅員自南緯線三十二度 至北緯線三十六度 自東[194]經線十三度 至五十二度 南北一萬五千里 東西一萬三千里. 其界北地中海 東南紅海若印度洋 西大西洋. 爲方十里者 一百三十萬. 地形北有山曰戛羅棲 大野曰撒哈拉沙漠 大江曰尼羅 東有大山曰緊伊阿 大江曰參比時 湖曰丹尼干 大島曰麻多可棲哥 南有山曰巽奴意 大江曰奧論知難 又有大沙漠 西有大山曰開馬論 大江曰羌古若那伊巨 中界有大湖曰雉得 又有大林藪. 氣候甚熱 而東西南海邊尤甚 人不可居. 其中諸國之著者 北曰埃及 若摩洛哥 西曰羅伊比賴亞 南曰五蘭支 若士蘭斯拔 東曰馬哥塞加. 人數凡二百二十百萬 而居北邊者爲高加索族 其餘皆伊度五弁人種. 其中界多象 天下之象牙 皆從此出. 其人無婚姻之禮 食木實及蛇以爲生 亦或食人肉. 無宮室之制 爲土窟相聚以居 善用槍刀 恒相戰鬪 所謂榛狉之尤者也. 其人數未聞.

194 한문본에는 '東'이지만, 한글본에는 '셔'로 표기되어 있음.

아프리카 북쪽 지역 여러 나라亞非利加北界諸國

이집트埃及

한편으로 '맥서'라 이르고, 세운 나라가 하나라 초에도 있었으니, 유럽 대륙의 문물과 제도는 모두 그 나라가 만들어낸 것이다. 가까운 이웃 여러 부족들이 받들어 맹약의 우두머리를 삼았는데, 그 뒤에 번성함과 쇠약함이 한결같지 않았다. 명나라 초에 이르러 터키가 얻어서 별도의 관할지로 만들었고, 4~5백년간 배반하여 적에게 붙는 일로 복잡했으며, 여러 나라가 잇달아 그곳을 꾀하여 취했는데, 마침내 잉글랜드에게 돌아갔다. 그러나 지금은 오히려 터키에 기미[195]이니, 해마다 세금을 바칠 것이다.

이집트란 나라는 그 터가 천문상 북위선 12도에서 남쪽으로 20도이고, 동경선 24도에서 서쪽으로 7도에 자리 잡고 있으며, 대체로 남북은 2천 리이고, 동서는 1천 5백 리이다. 사방 10리인 곳이 5만 5천 개이다. 북쪽은 지중해이고, 동쪽은 홍해이며, 남쪽은 '누비아'[196]이고, 서쪽은 사하라사막이다. 나라의 북쪽 나일강변의 '카이로' 지역을 따라 도성을 세웠다. 그 지형은 오직 나일강 백 리의 사이에만 살면서 농사를 지을 수 있고, 그밖에는 모두 사막이며, 아무 식물도 자라지 않는다. 또 그 커다란 도회는 '수에즈'라 하는 곳이 지중해 가에 자리 잡고 있으며, '포트사이드'[197]라 하는 곳이 홍해 가에 자리 잡고 있으니, 처음에 두 바다 사이에는 육지가 3백 리였는

195 기미(羈縻) : 우마에 굴레를 씌우듯 다른 나라를 잘 견제하고 복속시키는 것을 뜻함. 속국(屬國).

196 누비아(Nubia) : 이집트 남부의 나일강 유역과 수단 북부에 있는 지역. 거의 대부분은 수단 영토에 있고, 1/4 정도만 이집트에 속함. 고대에 누비아는 독립 왕국이었음.

197 포트사이드(Port Said) : 수에즈 운하 북단, 지중해 연안에 위치한 이집트의 항구도시. 1859년에 건설된 도시로 세계에서 가장 중요한 선박용 보급 기지였으며, 수에즈 운하의 지중해 쪽 출입구로서 발전하였음.

데, 프랑스 사람들이 뚫어서 배에 물리는 세금을 거두어들이는 곳이다. 그 안에 인구는 7백만이고, 그 씨족은 코카서스이며, 언어는 한 종류이다. 사람의 등급은 선비 · 사족 · 평민이고, 생업은 농업과 방적이다. 외국 통상은 내가는 물건이 대체로 보리 · 벼 · 설탕 · 솜 · 가죽 · 상아 · 새 깃털 따위이니, 값어치는 1년에 5십 백만 원인데, 솜이 1/4을 차지하고, 들여오는 물건은 서양 피륙 · 기계 · 커피 · 석탄 · 목재 · 술 따위이니, 값어치가 1년에 4십 백만 원이다. 학업은 수도에 큰 학당 하나가 있다. 종교는 천주교 외에 혹은 다른 종교도 있다. 대개 그 나라 기후는 늘 가물고 비가 없는데, 오직 나일강 물이 1년에 한 번 크게 불어서 넘쳐 사방에 성할 때에만 배를 타고 다니면서 곡식 씨를 뿌리니, 불어 넘친 진흙이 부드럽고 기름져서 곡식 열매가 무성할 수 있으며, 만약 불어서 넘치지 않으면, 나라에 반드시 큰 흉년이 든다. 그 풍속에 임금이 죽으면, 큰 바위를 뚫고 썩지 않는 약을 시신에 발라서 받들어 모시며, 조정의 경사를 만나면, 받들어 모신 시신을 잔치 자리에 모셔오기도 한다. 또 낙타 부리기를 좋아하니, 그 지역은 모두 연사[198]이기 때문에 소나 말의 발은 빠지지만, 낙타는 발바닥이 크고, 또 부드러워서 빠질 염려가 없으며, 또 그 지역에는 샘물이 없는데, 길 다니는 사람들은 늘 목마름으로 괴롭지만, 낙타는 뱃속에 물이 많으니, 낙타를 죽여 그것을 마시면, 며칠은 목마름을 없앨 수 있다.

一曰麥西 立國在有夏之初 歐洲文物制度 皆其所創. 隣近諸部推爲宗盟 其後興

198 연사(軟沙) : 사석류에서 가장 고운 것. 그 질은 도니처럼 아주 연함. 그 특성은 염분과 지방분을 함유하고 있어서 작물이 자라 열매 맺는 효과가 아주 뛰어남. 이 흙은 극히 드물어 단지 늘 물이 흐르는 기슭이나 물이 넘쳤다 빠져나간 곳에만 있음.

廢不一. 至明初土耳其取爲別部 四五百年間 叛附多端 諸國因而圖之 卒歸於英. 然今尙羈縻於土國 而歲貢金矣.

埃及國者 其墟在天文爲北緯線十[199]二度 以南二十[200]度 東經線二十四度 以西七[201]度 凡南北二千里 東西一千五百里. 方十里者五萬五千. 北地中海 東紅海 南努北阿 西撒哈拉沙漠. 就國之北尼羅江邊 義羅之地建都城. 其地形 惟尼羅江百里之間 可居可稼 而其外皆沙漠不毛也. 又其會城 有曰秀埃西者在地中海[202]邊 曰包細者在紅海[203]邊 始二海之間 陸地爲三百里 卽法人所鑿 而抽船稅者也. 其中人口七百萬 其族高加索 言語一種. 人品學儒士族平民 生業農績. 外國通商 出物凡牟麥稻砂糖綿皮革象牙鳥羽之屬 價歲五十百[204]萬圓 而綿居四之一 入物 洋布機器珈琲煤材酒之屬 價歲四十百萬圓. 學業京城有一大學堂. 宗敎天主[205]外 或有他敎. 蓋其國氣候 常旱無雨 惟尼羅江水 歲一大漲方漲時 乘舟行播穀 而漲泥潤沃 穀得茂實 若無漲則國必大歉. 其俗君主死 鑿巨巖奉屍塗 以不腐之藥 以朝之遇慶 奉屍臨筵席. 又好使槖馳 以其地皆軟沙 牛馬足陷 而槖駝則掌大且柔 無陷患也 又其地無泉水 行者常病渴 而馳腹中多水 殺馳飮之 能數日不渴也.

199 한문본에는 '十'이지만, 한글본에는 '이십'으로 표기되어 있음.
200 한문본에는 '以南二十'이지만, 한글본에는 '삼십이'로 표기되어 있음.
201 한문본에는 '以西七'이지만, 한글본에는 '삼십일'로 표기되어 있음.
202 한문본에는 '地中海'이지만, 한글본에는 '홍히'로 표기되어 있음.
203 한문본에는 '紅海'이지만, 한글본에는 '디즁히'로 표기되어 있음.
204 한문본에는 '百'이지만, 한글본에는 '이빅'으로 표기되어 있음.
205 한문본에는 '天主'이지만, 한글본에는 '회회교'로 표기되어 있음.

모로코摩洛哥[206]

본래 아라비아에 속한 나라였는데, 아라비아가 약해지자 드디어 독립해 서쪽 바닷가에 회회교 나라를 만들었다.

'베르베르'[207]의 지역에 '모로코'라 하는 곳이 있으니, 군주국이다. 10리인 지방이 3만 5천 개이다. 그 도성도 또한 '모로코'라 하고, 사람의 수는 6백만이며, 세금으로 얻는 수입은 9백만 원이다. 군사의 수는 2만이다. 이웃한 마을은 '알제리'라 하는데, 프랑스에 속한 지역이다. 커다란 도회도 또한 '알제'[208]라 한다. 사방 10리인 곳은 1만 3천 개이다. 사람의 수는 4백만이고, 세금으로 얻는 수입은 9백만 원이다. 군대에는 프랑스 군사가 있다. '튀니지'와 '트리폴리'[209]와 '리비아'라 하는 세 마을은 모두 터키가 관할하면서 군사를 둔 곳이다. 튀니지의 커다란 도회는 '튀니스'[210]라 이름 부른다. 사방 10리인 곳은 5천 개이다. 사람의 수는 1백 5십만이다. 세금으로 얻는 수입은 4백 7십만 원이다. 트리폴리의 커다란 도회는 '트리폴리'라 이름 부른다. 사방 10리인 곳은 4만 4천 개이다. 사람의 수는 백만이다. 리비아의 커다란 도회는 '벵가지'[211]라 이름 부른다. 사방 10리인 곳은 5천 개이다. 사람의 수

---

206 한문본에는 '摩洛哥'이지만, 한글본에는 '싸브리'로 표기되어 있음. 또한 그 아래에 '모라고국과 알지리아와 두니쓰와 트리볼네와 싸카ㅣ 니라'라고 세주(細註)를 달았음.

207 베르베르(Berber) : 북아프리카 산지의 백인종인 베르베르인이 사는 지역. '베르베르인'은 나일 계곡 서쪽 북아프리카의 토착 민족. 대서양에서 이집트와 오아시스, 지중해 연안에서 니제르강까지 불규칙하게 분포함. 여러 갈래의 베르베르어를 쓰고, 인구는 약 2천 2백만~2천 5백만 명으로 대부분 모로코와 알제리에 살고 있음.

208 알제(Alger) : 북아프리카 알제리의 수도이며 알제리 최대의 도시. 서지중해에 접하고 있고, 주요 항구도시이며, 알제리의 정치・경제・문화의 중심지임.

209 트리폴리(Tripoli) : 리비아 북서부의 도시. 지중해 연안에 있고, 리비아의 수도이자 이 나라 최대의 도시이며, 주요 항구이기도 함.

210 튀니스(Tunis) : 튀니지의 수도이며 최대도시. 지중해의 동쪽 해분(海盆)과 서쪽 해분 사이, 북아프리카 해안에 있음. 튀니스 만의 내포인 얕은 튀니스 호의 끝에 건설되었음.

는 5만이다. 그 지역을 모아 묶으면, 천문상 북위선 26도에서 30도의 사이이고, 서경선 10도에서 동경선 26도의 사이에 자리 잡고 있으며, 남북은 1천 2백 리이고, 동서가 6천 리이다. 그 경계는 북쪽이 지중해이고, 남쪽은 사하라사막이며, 큰 강과 산이 없다. 그 생산물은 풀과 나무에 감람나무・목화・설탕풀・여러 나무와 풀의 열매가 있고, 곡식에 보리・벼가 있으며, 길짐승에 말・소・양・나귀・낙타・사슴・사자・여우・돼지가 있고, 날짐승에 '오스트리취'[212]라는 것이 있으니, 몸이 크며 날지 못하는데, 다만 잘 달리고, 맹렬하여 모이면 사람을 해칠 수 있다. 파충류에는 독사가 있으니, 해마다 물려서 죽는 사람이 6~7만 명이고, 광물에는 금・철・석탄이 있다. 그 인민들의 씨족은 코카서스이고, 언어는 난잡하게 뒤섞였다. 통상에 내가는 물건은 곡식・과일・감람기름・양털・새 깃털・가죽・모직물 요이니, 값어치는 1년에 5십 백만 원이고, 들여오는 물건은 직물・차・육촉[213]・잡철・여러 기계이니, 값어치는 1년에 4백만 원이다. 학업은 일컬을 만한 것이 없고, 종교는 회회교를 주로 한다. 또 그 풍속에 물건을 팔러 바다 위를 돌아다니다가 협박해 빼앗기를 좋아하였는데, 70년 전에 잉글랜드・프랑스・미국 세 나라가 군사를 내보내 그만두게 하였다.

> **本阿勅伯屬國 阿剌伯衰 遂獨立 爲海西回國.**
>
> 發範尼之地 有曰摩洛哥者 君主之國也. 地方十里者 三萬五千. 其都城亦曰摩

211 벵가지(Benghazi) : 리비아에서 두 번째로 큰 도시. 키레나이카 지방의 중심도시이며, 기원전 8세기경 페니키아인들이 교역항으로 사용하였고, 리비아 왕국 때 수도로서 번창했음. 1911년 이탈리아에게 점령당했었으며, 제2차 세계대전 때에는 북아프리카 전쟁의 무대가 되었음.

212 오스트리취(Ostrich) : 타조(駝鳥)의 영어 이름.

213 육촉(肉燭) : 소의 기름으로 만든 초. 육초.

洛哥 人數六百萬 稅入九百萬圓. 額兵二萬. 比而部落者 曰遏支累亞 法之屬地. 會城亦曰遏支累亞. 方十里者一萬三千. 人數四百萬 稅入九百萬圓. 軍有法兵. 曰杜尼斯 曰杜立八利 曰發加 三部落 皆土耳其之所管轄 而置兵者也. 杜尼斯會城名屯迤徐. 方十里者五千. 人數一百五十萬. 稅入四百七十萬. 杜立八利會城名特伊佛來. 方十里者四萬四千. 人數百萬. 發加會城名屛加瑞. 方十里者五千. 人數五萬. 總之其地 在天文爲北緯線二十六度 三十度之間 西經線十度 東經線二十六度之間 南北一千二百里 東西六千里. 其界北地中海 南撒哈拉羅沙漠 無大江山. 其產草木有橄欖木綿砂糖草諸果蓏 穀有牟麥稻 獸有馬牛羊驢槖駝鹿獅狐豕 鳥有奧西得里翠者 身大不能飛 但善走而猛烈能搏害人. 蟲有毒蛇 歲被咬死者六七萬人 礦物有金鐵煤. 其人民氏族高加索 言語啘雜. 通商出物 穀果橄欖油羊毛鳥羽皮革絨褥 價歲五十百萬圓 入物布帛茶茗肉燭**雜鐵**[214]諸器械 價歲四百萬圓. 學業無可稱 宗教主回回. 又其俗行商海上 好爲劫盜 七十年前英法美三國 出兵戢之.

아프리카 서쪽 지역 여러 부족亞非利加西界諸部

모두 근세에 개척한 곳인데, 본문 기록 안에 대략 갖추었으니, 이하 남·동쪽 지역도 모두 이와 같다.

서쪽은 대서양을 끼고 있고, 동쪽은 여러 큰 산을 끼고 있으며, 마을을 이룬 곳은 '세네감비아'[215]와 '시에라리온'[216]과 '라이베리아'[217]라 이르니,

214 한문본에는 '雜鐵'이지만, 한글본에는 '츰쇠'로 표기되어 있음.
215 세네감비아 : 세네감비아 연합(Senegambia Confederation). 서아프리카의 세네갈과 감비아

모두 민주의 나라이다. '아쉬안듸'와 '로앙고'[218]와 '다호메(베넹)'[219]는 모두 프랑스에 속한다고 이르며, '카메룬'과 '다마라(나미비아)'[220]와 '나마콰'[221]는 모두 독일에 속한다고 이르며, '앙골라'[222]와 '방굴라'는 모두 포르투갈에 속한다고 이르며, '콩고'는 속한 데가 없다고 이르니, 이 여러 마을은 넓이가 북위선 15도부터 남위선 18도까지이고, 길이는 만 리이며, 너비는 7백 리이다. 그 지역 생산물인 여러 과일・감람기름・이름난 목재・상아・금을 외국과 통하여 장사꾼이 사가고, 파려[223]와 진주와 거울과 술이 사들이는 것이다. 그러나 그 사람들은 생업을 알지 못하고, 나무 열매나 길짐승의 고기를 먹으며, 가끔 곡식을 심는 것은 부인들이 한다. 또 산천초목과

로 이루어져 존재했던 국가 연합 지역. 양국은 민족적으로 다르지 않지만 프랑스와 영국의 식민지 다툼에 의해 현재의 국경을 결정했음. 1982년에 세네감비아 연합이 출범하여 국회・군사・경제에 대해 통합을 실시했지만, 주권은 각 국가에서 유지된 상태였음. 언어를 둘러싼 문제로 인해 양국 관계가 악화되면서 1989년에 해체되었음.

216 시에라리온(Sierra Leone) : 서부 아프리카 대서양 연안의 공화국. 수도는 '프리타운'임. 민족은 아프리카 원주민이 대다수이고, 공용어는 영어임.

217 라이베리아(Liberia) : 서아프리카의 공화국. 북서쪽은 시에라리온, 북쪽은 기니, 동쪽은 코트디부아르, 남서 해안은 대서양과 접해 있음. 건국과 가장 관계가 깊은 사람들은 북아메리카 대륙에서 온 흑인 자유민들로, 19세기에 이주해 왔음.

218 로앙고(Loango) : 식민지화하기 전에 번성했던 콩고 왕국의 하나. 로앙고 왕국은 콩고강 북쪽의 대서양 연안에 자리 잡고 있었고, 그 동쪽에 테케 왕국이 있었음. 창시자는 빌리.

219 다호메 : 다오메이(Dahomey). '베냉 인민 공화국(People's Republic of Benin, 1975~1990)'의 옛 이름. 서부 아프리카 대서양연안의 국가. 수도는 '포르토노보'임. 공용어는 프랑스어지만 현재의 추세로 보아 가장 널리 쓰이는 폰어가 국어의 기능을 함.

220 다마라(Dammara) : '나미비아(Namibia)'의 옛 이름. 남회귀선이 지나는 아프리카 서남부 해안에 위치한 국가. 1968년까지는 '남서아프리카(South West Africa)'로 불렸음. 수도는 '빈트후크'임. 원래는 남아프리카 공화국의 지배를 받았으나, 1990년 UN의 후원으로 독립국가가 되어 대통령을 국가수반으로 하고, 양원제의 다당제 공화국이 되었음.

221 나마콰 : 나마콸란드(Namaqualand). '나말란드'라고도 함. 아프리카 남서부 지역인 대서양 연안에 위치하며, 북쪽은 나미비아 남부에서, 남쪽은 남아프리카공화국까지의 대서양 연안 일대에 해당함.

222 앙골라(Angola) : 아프리카 남서부 해안에 있는 국가. 수도는 '루안다'임. 지하자원으로 매장량이 풍부한 석유와 천연가스, 다이아몬드 광산 등이 있음.

223 파려(玻瓈) : 유리. 불교에서 7보(七寶)의 하나. 예전에는 귀한 보석으로 여겨졌음. 파리(玻璃).

길짐승과 뱀 따위에게 기도하여 제사지냄이 마치 하느님을 공경함과 같으니, 그 오랑캐들의 천함이 이와 같기 때문에 서양의 여러 나라가 각각 그 땅을 점유하여 교화시키고자 할 것이다.

皆近世所闢 略具本記中 而以下南東界 皆倣此.

右挾大西洋 左挾諸大山 而爲部落者 曰世乃甘比亞 若時涯羅乃溫 若羅伊比賴亞 皆民主之國也. 曰亞秀安帶 若老王姑 若多虎梅 皆屬法國 曰開茂雲 若多麽羅 若羅馬過 皆屬德國 曰昻骨羅 若方橘羅 皆屬葡萄牙國 曰羌高未有屬 是諸部落者 幅員自北緯線十五度 至南緯線十[224]八度 袤萬里 廣七百里. 其地產諸果橄欖油名材象牙金 以通外國商賈 而玻瓈若珠若鏡若酒 其所糴也. 然其人不識生業 食木實獸肉 或藝穀 則婦人爲之. 又禱祀山川草木獸蛇之類 如敬天帝 其夷陋如此 故泰西諸國 各占有其地 而欲化之矣.

아프리카 남쪽 지역 여러 부족亞非利加南界諸部

아프리카 남쪽 바닷가이니, 남북과 동서가 각각 4천 리인 지역이고, 천문상 남위선 23도와 35도의 사이이며, 동경선 26도와 34도의 사이에 자리잡고 있는데, 동・서・남쪽 삼면은 해변이고, 북쪽은 큰 들이며, 가끔 작은 강이 있어 물은 그 속에서 나온다. 기후는 조금 덥다. 생산물에 이름난 목재・포도・여러 진귀한 과일과 말・소・돼지・사슴・오스트리취와 금・

224 한문본에는 '十'이지만, 한글본에는 '이십'으로 표기되어 있음.

구리 · 석탄 · 다이아몬드가 있고, 양털 · 새 깃털 · 금 · 철 · 다이아몬드를 내다팔며, 직물 · 옷 · 기계 · 무기 · 기차를 사들이니, 이것이 세 나라가 외국에 통상하는 것이다. 세 나라라는 곳은 첫째를 '케이프 콜로니'[225]라 하니, 잉글랜드 벼슬아치가 다스리는 곳이다. 사방 10리인 지역은 4천 6백 개이다. 도읍은 '케이프타운' 지역이다. 사람의 수는 1백 40만이다. 내보내는 물품의 값은 1년에 4십 백만 원이고, 들여오는 물품의 값은 1년에 2십 5백만 원이다. 세금은 십 6백만 원이다. 둘째는 '오렌지'국이라 하니, 사방 10리인 지역 또한 4천 6백 개이고, 도읍은 '브룸폰테인'[226] 지역이며, 사람의 수는 14만인데, 모두 네덜란드 인종이고, 내보내는 물품의 값은 1년에 5백만 원이며, 들여오는 물품의 값은 1년에 그 내보내는 것과 같다. 세금은 백만 원이다. 셋째는 '트란스발'[227]이라 하니, 사방 10리인 지역이 1만 2천 5백 개이고, 도읍은 '프리토리아'[228] 지역이며, 사람의 수는 80만인데, 5만은 네덜란드 인종이고, 그 나머지는 모두 본토박이이며, 내보내는 물품의 값은 1년에 3백만 원이고, 들여오는 물품의 값은 1년에 2백 6십만 원이다. 세금은 1백 20만 원이다. 이 두 나라는 모두 네덜란드가 요즈음 개척하고 차지했으며, 민주 정치를 하는 곳이다. 그 사람의 등급에 이르면 평등하고, 생업은 농업 · 목축 · 광업이다. 종교는 개신교인데, 세 나라가 모두 같을 것이다.

---

225 케이프 콜로니(Cape Colony) : 케이프 식민지. 1652년 네덜란드 동인도 회사가 설립한 남아프리카에 있던 식민지. 케이프타운(Cape Town)을 중심으로 발전하여 1795년 영국령 식민지가 되었음.

226 브룸폰테인(Bloemfontein) : 남아프리카 공화국의 사법 수도(首都)이자 오렌지 자유주의 주도.

227 트란스발(Transvaal) : 19세기 후반 보어인(Boer)이 트란스발 공화국을 건설했고, 뒤에 남아프리카 공화국이라 개칭하여 보어 전쟁에서 패배할 때까지 존속함. 세계적인 금의 산지.

228 프리토리아(Pretoria) : 남아프리카 공화국의 행정수도이고, 가우텡 주의 주도.

亞非利加南海濱 南北東西各四千里之地 在天文爲南緯線二十三[229]度 三十五度之間 東經線二十六度 三十四度之間 而東西南三面濱海 北爲大野 往往有小江 水出于其中. 氣候稍熱. 物産有名材葡萄諸珍果 馬牛豕鹿奧西得里翠 金銅煤金剛石 而賣羊毛鳥羽金鐵金剛石 買布帛衣服機器兵械火輪車 **此三國之通商於外國也**. 三國者 一曰瞿樂果尼 英官所治也. 地方四千六百十里. 都劫多温之地. 人數一百四十萬. 出貨直歲四十百萬元 入貨直歲二十五百萬元. 稅課十六百萬元. 二曰奧蘭支國 地方亦四千六百十里 都富廩巴坦之地 人數十四萬 皆荷蘭人種 出貨直歲五百萬元 入貨直歲如其出. 稅課百萬元. 三曰土蘭斯拔 地方一萬二千五百十里 都波來桃里阿之地 人數八十萬 **五**[230]萬荷蘭種 其餘皆土種 出貨直歲三百萬元 入貨直歲二百六十萬元. 稅課一百二十萬元. 此二國者皆荷蘭之近時闢占 而爲民主之治者也. 至其人品之平等 生業之農畜礦. 宗敎之耶蘇 則三國皆同矣.

아프리카 동쪽 지역亞非利加東界

아프리카 동쪽 바닷가이고, 아홉 마을이 있으니, 첫째는 '누비아'[231]라 하고, 둘째는 '수단'[232]이라 하며, 셋째는 '아비시니아(에티오피아)'라 하는데,

---

229 한문본에는 '三'이지만, 한글본에는 '이'로 표기되어 있음.

230 한문본에는 '五'이지만, 한글본에는 '륙'으로 표기되어 있음.

231 누비아(Nubia) : 아프리카 동북부 이집트 남부에서 수단 북부에 걸친 지역. 홍해와 리비아 사막에 둘러싸여 있으며, 대부분이 사막으로 금・상아 따위가 생산됨. 고대 이집트의 황금・노예 공급지였음.

232 수단(Sudan) : 아프리카 대륙 중북부의 지방. 이름은 아랍어로 '흑인들의 땅'이라는 뜻의 '빌라드 앗수단'에서 유래했음. 북쪽은 사하라사막과 접해 있으며, 남쪽으로는 서아프리카 삼

이탈리아국이 경영하는 곳이다. 넷째는 '소말리아'라 하고, 다섯째는 '갈라'[233]라 하며, 여섯째는 '몸바사'[234]라 하는데, 영국이 경영하는 곳이다. 일곱째는 '잔지바르'[235]라 하는데, 독일이 경영하는 곳이다. 여덟째는 '모잠비크'라 하고, 아홉째는 '소팔라'[236]라 하는데, 포르투갈이 경영하는 곳이다. 그 터는 북위선 23도부터 남위선 27도까지이고, 길이는 만 리이며, 너비는 약 7백 리이다. 그 지역은 대부분 큰 들이고, 큰 산이 없다. 기후는 햇볕이 매우 뜨겁다. 생산물에는 상아 · 이름난 향 · 진귀한 과일 · 용뇌[237] · 계피 · 커피 · 깃털 · 가죽 · 양이 있다. 그 사람들은 1~2만 또는 5~6천 명씩 모여 산다. 모두 흑인이고, 본토박이들이다. 토산물을 서양 피륙 · 유리 · 진주 · 철사 · 술과 바꾼다. 부인들이 농사를 짓고, 사내들은 늘 서로 모여 난리를 일으키며, 재물을 훔치는 일만 한다. 그 기도하여 제사지냄은 서쪽 지역의 풍습을 대부분 따른다.

림지대 및 콩고강 유역까지 뻗어 있음.

233 갈라(Galla) : 에티오피아에서 가장 큰 단일 언어 인종 집단인 갈라족의 분포 지역. 오로모(Oromo)라고도 함. 에티오피아 인구의 약 40%를 차지하고, 함셈어족에 속하는 쿠시어 계통의 언어를 씀. 원래 에티오피아 남동 지역에서 살았지만, 16세기에 침략을 시작, 이동하면서 에티오피아 남부 지역 전체를 차지했음.

234 몸바사(Mombasa) : 케냐 남부의 인도양에 면한 동아프리카 제1의 항구도시. 예로부터 아랍인· 인도인 상인이 활약했고, 우간다 · 탄자니아로 통하는 철도가 시작하는 곳이며, 농수산물의 집산 · 가공이 활발함. 커피 · 사이잘삼 따위를 수출함.

235 잔지바르(Zanzibar) : 동아프리카 탄자니아 동부 해상에 있는 탄자니아의 자치령. 잔지바르 섬과 펨바 섬으로 이루어져 있음. 수도는 잔지바르 시티. 지리적 이점으로 인해 일찍이 중계무역이 성행했고, 아프리카인 · 페르시아인 · 아랍인 · 포르투갈인 등 다양한 민족이 이 지역으로 이주해 왔음.

236 소팔라(Sofala) : 지금의 노바 소팔라(Nova Sofala). 지금의 모잠비크이자 이전 포르투갈령 동아프리카 해안의 소팔라강 하구에 있던 옛 해항. 포르투갈령 동아프리카 제1의 도시였는데, 1890년 약 30km 북쪽에 베이라가 건설된 이후 급격히 쇠퇴했음.

237 용뇌(龍腦) : 용뇌향과에 속한 상록 교목. 목재는 단단하여 가구재 등으로 쓰고, 줄기의 갈라진 틈에서 용뇌향(龍腦香)을 얻어 구강제(口腔劑) · 방충제(防蟲劑) 등에 씀. 수마트라 · 보르네오가 원산지임.

亞非利加東海濱 有九部落 一曰婁比阿 二曰蘇丹 三曰阿比時尼亞 意大里國之所經營也. 四曰小摩里 五曰曷那 六曰木巴沙 英國之所經營也. 七曰孱支排德國之所經營也. 八曰模潛伯 九曰蘇八那 葡萄牙之所經營也. 其墟自北緯線二十三度 至南緯線二十七度 袤萬里 廣約七百里. 其地多大野 而無大山. 氣候毒熱. 物產有象牙名香珍果龍腦桂珈琲羽毛皮革羊. 其人聚居者一二萬 或五六千. 皆黑人土種. 以土產易洋布玻瓈珠鐵絲酒. 婦人執農 丈夫常相聚作亂 以攘財爲事. 其禱祀大率西界之風也.

마다가스카르馬哥塞

아프리카의 동쪽에 마다가스카르라는 나라가 있는데, 큰 섬이다. 넓이는 남위선 12도부터 26도까지이고, 동경선 43도에서 50도까지이며, 남북은 3천 리이고, 동서가 천 리이다. 사방 10리 되는 곳은 2만 5천 개이다. 그 경계는 동북쪽이 인도양이고, 서쪽은 모잠비크[238]이며, 사방이 산으로 막혀 있다. 기후는 매우 덥다. 풀과 나무에 이름난 향 · 이름난 목재 · 설탕풀 · 후추 · 감자와 '바나나'라는 것이 있는데, 줄기는 파초와 같고, 열매는 자줏빛을 띤 노란색이며 윤이 나고 둥근데, 맛이 매우 달다. 곡식에는 벼가 있고, 길짐승에는 말 · 소 · 사슴 · 돼지가 있으며, 광물에는 금 · 철 · 석탄이 있다. 사람의 수는 4백만이고, 씨족은 모두 흑인이며, 언어는 오직

238 모잠비크(Mozambique) : 천연자원이 풍부하고, 다양한 생태계와 문화가 공존하며, 열대기후에 속하는 아프리카 남동부의 나라. 수도는 '마푸토'이고, 해안을 따라 천혜의 조건을 갖춘 아프리카 항구들이 발달해 있어 인도양 해양경제에서 주요 역할을 함.

본토박이 말뿐이다. 그들의 등급에는 귀천이 없고, 그 생업은 농업 · 목축 · 물건 만들기이다. 비록 재물이 적고 군사가 적더라도 바야흐로 학무에는 재빠르며, 종교는 개신교 외에 또한 다른 종교도 있다. 대개 그 도읍은 '안타나나리보'[239] 지역이고, '타마타브'[240] 항구가 커다란 도회이며, 임금은 여왕이 많이 있는 듯하다.

> 亞非利加之東 有曰馬哥塞國者大島也. 幅員自南緯線十二度 至二十六度 東經線四十三度 至五十度 南北三千里 東西千里. 爲方十里者二萬五千. 其界東北印度洋 西模潛伯 四阻以山. 氣候甚熱. 草木有名香名材砂糖草胡椒甘藷 發羅發羅者 身如芭蕉 而實紫黃瑩圓 味極甘. 穀有稻 獸有馬牛鹿豕[241] 礦物有金鐵煤. 人數四百萬 氏族皆黑人 言語惟土音. 其品無貴賤 其業農畜工作. 雖財微兵少而方銳於學務 宗教耶蘇外 亦有他教. 蓋其都在陀那尼普之地 以多馬踏港爲都會 而君主多有女主矣.

239 안타나나리보(Antananarivo) : 마다가스카르의 수도이자 최대의 도시로 마다가스카르섬의 거의 중앙에 위치함. 마다가스카르 고원에 위치하고, 표고는 1,200m를 넘음. 프랑스 통치기인 과거에는 '타나나리브'로 불리기도 했으며, 간단히 줄여서 '타나(Tana)'라고도 함.

240 타마타브(Tamatave) : '토아마시나(Toamasina)'의 옛 이름. 마다가스카르 동부와 인도양 연안에 위치한 제1의 항구도시이자 토아마시나주의 주도. 마다가스카르 제2의 도시이고, 상업 중심지임. 1927년 허리케인으로 파괴된 뒤 재건되었음.

241 한문본에는 '有馬牛鹿豕'이지만, 한글본에는 '아프리가와 ᄀᆞᆺᄒᆞ며'로 표기되어 있음.

오스트레일리아 대륙奧大里亞洲

처음과 끝은 본문 기록 안에 보인다.

오스트레일리아 대륙은 본래 말레이 인종이 살던 지역이었는데, 그 지역이 대부분 텅 비고 거칠어 아무 식물도 자라지 않았으나, 백 년 전에 잉글랜드 사람들이 들어와 개척하며, 벼슬아치를 베풀어 두고 그곳을 다스렸다. 인구는 날로 불어나 지금은 2백 80만 명이고, 옛 인종은 대개 얼마 없는 듯하며, 그 사람의 등급 · 학업 · 상업상의 일 · 군사제도 · 종교는 모두 잉글랜드의 제도를 따르는데, 다만 '굽은 몽치(부메랑)'를 잘 돌려받는 그 기술과 재주만 이 세상에서 절묘하다고 이른다. 대개 그 넓이는 남위선 12도부터 40도까지이고, 동경선 113도부터 150도까지이며, 남북은 5천 리이고, 동서가 7천 5백 리이다. 사방 10리인 곳은 90만 개이다. 그 산과 강은 동쪽에 '오스트레일리아 알프스'[242]와 '리버풀'[243]이라는 산이 있고, 가운데 지역에는 작은 산이 많으며, 동남쪽에 '머리'[244]와 '야라'[245]강 등이 있고, 남쪽에는 '에어'[246] 호수와 큰 섬인 '테즈메이니아'[247]가 있다. 또 남쪽에 '멜버른'과 '뉴캐슬'[248] 항구가 있고,

---

242 오스트레일리아 알프스(Australian Alps) : 오스트레일리아의 동부 고지대인 '오스트레일리아 그레이트디바이딩 산맥'의 한 부분을 이루는 산괴(山塊). 오스트레일리아의 남동단 구석에 위치하며, 빅토리아 동부와 뉴사우스웨일스 남동부에 걸쳐 있음.

243 리버풀(Liverpool) : 오스트레일리아 남동부에 있는 산맥. '그레이트 디바이딩 산맥'의 일부로, 길이는 약 140km이고, 평균 해발고도는 1,000~1,200m임.

244 머리(Murray) : 오스트레일리아 동남부를 흐르는 이 나라 최대의 강. 오스트레일리아 알프스에서 시작해 서쪽으로 흐르다가 하류에서 달링강과 합쳐 엔카운터 만으로 흘러 들어감. 관개와 발전에 이용됨. 길이는 2,589km.

245 야라(Yarra) : 오스트레일리아 빅토리아 주의 중남부에 있는 강. 동부 고지대의 매트록산 근처에서 발원해 야라강 상류 댐을 지나 워버턴 · 야라정션 · 워런다이트 등의 읍을 경유하며, 멜버른까지 서쪽으로 246km를 흐름.

246 에어(Eyre) : 오스트레일리아의 사우스오스트레일리아 주 중앙에 있는 커다란 염호. 오스트레일리아 대륙에서 가장 낮은 지역임.

247 테즈메이니아(Tasmania) : 오스트레일리아 남동부에 위치한 오스트레일리아 최대의 섬. 태

서쪽에 큰 항구인 '퍼스'[249]가 있으며, 동북쪽에는 천 리에 항상 초목과 물이 없는 듯하다. 기후는 겨울에도 눈이 없다. 풀과 나무는 귤 · 포도 · 잎 없는 나무 · 담배 · 목화 · 설탕풀 · 감자이고, 곡식은 보리이며, 광물은 은 · 구리 · 철 · 서양철[250] · 석탄 · 다이아몬드 · 홍보석[251]이고, 길짐승은 양 · 말 · 소 · 돼지이며, '캥거루'라는 것이 있으니, 모양은 쥐와 같고, 앞다리는 짧으며 뒷다리는 길고, 걸을 수 없어서 늘 뛰거나 달리며, 가슴에 큰 주머니가 있어서 그 새끼를 담는다. 날짐승에 이른바 '덕빌(오리너구리)'이라는 것이 있으니, 모양은 수달과 같고, 입은 오리와 같으며, '엠더릭스(에뮤)'라는 것은 날개가 없고, '라야'라는 것은 어떤 사람들이 '봉황'이라 하며, '카사와리'[252]라는 것은 모양이 오스트리취와 같고, 털은 길짐승과 같으니, 모두 기이한 날짐승들이다. 통상하는 물품은 내가는 것이 양털 · 가죽 · 곡식 · 술 · 금이니, 값은 1년에 2백 6십 5백만 원을 거두어들이고, 들여오는 것은 베와 비단 · 기계와 술이니, 값은 1년에 5백 백만 원이다. 세금으로 얻는 수입은 2백 3십 백만 원이고, 그 커다란 도회로 널리 알려진 곳은 동쪽의 뉴캐슬과 남쪽의 멜버른과 서쪽의 퍼스 등이며, 또 그 형편을 마음대로 하는 듯하다.

즈메이니아주의 본섬임.

248 뉴캐슬(Newcastle) : 오스트레일리아 뉴사우스웨일스 주에 위치한 도시.

249 퍼스(Perth) : 오스트레일리아 전 국토의 약 3분의 1을 차지하는 서오스트레일리아의 수도이자 기점인 도시.

250 서양철(西洋鐵) : 생철(生鐵). 안팎에 주석을 입힌 얇은 철판. 통조림 · 석유통 따위를 만드는 데에 씀.

251 홍보석(紅寶石) : 붉은색을 띠는 강옥(鋼玉). 주성분은 산화알루미늄이고, 붉은색을 띠는 것은 산화크롬이 함유되어 있기 때문임. 주요한 산지는 미얀마 · 타이 · 스리랑카 · 인도 등지임. 루비(ruby).

252 카사와리(Cassowary) : 화식조(火食鳥). 화식조과에 속한 거대한 새. 키는 1.5m 정도이고, 몸은 길면서 검은 깃털로 덮여 있으나 목에는 털이 없음. 날개와 꽁지깃이 퇴화해 날지는 못하지만, 달리는 속도가 빠르며 헤엄도 잘 침. 삼림에 살고 잡식성임. 오스트레일리아 북동부와 뉴기니에 분포함.

始末見本記中.

奧大利亞洲 本巫來由人種所居之地 而其地多空荒不毛 百年前英人入 而闢之 設官治之. 生齒日滋 今爲二百八十萬口 而舊種蓋無幾矣 而**其人品學業商務兵制 宗敎 皆仍英制** 而若其技藝善繳使曲榷 妙絶天下云. 蓋其幅員自南緯線十二度 至四十度 東經線一百十三度 至一百五十度 南北五千里 東西七千五百里. 方十 里者九十萬. 其山水東有奧之里阿壓 若能法佛之山 中界多小山 東南有梅來 若 樂難等江 南有阿芮湖 若太西曼尼兒大島. 又南有蔑番 若婁介瑟港 西有伐得大 港 而東北則往往千里無草木與水矣. 氣候冬無雪. 草木則橘葡萄無葉木烟草木 綿砂糖草甘藷 穀則牟麥 礦物則銀銅鐵西洋鐵煤金剛石紅寶石 獸則羊馬牛猪 有 羹巨婁者 形如鼠 前脚短後脚長 不能步常躍而走 而胸有大囊盛其雛. 鳥則有所 謂德鼈者 形如獺 口如鴨 狎得益者無翼 羅夜者或曰鳳皇 介瑞矮尼者 形如奧西 得里翠 而毛如獸 皆奇禽也. 通商之物 出者羊毛皮革穀酒金 直歲收二百六十五 百萬元 入者布緞器械及酒 直歲費五百百萬元. 稅入二百三十百萬 而其會城著 者 東之婁丐瑟 南之茂蕃 西之依坡得等 又擅其形便矣.

태평양 여러 섬太平洋諸島[253]

이하 크고 작은 여러 섬들의 마을은 모두 처음과 끝을 자세히 살피지 못한다. 대개 본토박이 야만인들의 개명[254]하지 못한 곳이다.

253 한문본에는 '太平洋諸島'라는 제목의 내용 안에 '뉴기니'를 제외한 섬들의 설명이 차례대로 수록되어 있지만, 한글본에는 '태평양 모든 셤'이라는 제목에 이어서 '슈마드라셤', '자바셤', '본이오셤', '셀늬비스셤', '필늬빈셤', '누귄늬셤', '누실란드셤'으로 항목을 세분하여 설명하였음.

254 개명(開明) : 정신적이나 물질적으로 뒤떨어진 인간이 교육이나 계몽을 통하여 의식이 깨고

태평양 안에 섬들이 있으니, '수마트라'라 하는 곳은 타이의 남쪽에 자리 잡고 있으며, 남북은 3천 5백 리이고, 동서가 6백 리이다. '자바'라 하는 곳은 수마트라의 동남쪽에 자리 잡고 있으며, 남북은 4백 리이고, 동서가 천 리이다. '보르네오'라 하는 곳은 수마트라의 동쪽에 자리 잡고 있으며, 남북은 2천 리 남짓이고, 사람의 수는 2백 50만이다. '술라웨시(셀레베스)'[255]라 하는 곳은 보르네오의 동쪽에 자리 잡고 있으며, 남북은 1천 2백 리이고, 동서가 천 리이며, 사람의 수는 3백만이니, 모두 네덜란드의 속방이다. '필리핀'이라 하는 곳은 보르네오의 북쪽에 자리 잡고 있으며, 작은 섬 1천 2백 곳이 연합하여 이름 부르니, 남북은 2천 리이고, 동서가 1천 5백 리이며, 사람의 수는 6백만이고, 에스파냐의 속방이다. '뉴질랜드'라 하는 곳은 오스트레일리아의 동남쪽에 자리 잡고 있으며, 남북은 3천 5백 리이고, 동서가 8백 리이며, 사람의 수는 70만인데, 3만은 본토박이이고, 그 나머지는 모두 잉글랜드 사람이며, 이 두 섬은 모두 잉글랜드의 속방이다.

以下大小諸島部落 始末竝無攷. 蓋土番之未開明者.

太平洋之中有島 曰秀馬達阿者 在暹羅之南 南北三千五百里 東西六百里. 曰慈髮者 在秀馬達阿之東南 南北四百里 東西千[256]里. 曰本伊吾者 在秀馬達阿之東 南北二千[257]餘里 人數二百五十萬. 曰雪來飛西者 在本伊吾之東 南北一千二

문화가 발달함.

255 술라웨시(Sulawesi) : 셀레베스(Celebes). 인도네시아의 섬으로 세계에서 11번째로 큰 섬. 서쪽은 보르네오섬, 북쪽은 필리핀, 동쪽은 말루쿠 제도, 남쪽은 플로레스섬과 티모르섬으로 둘러싸여 있음. 네 개의 반도로 이뤄진 독특한 모양이 특징이고, 여섯 개의 주로 나뉘어 있으며, 가장 큰 도시는 남부의 마카사르와 북부의 마나도임.

256 한문본에는 '千'이지만, 한글본에는 '이천'으로 표기되어 있음.

257 한문본에는 '二千'이지만, 한글본에는 '쳔'으로 표기되어 있음.

百里 東西千里 人數三百萬 皆荷蘭屬邦也. 曰畢來賓者 在本伊吾之北 聯小島一千二百而合名之 南北二千里 東西一千五百里 人數六百萬 西班牙屬邦也. 曰婁勒來者 在奧大利亞之東南 南北三千五百里 東西八百里 人數七十萬 三[258]萬土種 其餘皆英人 此二島 皆英之屬邦也.

태평양 여러 작은 섬太平洋諸小島

뉴질랜드의 동쪽에 작은 섬들이 있으니, '뉴보레덴'과 '뉴아일랜드'[259]와 '솔로몬'[260]과 '뉴헤브라디스'[261]와 '뉴칼레도니아'[262]와 '피지'와 '사모아'와 '소사이드'와 '길버트'[263]와 '마셜'[264]과 '캐롤라인'[265]과 '마르케사스'[266]라 한다. 이

258 한문본에는 '三'이지만, 한글본에는 '슷'로 표기되어 있음.

259 뉴아일랜드(New Ireland) : 비스마르크 제도에 있는 섬이며, 1977년에 창설된 파푸아뉴기니의 한 주. 세인트조지 해협을 사이에 두고 뉴브리튼 섬의 바로 북쪽에 있으며, 북서쪽에서 남동쪽으로 약 350km가량 뻗어 있음.

260 솔로몬(Solomon) : 정식 명칭은 '솔로몬 제도(Solomon Islands)'. 오세아니아 북방 남태평양 상에 있는 입헌군주국이며, 영연방의 하나임. 남태평양의 섬들로 이루어진 도서국가이고, 두 겹 사슬모양으로 되어 있으며, 해안선의 길이가 5,313km에 이름.

261 뉴헤브라디스(New Hebrides) : 남태평양에 자리 잡고 있는 군도(群島).

262 뉴칼레도니아(New Caledonia) : 누벨칼레도니(Nouvelle Caledonie). 남서태평양 멜라네시아에 있는 프랑스의 해외 영토이자 특별집합체. 수도는 '누메아'임. 누벨칼레도니・월폴・팽 섬과 로열티・벨레프 등의 제도들로 이루어져 있음. 1946년에 프랑스의 준주가 되었고, 1987년에 국민투표로 프랑스 일부로 남는 것이 결정되었으며, 1998년 누메아협약 이후 프랑스로부터 자치권을 얻었음.

263 길버트 : 길버트 제도(Gilbert Islands). 오스트레일리아 북동쪽으로 4,500km 떨어진 태평양 중서부 해역 키리바시의 군도. 키리바시 공화국의 일부를 이루는 16개의 환초 군(群). 마킨・부타리타리・마라케이・아바이앙・타라와・마이아나・아베마마・쿠리아・아라누카・노노우티・타비테우에아・베루・니쿠나우・오노토아・타마나・아로라에 등의 섬들로 구성됨.

264 마셜 : 마셜 제도(Marshall Islands). 오세아니아에 존재하는 섬나라이며, '마주로'가 수도임. 1986년에 미국의 신탁통치령으로부터 독립하였음.

265 캐롤라인 : 캐롤라인 제도(Caroline Islands). 미크로네시아 연방(코스라에・폰페이・트루

12개의 섬들은 어떤 곳은 자주국이고, 어떤 곳은 유럽 여러 나라가 차지한 곳이다. 그 생산물은 풀과 나무에 향나무 · 빈랑나무 · 귤나무 · 유자나무 · 여러 진귀한 과일 · 커피 · 목화 · 담배 · 염료용 풀이 있고, 곡식에 벼 · 조 · 보리가 있으며, 길짐승에 코끼리 · 호랑이 · 표범 · 곰 · 사슴 · 원숭이 · 소 · 말 · 양이 있고, 어류에 악어가 있으며, 날짐승에 공작 · 앵무새 · 꿩이 있고, 산과 바다의 물품에 금 · 은 · 구리 · 철 · 석탄 · 유황 · 수은 · 소금 · 캐낸 돌 · 대모[267] · 진주 · 산호 · 보석 · 금패[268] · 약돌 · 다이아몬드가 있다. 사람의 수는 5십 백만이고, 씨족은 모두 말레이이며, 언어는 각각 다르다. 그들의 등급은 평등하고, 그 생업은 농업과 사냥이다. 그 상업상의 일은 토산물을 가지고 직물 · 기계 · 구슬과 옥과 술과 바꾼다. 종교는 대부분 회회교를 주로 한다. 또 '샌드위치'[269]라 이르는 나라가 있으니, 도성의 이름은 '호놀룰루'이고, 사방 10리인 지역은 7백 개이며, 사람의 수는 8만인데, 청나라 사람들이 1만8천이고, 임금이 있어서 정사를 한데 묶어서 하며, 세금으로 얻는 수입은 2백 6십만 원이다. 통상에 내가는 물건은 설탕 · 커피 · 쌀 · 과일 · 가죽이니, 값어치는 1년에 십 백만 원이고, 들여오는 물건은 직물과 기계이니, 값어치가 1년에 5백만 원이다. 종교는 개신교와 천주교이다. 대개 이러한 여러 섬들은 대부분 화산이 솟아 나왔거나 혹은 산호가 쌓여서 만들어졌기 때문에 또한 이르기를 '산호해'[270]라 이른다.

크 · 야프 섬)과 팔라우 공화국을 이루는 태평양 서부의 도서군.

266 마르케사스 : 마르케사스 제도(Marquesas Islands). 남태평양 동부에 위치한 프랑스령 제도.

267 대모(玳瑁) : 바다거북의 하나인 대모의 등과 배를 싸고 있는 껍데기. 공예품을 만드는 데 씀.

268 금패(錦貝) : 호박(琥珀)의 한 가지. 빛깔이 누르고 말갛게 투명함.

269 샌드위치(Sandwich) : 샌드위치 제도(Sandwich Islands). 하와이 제도의 옛 이름. 1778년 유럽인으로서 처음 하와이 제도를 발견한 것으로 공인되고 있는 제임스 쿡 선장이 이 제도를 샌드위치 제도라고 명명한 데서 유래함.

婁勒來[271]之東有小島 曰婁菩來頓 曰婁臥列蘭大 曰沙老灣 曰婁回佛愛得 曰婁曷來 曰皮支 曰沙毛亞 曰蘇沙小帶 曰吉法 曰麻戍 曰曷乙難 曰樂貴些瑞. 是十二島者 或爲自主之國 或爲歐洲諸國所占. 其物産 草木有香木檳榔橘柚諸珍果珈琲木緜烟草染草 穀有稻粟牟麥 獸有象虎豹熊鹿猿牛馬羊 魚有鱷 鳥有孔雀鸚鵡雉 山海物有金銀銅鐵煤硫汞鹽采石玳瑁眞珠珊瑚寶石錦貝藥石金剛石. 人數五十百萬 氏族皆巫來由 言語各異. 其品平等 其業農獵. 其商務 以土産易布帛器械珠玉及酒. 宗教多王回回. 又有曰山得委處國者 都城名韓傑吶婁 地方七百十里 人數八萬 淸人爲一萬八千 而有君主總政 稅入二百六十萬元. 通商出物砂糖珈琲米果皮革 價歲十百萬元 入物布帛器械 價歲五百萬元. 宗教耶蘇天主. 蓋此諸島者 多以火山湧出 或珊瑚積成 故亦謂之珊瑚海云.

사민필지 끝士民必知 終

270 산호해(珊瑚海) : 태평양 남서쪽, 오스트레일리아 북동 해안에 접한 바다. 이 해역의 섬과 연안에는 여러 종류의 산호초가 발달해 있음.

271 한문본에는 '婁勒來'이지만, 한글본에는 '누권늬'로 표기되어 있음.

士民必知 終

主回回又有曰山得委處國者都城名韓傑吶婁地
方七百十里人數八萬清人爲一萬八千而有君主
總政稅入二百六十萬元通商出物砂糖珈琲米果
皮革價歲十百萬元入物布帛器械價歲五百萬元
宗教耶蘇天主盖此諸島者多以火山湧出或珊瑚
積成故亦謂之珊瑚海云

婁勒來之東有小島曰婁萿來頓曰婁毗列蘭大曰沙老灣曰婁回佛愛得曰婁曷來曰皮支曰沙毛亞曰蘇沙小帶曰吉法曰麻戌曰曷乜難曰樂貴些瑞是十二島者或爲自主之國或為歐洲諸國所占其物産草木有香木檳榔橘柚諸珍果珈琲木縣烟草染草穀有稻粟牟麥獸有象虎豹熊鹿猿牛馬羊魚有鱷鳥有孔雀鸚鵡雉山海物有金銀銅鐵煤硫黃鹽采石玳瑁眞珠珊瑚寶石錦貝藥石金剛石人數五十百萬氏族皆巫來由言語各異其品平等其業農獵其商務以土産易布帛器械珠玉及酒宗教多

東南南北四百里東西千里日本伊吾者在秀馬達阿之東南北二千餘里人數二百五十萬曰雪來飛西者在本伊吾之東南北一千二百里東西千里人數三百萬皆荷蘭屬邦也曰畢來賓者在本伊吾之北聯小島一千二百而合名之南北二千里東西一千五百里人數六百萬西班牙屬邦也曰婁勒來者在奥大利亞之東南南北三千五百里東西八百里人數七十萬三萬土種其餘皆英人此二島皆英之屬邦也

太平洋諸小島

奧西得里翠而毛如獸皆奇禽也通商之物出者羊毛皮革穀酒金直歲收二百六十五百萬元入者布織器械及酒直歲費五百百萬元稅入二百三十百萬而其會城著者東之婁丐瑟南之茂蕃西之依坡得等又擅其形便矣

太平洋諸島

以下大小諸島部落始未並無攷蓋土番之未開明者

太平洋之中有島曰秀馬達阿者在暹羅之南南北三千五百里東西六百里曰慈髮者在秀馬達阿之

東西七千五百里方七里者九十萬其山水東有奧之里阿壓若能法佛之山中界多小山東南有梅來若樂難薵江南有阿芮湖若太西曼尼兒大島又南有蔑畨若婁介瑟港西有伐得大港而東北則往往千里無草木與水矣氣候冬無雪草木則橘葡萄無葉木烟草木綿砂糖草甘藷穀則牟麥礦物則銀銅鐵西洋鐵爍金剛石紅寶石獸則羊馬牛猪有羗巨婁者形如鼠前脚短後脚長不能步常躍而走而胸有大囊盛其雛鳥則有所謂德鼈者形如獺口如鴨狎得益者無翼羅夜者或曰鳳皇介瑞矮尼者形如

學務宗教耶蘇外亦有他教盖其都在陀那尼普之地以多馬踏港為都會而君主多有女王矣

奧大里亞洲

始未見本記中

奧大利亞洲本巫來由人種所居之地而其地多空荒不毛百年前英人入而闢之設官治之生齒日滋今為二百八十萬口而舊種盖無幾矣而其人品學業商務兵制宗教皆仍英制而若其技藝善繳使曲推妙絶天下云盖其幅員自南緯線十二度至四十度東經線一百十三度至一百五十度南北五千里

常相聚作亂以攘財爲事其禱祀大率西界之風也

馬哥塞

亞非利加之東有曰馬哥塞國者大島也幅員自南
緯線十二度至二十六度東經線四十三度至五十
度南北三千里東西千里爲方十里者二萬五千其
界東北印度洋西模潛伯四阻以山氣候甚熱草木
有名香名材砂糖草胡椒甘藷發羅發羅者身如芭
蕉而實紫黃瑩圓味極甘穀有稻獸有馬牛鹿豕礦
物有金鐵煤人數四百萬氏族皆黑人言語惟土音
其品無貴賤其業農畜工作雖財微兵少而方銳於

亞非利加東界

亞非利加東海濱有九部落一曰婁比阿二曰蘇丹三曰阿比時尼亞意大里國之所經營也四曰小摩里五曰曷那六曰木巴沙英國之所經營也七曰孱支排德國之所經營也八曰模潛伯九曰蘇八那葡萄牙之所經營也其墟自北緯線二十三度至南緯線二十七度袤萬里廣約七百里其地多大野而無大山氣候毒熱物產有象牙名香珍果龍腦桂珈琲羽毛皮革羊其人聚居者一二萬或五六千皆黑人土種以土產易洋布玻璨珠鐵絲酒婦人執農丈夫

數一百四十萬出貨直歲四十百萬元入貨直歲二十五百萬元稅課十六百萬元二曰奧蘭支國地方亦四千六百十里都富廩巴坦之地人數十四萬皆荷蘭人種出貨直歲五百萬元入貨直歲如其出稅課百萬元三曰土蘭斯抜地方一萬二千五百十里都波來桃里阿之地人數八十萬五萬荷蘭種其餘皆土種出貨直歲三百萬元入貨直歲二百六十萬元稅課一百二十萬元此二國者皆荷蘭之近時闢占而爲民主之治者也至其人品之平等生業之農畜礦宗教之耶蘇則三國皆同矣

其地而欲化之矣

亞非利加南界諸部

亞非利加南海濵南北東西各四千里之地在天文為南緯線二十三度三十五度之間東經線二十六度三十四度之間而東西南三面濵海北為大野往往有小江水出于其中氣候稍熱物產有名材葡萄諸珍果馬牛豕鹿與西得里翠金銅煤金剛石而賣羊毛鳥羽金鐵金剛石買布帛衣服機器兵械火輪車此三國之通商於外國也三國者一曰瞿樂果尼英官所治也地方四千六百十里都刼多温之地人

右挾大西洋左挾諸大山而為部落者曰世乃甘比亞若時涯羅乃温若羅伊比頼亞皆民主之國也曰亞秀安帶若老王姑若多虎梅皆屬法國曰開茂雲若多麼羅若羅馬過皆屬德國曰昂骨羅若方橋羅皆屬葡萄牙國曰羌高未有屬是諸部落者幅員自北緯線十五度至南緯線十八度袤萬里廣七百里其地產諸果橄欖油名材象牙金以通外國商買而玻璨若珠若鏡若酒其所羅也然其人不識生業食木實獸肉或藝穀則婦人為之又禱祀山川草木獸蛇之類如敬天帝其夷陋如此故泰西諸國各占有

欖木綿砂糖草諸果蓏穀有麥稻獸有馬牛羊驢橐駝鹿獅狐豕鳥有奧西得里翠者身大不能飛但善走而猛烈能搏害人虫有毒蛇歲被咬死者六七萬人礦物有金鐵煤其人民氏族高加索言語哤雜通商出物穀果橄欖油羊毛鳥羽皮革絨褥價歲五十百萬圓入物布帛茶茗肉燭雜鐵諸器械價歲四百萬圓學業無可稱宗教主回回又其俗行商海上好為刼盜七十年前英法義三國出兵戡之

亞非利加西界諸部

皆近世所闢略具本記中而以下南東界皆倣此

屬地會城亦曰過支累亞方十里者一萬三千人數四百萬稅入九百萬圓軍有法兵曰杜尼斯曰杜立八利曰發加三部落皆土耳其之所管轄而置兵者也杜尼斯會城名屯遁徐方十里者五千人數一百五十萬稅入四百七十萬杜立八利會城名特伊佛來方十里者四萬四千人數百萬發加會城名屏加瑞方十里者五千人數五萬總之其地在天文爲北緯線二十六度三十度之間西經線十度東經線二十六度之間南北一千二百里東西六千里其界北地中海南撒哈拉沙漠無大江山其產草木有橄

漲泥潤沃穀得茂實若無漲則國必大歉其俗君主歿鑿巨壙奉屍塗以不腐之藥以朝之遇慶奉屍臨筵席又婦使槖駝以其地皆軟沙牛馬足陷而槖駝則掌大且柔無陷患也又其地無泉水行者常病渴而駝腹中多水殺駝飲之能數日不渴也

摩洛哥

本阿勅伯屬國阿剌伯衰遂獨立為海西回國發範昆之地有曰摩洛哥者君主之國也地方十里者三萬五千其都城亦曰摩洛哥人數六百萬稅入九百萬圓額兵二萬比而部落者曰遏支累亞法之

地建都城其地形惟尼羅江百里之間可居可稼而
其外皆沙漠不毛也又其會城有曰秀埃西者在地
中海邊曰包細者在紅海邊始二海之間陸地為三
百里郎法人所鑿而搯船稅者也其中人口七百萬
其族高加索言語一種人品學儒士族平民生業農
績外國通商出物凡牟麥稻砂糖綿皮革象牙鳥羽
之屬價歲五十百萬圓而綿居四之一入物洋布機
器珈琲煤材酒之屬價歲四十百萬圓學業京城有
一大學堂宗教天主外或有他教盖其國氣候常旱
無雨惟尼羅江水歲一大漲方漲時乘舟行播穀而

埃及
一曰麥西立國在有夏之初歐洲文物制度皆其所刱隣近諸部推為宗盟其後興廢不一至明初土耳其取為別部四五百年間叛附多端諸國因而圖之卒歸於英然今尚羈縻於土國而歲貢金矣
埃及國者其墟在天文為北緯線十二度以南二十度東經線二十四度以西七度凡南北二千里東西一千五百里方十里者五萬五千北地中海東紅海南努北阿西撒哈拉沙漠就國之北尼羅江邊義羅之

那伊巨中界有大湖曰維得又有大林藪氣候甚熱而東西南海邊尤甚人不可居其中諸國之著者北曰埃及若摩洛哥西曰羅伊比賴亞南曰五闌支若士蘭斯菝東曰馬哥塞加人數凡二百二十百萬而居北邊者爲高加索族其餘皆伊虔五弁人種其中界多象天下之象牙皆從此出其人無婚姻之禮食木實及蛇以爲生亦或食人肉無宮室之制爲土窟相聚以居善用槍刀恒相戰鬪所謂獉狉之尤者也

其人數未聞

亞非利加北界諸國

國也然頗能修治道路而火輪車路合爲三百里矣

阿非利加洲總論

阿非利加洲者幅員自南緯線三十二度至北緯線三十六度自東經線十三度至五十二度南北一萬五千里東西一萬三千里其界北地中海東南紅海若印度洋西大西洋爲方十里者一百三十萬地形北有山曰戛羅棲大野曰撒哈拉沙漠大江曰尼羅東有大山曰緊伊阿大江曰參比時湖曰丹尼干大島曰麻多可棲哥南有山曰巽奴意大江曰奧論知難又有大沙漠西有大山曰開馬論大江曰羌古若

於南緯線二十二度終二十七度東西千有二百里始於西經線五十四度終六十一度即接利比亞之南巴西之西亞然丁之東北也就國中阿順時與伊之地建都城而以彬邪伊加為會城無大山而東南及西有大江氣候少熱物產有橘茶染料美材名藥木綿烟草砂糖草稻蜀黍珈琲馬牛羊入數四十五萬其業以農畜採木為務或造綿絮羊毛砂糖尤善釀酒冶革其與外國通商也羅物為橘酒砂糖綿絮烟草茶料皮革木皮而歲收二百二十萬圓羅物為諸器械而歲費二百萬圓稅入二百萬圓額兵千弱

費歲加二百萬圓盖其地所產草木止於若干果蓏穀止於麥蜀黍礦物止於金銀鳥獸止於馬而牛羊最繁殖家不能容放牧於野主者各烙印以別之夫葡萄牙之葡萄酒猶羅貴之牛羊是皆特特可書者乎

把羅貴

意大里人始闢其地後西班牙奪之置天主教師以轄之至清乾隆中土人自立為國奉大統領政化頗盛近年與諸邦構兵少衰

把羅貴者其地為方十里者八千南北千二百里始

猶羅貫者其墟在天文爲南緯線三十度以南五度西經線五十三度以東五度北東接巴西西接亞然丁南際大西洋摠之南北九百里東西七百里爲方十里者八千其中無大山而猶婁軌江在其西末烏那烏之港在其南末立湖在其東氣候甚和人口五十萬都城在蒲逮比得烏之地卽國之南境也而末烏那烏若高奴尼阿等名邑當其衝稅額九百萬圓軍政學業無可稱而道路皆治火輪車路合七百里其商貨之輸於外國者爲布帛器械石油煤歲費二十五百萬圓而土產牛羊之肉膏皮角出售者視所

茶茗蜀黍牟麥果蓏牛馬羊金鐵煤鹽硫礬其生齒四百萬口其業農畜礦其商業出物牛羊之皮膏毛肉蜀黍牟麥之湆直歲九十百萬圓入物洋布絨布直歲三十百萬圓其稅入五十百萬圓其軍額一萬其火輪戰船三十五艘鐵甲者三學業通國學堂二千五百其道路甚治而火輪車路合一萬五千里蓋駸駸乎富强之業者也故歐洲諸國人之就居者無虗歲矣

猶羅貴

清乾隆中始立國為共和政

亞然丁

無攷

亞然丁者北援利比亞若把羅貴東亦把羅貴若大西洋南亦大西洋西智利南北六千里東西三千里方十里者五萬七千三百其天文自南緯線二十二度至五十二度西經線五十五度至七十三度而氣候南寒北熱其山川西有安帶棲山東多小山中爲大野若渚江又西有愛里瑞之港北有堞羅達布愛姑之大島而都城在國東保奴瑞愛尼胥之地若山打布友斗尢蠻等名城控爲形勝其土宜名材烟草

路行火輪車云蓋其國南北三千里得南緯線八度二十四度之間東西二千五百里得西經線五十八度七十二度之間東北界巴西而多大野南界厄瓜多而有安帶棲山若日尼曼等高大之山北界智利而有諸江入于俄馬遜河中界有羅加瑞大湖氣候北熱而西南調和椰子木綿烟草藥草染料諸果蓏之草木羅馬牛馬羊驢蛇鱷之虫金銅鐵硫黃鹽山海之物皆備此土貨之所出也都城在國中凤巨來之地外環羅巴瑞若蒲土時等會城其中人口總二百三十萬惟以農礦為業而學業非所務也

仗直歲五十五百萬圓公私學堂書七百學業甚盛而才俊多出又其人性嗜戰鬪此所以能籌國而擅强者也又安得棲山甚高寒少地毬和氣故近山而居者執事過二時則必受病而難作此其異聞也

捘利比亞

一曰玻利非亞載瀛寰志略智利國誌末而始末不可攷

捘利比亞之爲國也一歲土貨之出售者得七十萬圓外貨紬鐵機器之入用者費六十萬圓稅額亦歲四百萬圓軍額六千甚弱可知矣然國中亦頗有鐵

員自南緯線十八度至五十五度西經線六十八度
至七十六度南北七千五百里東西三百里方十里
者三萬北秘魯東拔利比亞南氷洋西太平洋安
得棲山及火山二十在東而西多小山又西有高金
甫若乾聶孫港皆會城也南有小島三十而都城在
國中央名曰山斗牙高氣候北燠南寒物産有牟麥
菽燕麥之穀麻藷烟草葡萄諸果蓏之草木金銀銅
鐵煤藥石之礦物人數二百十萬以採礦造酒治革
爲業出口之物爲麥麵蔔黍皮革鳥屎銅銀直歲六
十百萬圜入口之物爲綿紬絨毛匹緞飮食機器兵

百萬元軍額一萬頗備火輪戰船而學業非其長也
昔有西班牙大將伐此國入境見其多金乃力戰執
其君紿其民曰若等若以金充吾室當還若君民如
其言大將收其金仍以其君歸

智利

舊與秘魯同一君後屬西班牙清乾隆間始自立
用共和爲治至近日國勢漸盛
智利國者其稅入四百萬圓軍額六萬火輪戰船五
十艘衣鐵甲者三道路甚治而火輪車路摠爲數千
里蓋美洲諸國之勢美爲第一而智利其次也其幅

十九度至八十一度北接厄瓜爾多東接巴西西際
太平洋凡南北三千里東西一千五百里爲方十里
者四萬五千其地多山而東北則野中界有山牙馬
遜江出焉西爲曷羅奧港又多小島氣候甚熱物產
有珍果名藥珈琲烟草砂糖草木綿牟麥燕麥稻金
鐵靑鹽金雞蠟牛馬羊猪羅馬羅馬者象如羊力如
駝奇獸也人數三百萬都城在國西名曰能馬會城
曰扳西固若阿那貴發民業農礦畜通商出物爲綿
皮革羊毛砂糖各鐵藥劑及糞田之鳥矢而直歲十
百萬元入物爲布帛機器而直歲五百萬元稅入七

而又精於織冠凡物産製造之出售者歲得六百萬圓資用外國之物如布帛衣服器械及酒歲費五百萬圓稅入三百五十萬圓軍政學業無甚可稱道路甚修治火輪車路二百里盖是國在赤道之下氣候甚熱而以其多高山而有爽氣故熱不至病云

秘魯

古稱黃金國以其地多金銀也有君長稱印客明中世西班牙轄之歷二百八十餘年國人叛而自立爲共和政而內亂相繼大統領無能久其位者秘魯國者幅員自北緯線二度至十八度西經線六

有地南北千里東西二千五百里方十里者二萬八千人口一百十萬而爲國者曰厄瓜多在天文爲北緯線一度南緯線五度之間西經線六十八度八十一度之間其界北哥崙比亞東巴西南秘魯西太平洋有安得棲大山及五大火山在其西東爲大野又有諸江入于牙馬遜江而干利牙吉之港在其西都城名基都者在國之北地勢於天下爲極高而有干伊樂吉等會城控之其草木金銀草象牙木椰子珍果名藥染料木綿珈琲甘藷烟草其穀牟麥其獸牛羊驢猿其山海之産金鐵硫汞寳石其民以農畜爲業

出稅錢八十百萬圓以修軍政得兵一萬三千火輪戰船六十艘而鐵甲爲九又急於學業修繕道路若火輪車路頗以强聞於美洲諸國之中至其異聞則其地有樹葉絕大而津液如膠人取其葉鋪于虎行之路置猶兒其中以惑虎虎入其中葉卽黏身虎疑怒而躍躍之愈急而黏之愈多於是乘其力敝以槍劒擊斃之

厄瓜爾多

見哥崙比亞記中其地古有大國曰音加斯爲西班牙所滅至今古跡甚多

多大野而東有山曰玉韻北有大江曰阿馬遜又北有島曰韓威瑞東有港曰樊巖比高若發今牙及氣候北甚煥南調和物産有珍果香木名材染料牟麥燕麥砂糖草木緜烟草珈琲麻猫虎猿猪鼃鼉蛇蟅鸚鵡牛馬羊蜜蜂大蛛及金銀銅鐵金鋼石寶石采石藥石煤硫汞鹽人數十四百萬都城曰御了田伊老在國之東會城爲菩羅若阿那加洲若高夜樓之屬民業農礦材畜外國交易出物砂糖烟草木綿名材金鋼石皮革羊毛牛油寶石染料藥穀直歲一百百萬圓入物衣服冠履布帛機器鍾表酒直歲如其

人數合三十四萬言語各出國音然以各國人之雜處也恒多鬪殺獄訟不絕有夷狄之風焉

巴西

古無君長明中世以來始屬荷蘭後屬葡萄牙淸乾隆間國人叛葡王奉湯伯得祿第一為王子孫世襲漸致寧謐

巴西國者本有君主近時變為民主幅員自北緯線四度至南緯線三十二度西經線四十五度至七十四度南北七千五百里東西七千里北秘魯東大西洋南接利比亞西哥崙比亞方十里者七十六萬地

貴崖那之地東屬法國其會城曰加里吉西屬英國其會城曰朝宁多温中屬荷蘭其會城曰發那麻里保而城皆壓港而起自三國各遣官理之在天文自北緯線二度至九度西經線五十度至六十二度即其墟也南北一千三百里東西一千八百里方十里者二萬北負大西洋東南西接巴西四面無高山大川而中多平野民惟以農爲生其土産爲名材砂糖木綿珈琲牛馬驢獐貓金鐵酒蜜而其中砂糖酒蜜名材之出售者歲得二十百萬圓布帛米麵魚酒器械自外入者歲費十二百萬圓稅入五百萬圓盖三國

巴西哥倫北亞方十里者六萬三千四面皆山而
中有奧乃奴高江北有奎馬伊港又有馬羅加伊甫
湖都城名加羅可者據國之北而有阿九兒里羅若
巨瑞斗那之會城氣候甚熱人口二百二十萬通商
之物出者爲珈琲皮革綿砂糖烟草牛油染料銅而
直歲十六百萬圓入者爲器械酒食而直歲三百萬
圓稅入五百萬圓凡物產生業軍政學業皆與哥倫
比亞同

貴崖那

始末具本文中

萬圓稅入五百萬圓軍額三千宗教天主外亦有他教然學業無可稱其風氣好亂多僭逆又其地勢自愛胥濵月至發那馬中有陸地百六十里若於此鑿浚則太平洋大西洋船路可通而財絀未能也

彬崖朱越邦

國統始末無攷盖南亞義利加洲中小國之新立未久者也

彬崖朱越邦國者其墟在天文為北緯線一度十二度之間西經線六十度七十四度之間南北二千四百里東西二千五百里北加乃非安河東貫崖邦南

大西洋之西厄瓜多之北彬崖朱越那之南有曰可
崙比亞國其地自赤道至北緯線十度自西經線六
十八度至七十二度南北二千五百里東西二千里
方十里者三萬七千有火山六及鸎得棲大山在其西
南夸比阿江在其東愛脊濵月若發那馬港在其北
而菩姑茶都城據其中環以支羅若菩拔安諸會城
氣候甚熱民多依山以避而入籍者蓋四百萬土地
所産有名材香木藥草染料珈琲木綿牟麥金銀銅
鐵鉛煤寶石之屬工作有皮革織冠以販鬻外國歲
得十三百萬圓而各機器軍仗之買入者歲費七百

法丁抹三國之所分轄也其地產珍果珈琲木綿砂糖而奎發邑所造烟草甲於天下以售利於外國而資於外國者布帛器械而已

可崙比亞

在南亞墨利加北境明弘治中西班牙遣其臣尋新地取作三部置大酋清嘉慶中部人波里苨爾逐酋自立爲可崙比亞國道光中仍舊三部分為新加拉邦大若委内瑞轄若厄瓜爾多三國亡何新加拉那大九部聯合再建可崙比亞國厄瓜多別見于下

徑故美方諆諸五國而鑒之又五國之外有伐義西邑英所管轄也

西印度

始末具本文中

西印度者南北亞墨利加間羣島四百年前意大里國人之覓亞美洲也誤認此羣島爲印度地遂謂之西印度是諸島者其大者皆火山小者皆珊瑚積成一曰趕排西班牙屬邦二曰許太伊其中有二國曰稀芾若山道明澳三曰菩桃李高赤西班牙屬邦四曰齊梅加五曰邦蝦蟆皆英屬邦六曰葛我飛諸英

線八度至十八度西經線八十二度至九十三度南北二千五百里東西七百里方十里者二萬其界北墨西哥若加乃非安河東亦加乃非安河西南太平洋有落機山橫截南北湖曰厄可羅果港曰得婁頓要若蒲時加氣候甚熱物產名木珍果木綿珈琲砂糖染料藥草烟草金鐵采石牛馬驢凡五國人口合二百七十萬其業農績礦商買之羅土物歲得四百二十萬圓羅外物飲食器械衣服歲費三百萬圓稅入如羅數宗教如墨西哥盖其地歲震城邑多陷又其地勢若以厄可羅果湖遥于太平洋則美國船路甚

國體則又皆以西班牙人為統領而弑逆之變多出云

危地馬拉

在北亞墨利加南境本屬西班牙後附墨西哥及墨西哥廢國王國人危地馬拉自立為國時淸道光四年也近年分為五國各推官司理事不立國王

危地馬拉之地有小國五一曰瓜多磨羅其都亦瓜多磨羅二曰混斗羅斯其都為埭勾時葛發三曰聖撒排多其都亦聖撒排多四曰厄可羅果其都為馬多果五曰高斯大樓哥其都為山胡勢幅員自北繞

珍果大小麥粟藷砂糖草烟草珈琲木綿績麻染料
金鐵鉛汞煤牛馬羊驢山牛猫狼鹿猬鸚鵡其人氏
族有高加索及亞美利干二種言語皆西班牙國音
而入籍者凡十二百萬無貴賤之等以農績礦牧為
業商賈所出貨為金銀麻臬珈琲皮革屋材烟草染
料砂糖藥價歲收四十百萬圓所入貨布帛器械價
歲費四十三百萬圓稅課十七百萬圓軍額三萬學
不甚力而宗教主天主亦有男女願堂道路頗修治
亦多火輪車路又其地善震而其俗好鬪雞鬪牛盖
自此以下美洲諸國民族言語人品宗敎皆同若其

而有之歷三百年國人叛推奧古斯丁依多毗德爲皇帝已而廢之爲共和政以威多利亞爲統領旣而內訌頻仍統領每多不能安其位者

墨西哥國者都城亦曰墨西哥民主之國也其墟在天文爲北緯線十五度三十度之間西經線八十七度一百十七度之間南北五千里東西一千五百里北接美國東臨墨西哥河西南際太平洋方十里者爲八萬三千有二大山曰烟山若保保開多培達又多火山大江曰御要蘭得名港曰馬山粹奴名城曰巴小達來若內緼氣候熱厥產椒桂葡萄及諸名材

饒海錯礦產松栢有水羊等宜裘之獸及絶大之鹿
人口三萬六千皆蒙古氏族而言語嚚然爲鳥音矣

巨麟蘭得

丁抹屬邦見本文

巨麟蘭得島者丁抹國之屬地也其地在佳那多東
北自南至北五千四百里自東至西一千五百里氣候
甚寒產水羊馴鹿白熊饒海錯其民多丁抹國人自
丁抹遣官治之而邑治在西界牛本那逮之地矣

墨西哥

盖古國也而莫記其名號年代明中世西班牙闢

洲人來居者歲不下數十萬人至其異傳則國中界有窟深三十里中有江水魚皆無目有巴日魚納山者全鐵聳出東北界鑿山通火輪車經十五里

謌那斯哥

始末具本文中

謌那斯哥者英美之屬地其地在佳那多西北海邊本屬於俄二十五年前美國以銀十五百萬圓易之邑治在息加之地南北二千五百里東西三千里方十里者六萬南多火山中界有酉昆江大島曰憂婁水安名城曰仙佛氣候甚寒而其南近熱海故稍溫

略同民業自農續商礦畜匠漁獵下至演劇歌唱尤
善造鍾衡機器衣服絨褥皮革火輪船車諸兵械而
造銃最精外國交易之物出者為麥葡黍烟草砂糖
魚油綿子油石油金銀銅鐵洋布衣酒獸肉猪肉而
價歲八百百萬圓入者為細緞書冊藥劑玻璃麻枲
各鐵絨毛磁器茶著珈琲樂器酒果實石而價歲如
其出稅入四百百萬圓軍額三萬火輪戰艦百艘鐵
甲者三十道路甚治火輪車路摠四十五萬里宗教
多主耶蘇要之其國所務在於自守不好干預他國
內政亦不許他國侵占政平俗淳民樂其生故歐亞

在國之東又有別京在紐約之地其雄麗亞於英京
又有法鉢盧若毛別若山普蘭時若烏馬河等會城
列於北南西及中界盖其地勢與亞細亞之地相為
胸背而氣候調和無甚雨草木有松栢柞檜楓橘葡
萄桃李梨櫻桃紫桃胡桃諸香木木綿烟草甘藷穀
有牟麥稻菽蕎麥蜀黍菜蔬有各種獸有牛馬豕
羊熊狐山牛山羊鹿虫魚有龜蛇鱷鳥有雞雉梟
鴨鴈鶴鵝山海之産有金銀銅鐵鉛煤米石石油鹽
藥民數六千五百萬氏族言語皆英也人品用平等
而以廣學多聞為高等故學業皆精備與英德諸國

云其國體國中立大統領一人四年一遞外有四十
九省省置副統領一人以土人爲之而大統領不干
其黜陟所謂民主之治也其疆自北緯線二十五度
至四十八度西經線六十七度至一百二十五度南
北五千里東西萬里方十里者四十萬其北爲佳那
多東爲大西洋南爲墨西哥國西爲太平洋大山在
西者曰奧樂基若加錫巨江在東者曰斯班羅在南
者曰御要乞難得在西者曰乞廩比阿大島在北者
曰米秀干湖在北者曰休蘭港在東者曰本蘭特在
南者曰毛畢在西者曰時阿達而都城所謂華盛頓者

皮肉松栢橡之材牟麥嘉魚金鐵煤采石石油凡土産之物價歲百百萬圓入貨布緞酒縣砂糖烟草諸器械價歲居出物十之二稅入三千六百萬其俗冬取氷作大屋相戲其中近夏乃撤

合衆國

一曰美國北亞墨利加之地本野蕃衆部明中世西班牙始闢之其後爲英所有清乾隆四十年別部人華盛頓始立國

合衆國者本衆部落自華盛頓統合為一因以為令名令天下最號富饒其財額大槩六萬七千百萬圓

千里方十里者三十八萬北北氷洋南合衆國東大西洋西太平洋其山曰奥樂基其江曰馬巨嘶若韓仙其湖曰氷非利魚若休蘭其島曰刼不利得若賓求法其港曰龜法若璧突伊亞氣候甚寒北地不毛惟南邊有人居之其都城所謂魚得渦者在其中界而衛來法若白徒里亞等諸名城爲其扞蔽入籍之民四百五十萬皆英之氏族以農績漁牧爲生言語雜義國音而凡其政治之共和人品之平等兵制學業之精道路之修治及其宗教之兼用天主耶蘇皆英官之所施也尤重商務出貨牛馬羊家熊鹿之

度曰哥倫比亞曰彬崖朱越那曰貴崖那曰巴西曰厄瓜多曰秘魯曰智利曰拔利比亞曰亞然丁曰猶貴羅曰把羅貴凡十八國

佳那多

一曰加拿他北亞美利加之地本法人所闢英人旣得美利堅與法交戰括而有之淸乾隆末華盛頓之崛起也盡有美諸部而獨此地稅輕民附故仍爲英轄

佳那多其幅員自北緯線四十五度至七十五度西經線五十五度至一百四十度南北五千里東西九

機山最大自西北迤西至南亞墨利加袤三萬里中界有味西西北江最大多島嶼而巨麟蘭得島在東北最大其在南者幅員自北緯線十度至南緯線五十五度西經線三十五度至八十二度南北一萬三千里東西九千里其界北大西洋若葛阿比安河東亦大西洋南南氷洋西太平洋有玉丹山在東最大亞美孫江東流一萬一千六百里入于大西洋是爲天下第一大江而南北之交有地如蜂腰曰巴那麻廣百里摠之其中有土者曰佳那多曰合衆國曰諤那斯哥曰巨麟蘭得曰墨西哥曰危地馬拉曰西印

俄國東阿富汗南法西西亞西土耳其而俄最爲患渡於防守又法西亞河邊有一會城無泉水於海中得泉脉以飲故水價甚貴此其異傳也

俄羅斯 見歐洲部

土耳其 見歐洲部

亞美利加總論

亞美利加有南北二名其在北者幅員自北緯線十度至八十五度西經線十七度至一百六十度南北一萬五千里東西九千里方十里者八十六萬其界北北氷洋東大西洋南南亞墨利加洲西太平洋有落

勃佛兩水二港東有火山名曰冬滿丹氣候北調和
南甚熱地饒名材葉葡萄檀香木綿烟草砂糖草之
屬穀則牟麥燕麥稻粟獸則狼虎狐豕畜則馬駝礦
産則金硫煤寶石而眞珠出法西亞河水者爲天下
第一入籍之民八百萬氏族同歐洲言語哤雜人品
士庶民業農績畜牧製造之物鏡紬絨刺繡染料出
貨烟草羊毛鴉烟木液皮革果品絨紬價歲十一百
萬圓入貨布緞指環銃劍鍾表磁器琉璃諸器械價
歲十九百萬圓稅課二百萬圓軍額十萬學業兵法
及外國事務略備宗教主回回亦有他教盖其國北

波斯

本回部大國立國在有夏初唐宋以來屢貢中國明時土耳其奪而有之傳二百年又為阿富汗所幷清康熙中故王後裔達馬斯募兵恢復不遂自是簒亂相繼卒為寺人馬何美所據子孫傳之至今亞洲諸國皆用君主之治刑法類多慘酷而波斯國又其一也都國北埭喜蘭之地外列來水得若加山等會城其幅員自北緯線二十五度至四十度東經線四十四度至六十三度南北東西皆三千里方十里之地七萬二千四面多大野而南北有富水來若

里東西一千五百里爲方十里者九萬於北緯線得十二度三十三度之間東經線得三十六度六十度之間氣候燠地勢曠漠無山川之阻其南界只有三小河而遇旱卽渴產粟棗馬駝而驅鼠尤多人口一百五十萬氏族同歐洲言語惟土音以畜牧爲生其與外國通商販物爲棗鹽魚珠席買物爲米麥砂糖洋布珈琲價各歲若干圓學業宗教皆主回回蓋前世有摩哈麥者倡其教居於麥加邑謂之敎京故國人每朝必向教京禮拜又其俗好擄亞非利加中界之人賣于東界今變矣

業農績畜牧尤善造罽褥織絨緞帛帷幕而其名城大邑所謂干多若傑音等地商賈之所往來耀歲百萬圓耀歲二百五十萬圓宗教多門而以回回為主其

人氏族與歐洲同

阿拉彼亞烏滿

阿拉彼亞亦曰阿剌伯本古條支國自漢時通中國明時屢入貢近與英米定約通商烏滿不可攷

土耳其之東南印度洋之西北有二國一曰阿拉彼亞其人各以其族治之不立君不着土逐水草以居一曰烏滿有君主都於毛西葛其地南北四千五百

盖其地北土耳其斯坦俄地也東南印度英地也西拜是牙又南多平野北有撳斗九秀山而是山之北卽土耳其斯坦也俄之蠶食諸國也數欲通道于是山而是山之嶂一撤則五印度舉而英受其患故英每力助二國不許通道此二國所以介兩大國之間而弱而得存者也然鼈累稱斯坦者其稅入八萬圓三萬貢於英阿富汗者稅入八百萬圓以其最近俄而兵費多故不貢焉摠之其地氣候熱草木則諸果葡萄烟草木綿砂糖草穀則稻麥粟畜則羊羔駝牛馬礦物則銅鐵鉛硫礬人數四百萬言語惟土音敎

不避丈夫死或以妻殉葬自屬英之後其風始變矣

阿富汗鼈累稗斯坦

阿富汗本回部大國統於波斯別無名號前名中葉始立國鼈累稗斯坦不可攷以英音訛異也凡不可攷者多倣此

自北緯線二十五度至三十七度自東經線六十一度至七十二度凡南北三千里東西一千五百里為方十里者四萬二千中有二國一曰鼈累稗斯坦其都城曰吉羅始在國東北一曰阿富汗其都城曰甲乙在國東是二國者各有君主而畏於俄為英所保

鶯粟殼珈琲穀多稻麥獸多虎猩虫多毒蛇而礦物亦具美人口二百六十萬氏族雜高加索蒙古言語多端都城名葛可多在東界其外會城有亞加羅若戈內等各人有士庶二等民業農績織製造布紬鴉烟出貨鴉烟米麥茶茗皮革藍布細羊毛果品價歲四百百萬圓入貨紬綿衣服酒藥鹽金鐵琉璃煤砂糖機器價歲三百百萬圓稅錢一百八十萬圓軍額十萬學業道路皆修治宗教雜佛回回天主耶蘇其俗以為人死還生為猿故處猩以美屋供以飲食又奉佛甚虔或以大車載金佛以行人多伏迎至轢死

印度

古天竺國在後漢時始通中國明弘治中葡萄牙鑿海港通之荷蘭忌之搆兵相爭清初英人驅除二國寢有其地

印度國者其墟自北緯線六度至三十六度東經線六十六度至九十六度南北六千里東西五千七百里方十里者十有四萬其界北清國東緬甸若印度洋西南亦印度洋四面多小山而崑崙山在其北其水有浮那馬扶得羅若那那發多等江在東南又東南有葛可多港等號為形勝氣候甚燠所産草木多香木

有名美公江在其東日理窩得江在其中南多小島
又有麼多般若郎君二港氣候甚燠物産有檳榔椰
子松竹船材之木烟草木綿藍稻麥金銀鐵鉛丹砂
寶石翡翠玉彩石文貝石油虎豹猿象山貓山牛山
犀之屬人口四百萬言語惟土音都城名滿達來者
在國之中有伐陰若那無里等諸會城環之民以農
績礦為業商賈所羅烟草緜器白蠟及其他諸美産
所羅若西洋布絨帛價歲共若干軍額二萬宗教不
一而以佛爲宗其拜禱用素傘貴白象甚於暹羅非
君主不得牧焉

此尤可怪也氏族與安南同

緬甸

古朱波國漢謂之撣唐謂之驃宋元謂之緬以其山川緬邈也自漢以來世為中國藩服以迄于清而叛附不一矣

緬甸國者其西界多為英所據雖有君主而政事英多預之盖英之屬邦也幅員自北緯線十度至二十八度東經線九十二度至一百三十度南北三千五百里東西二千里得方十里之地萬有一千北清國東亦清若安南西印度洋四面多小山而雪山最

若美南等江其草木白檀香桑竹椒月桂木綿及其他奇才珍果其穀稻麥其獸象犀虎猿鹿豕其魚鼈其礦物金銀銅鉛彩石人數五百萬語音惟一種人品有學徒士族平民三名作業農績工技之物琉璃磁器而其都城在國南彭巨之港外國商賈之所往來凡土產製造之出售者價歲十三百萬圓而入口之物西洋布麻枲琉璃刀劍鴉烟石榴酒佩飾器械價歲八百萬圓學業未聞宗教雜佛與天主耶蘇故其俗主愛不殺昆虫女子漆其齒男女皆削髮少留腦後髮長二三寸又貴白象處之華屋而美衣食之

古暹與羅斛二國元初合爲一國自稱王清乾隆
中爲緬甸所滅旋復而故王無後乃封其酋長鄭
華爲王相傳至今
自赤道至北緯線二十一度自東經線九十七度至
一百七度有曰暹羅國者在緬甸之東南安南之西
北南海之北得方十里之地三萬凡南北三千里東
西一千二百里亦僅國也然國體有二君主聽政政
令不一不能自强稅課止六百萬圓額兵止八千以
是嘗喪地於英其地即國南所謂乘魚普漁島者也
槩其地氣候甚燠四面無高大之山而東西有美公

燠草木則松木綿罌粟殼砂糖草諸果諸香木諸名材穀則稻獸則牛馬羊羔猿象礦產則金鐵煤人數十八萬氏族雜巫來由蒙古二種言語惟國音國體有君主而其政則法國官監之都在國中名喉牙而東鎮若甘菩得亞等邑為其都會人品有學儒及平民民業農舟製造鴉片烟砂糖外國通商出物為米絲砂糖名材入物為各器械絲鏡紙茶罌粟石榴染料額兵數萬外法兵又二萬二千人火輪戰船十艘宗教主孔子亦主天主教佛教學業道路無可記者

暹羅

一日數三盖由諸島皆以火山湧成也

安南

古交趾秦漢以來隷中國版圖趙宋時有丁部領者受封安南郡始列外夷旣而屢易姓至阮福映淸改封越南國王數年前爲法國所轄

安南國幅員自北緯線八度至二十三度自東經線一百三度至一百九度南北三千里東西四百里其界北接淸東南際南海西近暹羅爲方十里者二萬多平原曠野而其東繚以小山北有松加秀昂之江南有美葦之江又南北有賽干若光烟之港氣候甚

北緯線三十一度至四十六度東經線一百三十度至一百四十五度南北三千五百里東北六百里為方十里者一萬五千氣候稍燠於朝鮮而多濕氣物産橙橘松橡構櫨桑茶諸果蓏五穀甘藷牛馬猪熊獐鶴大雉嘉魚金銀鐵銅硫黃曼胡入口四十百萬氏族蒙古語音惟一種民業農績漁礦技業紬緜磁器緜器屏風茶茗凡土産製造之出口者價歲五十一百萬圓入口之物洋布羽緞雜鐵藥劑砂糖衣服器械價歲四十五百萬圓稅入八十百萬圓陸軍二十萬火輪戰船三十艘若其異聞則其國多地震或

上世有天御中主尊者始開國一姓相傳至今帝

明治改革政治

日本國者太平洋中聯諸島而成一國者也其國開闢今二千五百年君主一姓相傳而政治聽于貴族大臣近年始與民議政凡俗尚人品學業衣服器械兵法商務道路宗教一從歐洲諸國二十年之間盡革舊俗遂致富强天下各國莫不嘖嘖稱其速成焉其諸島之最大者曰江戶國都所在所謂東京也其餘為神戶若薩摩若對馬等島其都會有赤馬關一崎島之屬中多名山而富士山最雄測以天文自

南草其穀稻麥黍粟菽其獸牛馬虎鹿熊狐山猪多魚鮮又多鐵銅錫鉛金銀水晶石炭釆石珍珠文貝之屬人數槩十二百萬氏族蒙古言語惟本國語國體人君總政刑法斬戮竄囚或笞罰都城名曰漢陽在國之中外置八道人品儒生兩班中人百姓民業農織製造木器貝器鍮器紙扇布帛善刺繡外國通商出物金銀米豆牛皮人蔘價歲數十萬圓入物洋木雜緞雜鐵磁器價歲數十萬圓軍額數萬學業宗教道路與清略同而學士之排斥異端爲天下最矣

日本

唐堯時有檀君者始立國歷箕子或分或合今爲
本朝李氏自太祖至今凡五百四年
朝鮮國者福圓自北緯線三十五度至四十三度自東經線一百二十三度至一百三十一度南北三千里東西六百里其界北滿洲東日本海南南海西渤海地方十里者九千五百地形四面多山而東北有白頭山最大爲諸山之祖其水南有洛東江錦江西有大同江西北有鴨綠江其港東北曰元山東南曰釜山西南曰仁川其島南曰濟洲東曰鬱陵西南曰江華氣候調而夏多霖雨土產草木松橡柿棗木綿

官人學儒平民民業農績畜漁技業錦緞罽絨刺繡雕刻磁器茶茗而土產製造出口者歲得二十五百萬圓洋布鴉片烟機器兵械輪船電線之進口者歲費一百百萬圓稅入大略一百二十百萬圓軍額一百萬鐵甲輪船四十艘大艦三學業治道學文章兼習外國技術宗教主孔子國內道路穢惡而火輪車路方在修治若其異聞則婦人幼時纏足使小艱於行步待扶始行有罪者雇人代受笞好吸鴉片中毒死者歲不下數十萬人此皆俗之弊者也

朝鮮

清亞洲最大之國也其墟自北緯線二十度至五十四度自東經線七十度至一百三十五度南北六千六百里東西九千里為方十里者四十六萬五千北俄羅斯東渤海若太平洋南安南若印度西亦印度若俄羅斯其山在東西南北曰泰山華山衡山恒山在中曰嵩山其水黃河出崑崙山江出岷山氣候北多寒南多熱草木穀粟禽獸魚鮮金鐵玉石之產皆具美人口四百百萬氏族蒙古言語多端國體君主總攬政權刑多殘酷都城名北京者在國北邊分全國為十八省而若天津上海香港其大都會也人品

大山水氣候北甚寒南甚熱中央調和人數盖八百
百萬氏族蒙古居東北高加索居西南巫來由居東
南其國凡十五曰清曰朝鮮曰日本曰安南曰暹羅
曰緬甸曰印度曰阿富汗曰鼈累稗斯坦曰阿拉彼
亞曰塢滿曰波斯曰俄羅斯曰土耳

清

宇內最古最文明之域上世有太昊伏羲氏為始
王歷五帝三王分合不一今爲清國清太祖愛新
覺羅奴兒哈赤起於滿洲稱帝至孫世祖福臨始
代明入主自甲申至今為二百五十二年

士民必知卷之二

英國紇法記

朝鮮議政府主事白南奎宋瑞

李明翔景霄 同譯

金澤榮友霖 撰

亞細亞總論

亞細亞者五洲中最大之地也幅員自北緯線七十度至赤道自東經線二十七度至百八十度南北一萬六千里東西一萬八千里方十里之地為二百萬其界北北河水若歐羅巴東太平洋南印度洋西紅海若地中海若歐羅巴北多廣野東南西及中央多

徒平民政主共和民業主農圃通商糶物係士產者歲得十七百萬圓稅錢十六百萬圓軍額二萬七千火輪戰船三十艘衣以鐵甲者二宗教多歧道路出各國下蓋二千年前其國强於天下富有歐洲全地亞非利加北地亞細亞南西地而今為衰削矣然其人學技猶有大國之遺風筭數圖畫石刻屋制測天器皆極精妙而至其古寶相傳者尤妙絕天下後世工技莫能及故人多來玩云

民病土政苛虐相與逐酋長而自立為國英法俄
三國擁護之

南北七百里東西五百里方十里者二千七百而為
國者曰希臘於北緯線得三十六度四十度之間東
經線得二十一度二十六度之間北接土耳其東西
南浸地中海盖其地四面多山而埃坦西若琉琲亞
等諸港島尤多埃坦西者即其都城而北之羅里斯
西之巴特羅徐等又其會城也氣候甚燠冬無雪土
產有橄欖葡萄橘柚木瓜石榴牟麥蕎麥金銀銅鐵
煤鹽釆石蜜烟草皮革之屬人口二百萬其品有學

俄為急務然其人業農商者無不執槍劍其情蓋怯云其宗教不主一教頗務學業軍額三萬稅錢三十萬圓政治以民主都城在國南積丹禮之地有晏特巴里若達施尭二港在南為大都會而北多小山其地東南北三面隣土耳其西隣奧地利亞自南至北三百里自東至西二百里為方十里者四百於天文為北緯線四十二度四十三度之間東經線十九度二十度之間而氣候稍熱矣

希臘

古名國也明初土耳其滅為屬地置酋長近時其

多林木葡萄烏藥麥栗牛馬羊猪銅鐵鉛煤人口二百萬言語惟一種歐體君與民共之民業畜牧釀酒製造之物罽褥指環酒皆名精品而土產製造之羅歲收九百萬圓布緞綿紗糖械器什物之羅歲費十一百萬圓稅入十二百萬圓軍額一萬五千盖開國僅十二年而弱於各國者也然頗銳於學業學堂五百所道路甚修往往有火輪車路此其足稱也宗教多主天主

山馬利魯

山馬利魯之為國也小而近俄恐俄吞噬日以親附

富巨來特西者在國之南而北有耶施若乞羅西諸會城爲其蕃蔽然以其近俄故常懷戒懼屢屢自守而已

西比亞

此以下二國始末無攷盖近世剏立者也

西比亞國者都丹葉江邊配巨遏之地其界西北與地利亞東樓馬尼亞南土耳其在天文自北緯線四十二度至四十五度東經線十九度至二十三度南北東西各六百里為方十里者二千東多小山南有毛羅鉢江北流經國中入于丹葉江氣候調和物産

其之與俄搆兵也乘亂而叛與各國立約遂爲一國其幅圓自北緯線四十三度至四十八度自東經線二十三度至三十度南北東西各千里方十里者爲五千北東俄南土耳其西奧地利亞有丹葉江在其東南加貝特安山在其西北九瑞垣支港在其東氣候冬夏甚寒熱地饒林木穀果牛馬羊鹽民數五百四十萬言語有二種國治主共和民業農獵通商出口之物牟麥材革牛馬羊價歲七百萬圓入口之物機械布緞器皿價歲十二百萬圓稅額二十七百萬圓軍額二萬火輪船十二宗教多主天主其都城所謂

又買賣妾婢女子出入必以巾掩面其法與俗均爲
不美凡歐洲諸國人類多賤薄之然其國上世有人
始造蟹文至今風行於歐洲而掘地或得古壯麗宮
室之跡盖古今盛衰之數也又其宗教無用回回天
主今其回回教大行之地所謂禮婁斯廩邑者卽古
耶蘇倡教所而中爲所失者也故歐洲諸國欲出兵
復舊而姑未能此又一異聞也

婁馬尼亞

始末具本文中

婁馬尼亞國者本土耳其屬邦先是往二十年土耳

績畜牧技業橄欖油綿紬紅洋布鞍刀絨縟染料剌繡月桂花油鴉片烟羊皮酒通商糶物若土產製造價歲若干萬羅物琉璃磁器紙銃劒各器械價歲若干萬摠之其國若王總無政而民不敢預故政多失出刑法多慘刻學業道路皆不修治軍額不過二十五萬火輪戰船六十四艘鐵甲者十四而地與俄近常困於防備故計全國稅課七十五百萬元用每不足屢屢乞債隣邦以支而償無日焉雖嘗出兵拓地如紅海濱地若亞非利加北地若地中海之巨伊特島皆為所有而不足稱也人多屢娶至有三四妻者

山而有沙里羅維尼山在西阿羅失山在其北爲夏禹氏治水時所泊舟處祖得江在其西爲耶蘇基督所居處陀尼乙里西若遺布乃得西等江在其東流入于法西亞河是爲人所始生之地帶時湖在其西地帶若東扶蘇二港在其西北大沙漠在其南物產胡桃栗葡萄橄欖桑棗木瓜香木木綿烟草稻麥粟銅鐵銀鉛礬鹽燦獅豹熊馬牛羊山牛山猪山驢蜜蜂人數凡十六百萬氏族雜高加索蒙古言語亦多端政治自都城遣官理之而茂斐斯若墨加等爲其名邑墨加者耶蘇所生之地也人品學徒平民民業農

麥蜀黍烟草木綿鶯粟銀銅硫黃礬煤民數九百萬氏族高加索言語雜各國音都城名乾西坦他廬佛外有吉伊佛里西若小彼俄等會城人品有士族奴婢民業農績礦技業綿絨布緞褥禱治革通商羅物烟草各果鴉片烟珈琲皮革褥禱各鐵價歲五十五百萬圓羅物績麻羊毛帛綿穀器械火輪船車銃價歲一百百萬圓其在亞細亞者其地於天文爲北緯線十三度四十三度之間東經線二十五度五十度之間南北五千五百里東西二千里其界北伐額河東法西亞河南阿拉彼亞若紅海方十里者爲八萬西北多

古回部韃靼種在羅馬東境元成宗時頭人阿多曼始立國寖呑諸部至馬何美德尤梟雄稱伯都於土耳其其後日就衰亂近尤為俄所困

土耳其者其地自歐羅巴至亞細亞其在歐羅巴者於天文為北緯線三十九度四十四度之間東經線十九度三十度之間南北千里東西千五百里方十里者爲一萬四千其界北樓馬尼亞若西比亞東佛厄河南地中海若希臘西山馬利會有鉢孟若刀皮等山在其北西麻毛羅河在其東巨浦港在其西氣候燠物產松桑櫟橄欖檳榔橘葡萄石榴烏藥桃稻

會城環爲形勝焉氣候調和地饒松栢葡萄烟草牟麥燕麥甘藷金銀銅鐵鉛硫黃煤鹽汞造琉璃之沙其中人口四十百萬以農礦績畜葡萄爲生業以鍾表樂器治革釀酒及造琉璃硫黃爲技業尤重商務其出口之物土產製造價歲四百四十百萬而入口之物若皮裘織絨緜紬服食果蔴牛馬猪諸器械價歲四百六十百萬圓稅入歲爲三百五十百萬圓以之養兵得陸軍三十萬火輪戰船一百六十艘鐵甲爲二十其人品學業宗教與葡萄牙同

土耳其

諸國之中俄最爲强常思呑噬於是諸國以爲若無與國則患迫諸國遂相出力以助而其國亦能自守治能以富强列於諸國之間焉其國在天文為北緯線四十二度五十一度之間東經線九度二十六度之間南北千里東西三千里方十里者爲三萬四環以山而北有秀特得等山西南有軋山中開平野其豕西北有丹獵江東有佗尼西江南有得蠟若沙押等江而濬河亦多焉其港曰西特又多小島而與地利亞都城在丹獵東匪言之地凶牙里都城在國西拜多貝特西之地所謂波乃加若加洛若那細里諸

奧地利亞凶牙里

本名曰耳曼元初有羅爾德福者建國稱東王傳至阿爾麥弁有凶牙利之地淸康熙中諸部各自稱王於是東王別立國號曰奧地利亞而不復名曰耳曼嘉慶間歐洲諸國之會議也奧爲盟主

奧地利亞凶牙里者合二國而有一君亦民主政治之國也然國各主之不相通氏族雜高加索及蒙古而其人語音十餘種其他謠俗衣服屋制亦大相不同蓋以其介於諸國之間也其諸國北爲德俄東爲西班牙若俄南爲婁瑪里亞若西比亞西爲瑞西是

草煉鐵火輪車價歲三百百萬圓稅課三百五十百萬圓陸軍三十萬水軍二萬火輪戰船二百三十艘鐵甲者四十而船製堅緻為天下最學業甚盛而公給學資歲為三百萬圓其宗教主天主不學者擯不齒教堂壯麗冠諸國屋上常有四百人守護而教師名曰教皇處於都城故都城亦謂之天主教京其崇重如此近時以來其君待教皇稍衰故教皇將欲遷居盖好尚之趣變矣又其國有名泉盖用筧引江水于地中仰出地外滃滃然各國來玩之人歲爲屢萬亦一異聞云

時禮二島密蘭雷佛西二港普老那若米氏那二會城又皆著名者也氣候甚熱冬亦無雪其草木橄欖無花果棗栗橘柚葡萄桑麻其穀菽玉蜀黍其獸牛馬羊猪鹿狼山猫山猪槖駝其鳥鶴梟鴈其魚各種其蟲螢其山海之物鐵銀鉛硫黃白蠟鹽民數三十百萬而言語雜各國之音政治如瑞西人品有學徒士族平民民業農績圖畫葡萄製造之物布鏡冠紙磁器琉璃皮革藥劑石刻人形妙絕天下急於商務其與外國通商也凡土産及製造物售價歲為二百百萬圓而買入之物蠟綿煤蠶種各器械皮物及染絲

堰西盖其國二千年前名羅馬據有歐羅巴全地亞
非利加南北地亞細亞西南地爲天下最大之國其
後漸衰蹙然尚能在歐洲强國之列今其所新得亞
非利加海濵之地盖復其舊也其墟自北緯線三十
七度至四十六度凡二千五百里自東經線七度至
十八度凡一千五百里方十里者爲一萬二千其界
北瑞西若奧地利亞東埃坦里德河水南地中海西
法國若地中海有過山環其北壓坡那仁山自北而
南橫亘國中琲水琲魚二火山在其南而常出烟氣
火聲牙帶江在其東他里法江在其西而徐徐里若

之物樂器時鍾磁器以販賣外國者歲收五十百萬圓而買入之物各穀各器械布酒其價歲為一百七十百萬圓稅入十二百萬圓額兵二十萬精於學業宗教雜天主耶蘇而其都城所謂蕃城者在國中以眞尼坡若秀弋諸名邑為肘腋矣

意大里

古羅馬國後中衰諸部分合不一或為奧法等國屬地及法王拿破倫之敗歐洲諸國會議于奧京分其地為九國摠名曰意大里時則淸嘉慶間也

意大里者其都始在土美為天下名城近徙于佛盧

東經線六度至十度南北四百里東西七百里方十里者爲一千七百其地山陵林藪居六之五氣候多寒山頂恒有雪色而其最大之山北曰窣牙山東南曰過山巖峀泉瀑之勝雄於天下又東南有辛西丹瑞湖西南有眞尼坡湖道路少平坦鑿山通火輪車者爲二十五所盖其地勢旣高於他國而又多險阻少兵革之患故人多樂居之人口凡二百九十萬三之二爲德人五之一爲法人其餘爲意大里人而語音有三種焉國政主共和人品平等民業農績其出地所産松麻烟草蔬菜牟麥燕麥牛羊羔及他製造

道路皆與西班牙同刑法與各國同又其國有饐瑞得那之山橫亘東西北有豆奴江之港口南有弋得阿那之江皆發源于西班牙經此國入大西洋吾恐世有好葡萄酒者將重跰疲津而遊是國況又不止好酒者乎故為之詳據地理如此

瑞西

本奧地利亞屬部元明際有維廉惕者始立共和政體

國於德國之南奧地利亞之西意大里之北法國之東者曰瑞西其墟自北緯線四十六度至四十八度

南北一千里東西三百里爲方十里者三千九百其
地數震或至於塌崩而都城在於禮西蕃之地以得
魚瑞江爲阻政治主共和而有六大臣佐之國中言
語惟一種入籍者四百五十萬口其日用之資於他
國者歲費四十五百萬圓陸有三萬五千兵海有三
千五百兵火輪戰船三十九艘衣鐵甲者三四蓋弱
國也長於自守而短於遠圖今其所屬之地如亞非
利加之西地若大西洋墨達牙若袷蕃若印度海濱
之州與島若清國弘宏之諸小島皆其前世稱强之
時所有也氣候土產人品民業製造買物學業宗教

多致斃此雖風俗之可怪者而亦可以知其人好戰之性云

葡萄牙

趙宋時有顯利者始立國中合於西班牙至淸初約翰第四復立國近時路易第一稱王

葡萄牙國者其地多產葡萄故因以爲國名以葡萄釀酒爲商務之主計一歲商務所入二十五百萬圓之中酒居十八九而烏浦烏酒尤美聞於天下天下之言酒者必稱烏浦亦宇內之一奇聞也其國自北緯線三十七度至四十二度自西經線三度至九度

牧羊雇馬彈綿其民業也橄欖油葡萄酒號爲美品其技業也出物酒葡萄橘汞鹽牛羊價歲一百三十百萬圓入物綿煤燒酒魚鮮砂糖材木器械火輪車價歲一百十五百萬圓其通商也雖不甚緊亦不可弛其商務也財不甚富稅入歲止一百八十百萬圓其國勢也陸軍十萬海軍二萬火輪戰船一百二十艘衣鐵甲者七其軍形也天主其宗教也比他國不甚修其道路也南北亞美利加開亞細亞東南太平洋中諸島其開拓也而其人或爲大垣置牛其中衣紅衣弄紅帕於牛前牛驚而角之則與之相鬪以此

葡牙若大西洋其界也爲十里者二萬一千五百其
地方也其山北曰乾他伐利安東曰亞利非理安其
水南曰科得安阿西曰棣居脊其島曰發那阿勒其
地形也寒少熱多其氣候也草木曰橄欖橘柚橡褒
石榴葡萄績麻穀曰稻麥燕麥畜曰牛羊礦物曰銅
鐵銀鉛汞其土産也十八百萬其人口也土音一種
其言語也有君王而政事民主之其國治也在國中
而名曰梅得弋其都城也東有邑曰發實奴那若麻
施亞南有港曰末那加西北有邑曰薩那萬加若瑟
琶嶋其都會也士族若學徒若平民其人品也農礦

言伊西等大山先尼江在其北婁窩介論江在其西老溫江在其南皆爲通商大港濬河之多以百計而其人言語殆衣被天下矣

西班牙

唐時有畱維堲的者始立國其後少衰明初匪地難多中興至今不替

西班牙者歐洲之僅國古呂宋也自北緯線三十六度至四十三度東經線三度至西經線九度南北一千八百里東西一千二百五十里其幅員也北大西洋若法蘭西東地中海南亦大西洋若地中海西葡

煤鹽麻枲皮革器械船艦之物價歲八百四十百萬圓軍額五十萬人火輪戰船三百八十艘被以鐵甲者四十一是以能騁其遠略交通隣國與於盟約又嘗開拓疆土如阿非利加海濵之地地中海之乞時加島亞細亞之安南國南北阿美利加之羣島皆占有之盖其國自北緯線四十二度至五十一度自西經線五度至東經線八度氣候無甚寒熱計南北二千四百里東西二千一百里為方十里者二萬三千北白耳義若北河水東德國若瑞西國南地中海若西班牙西大西洋又西北多平野東南有佳羅及皮

下之奇技妙藝皆從此出焉故璧都之百品酒漣瑞之紬與夫木磁器琉璃藥劑染綵紙毛絨帳氈毹砂糖掌甲及時鍾諸玩具皆爲天下精美以售於人國歲得七百六十萬圓而其土地之產橄欖櫟奈松榆栗柿胡桃林檎梨柚木瓜烏藥桑諸種葡萄之草木山羊羔狐馬牛猪之獸凫鴨雞蠶之禽蟲河豚之魚牟麥燕麥甘藷之穀及夫銅鐵鉛煤鹽範器之土其中稅入者亦歲爲八百百萬圓故能成富强之業而其國都所謂巴黎之城在先江之上宏麗次於英國國中人口盖三十八百萬日用所資於外國若衣服

等亦泰西政論之一端云

法蘭西

一曰佛狠西蕭齊時有哥羅味者始立國唐中世甲利泰甫稱霸至路易拿破倫與俄戰敗績而亡下清同治中國人立共和政體推智耶利為大統領

法蘭西國者本君主治之自二十年前定統領七年一易自各州縣選賢豪會京城議定諸政所謂民主之國也其政治之修大抵與俄英班而第一務學其次務商其天主教之外初學學堂六萬五千所四萬五千屬男二萬屬女高才學堂二十皆置高官掌之天

故能保弱施教連結各國而又拓地四方凡亞細亞西南地若印度若範亞一隅若奥地利亞若阿非利加海濵之地若阿美利加南北地若太平洋大西洋印度洋地中海諸島皆入版圖而其民俗有不便者誘以改之不改者威戢之許其國中人口四千百萬稅錢出國中者歲四百六十萬圜出各屬邦者歲二千百萬圜商船三十萬艘陸軍十五萬海軍四萬火輪戰船三百艘鐵甲者百屬邦兵七十萬人此所以能奮武略與俄爭衡於天下者也其宗教主耶蘇亦有習他教者修治道路為天下最以道路第人國之

庶言語雜各國音然皆無所甚異而其政治特優於
各國君與民共政佐政大臣亦由民擇定故國君不
幸世絶以女屬繼之而國不亂焉嚴於學課人不敢
怠癈英俊格物之士多出焉勸農績極工技以通商
賈凡布紙磁器兵械玩具衣履車船皆精利甲天下
爲天下所爭取一歲中所收價大略九百三十百萬
圓而買入之物諸穀砂糖魚肉茶茗烟草鹽羊毛絲
麻其價一年中亦大略一千七百五十百萬圓凡字
內之地無論東西南北苟關商務之重者無不長目
飛蹥以占之而所在以兵為衛財既富裕兵隨以强

江水西島曰阿熱蘭得赤多山而其水有普仁若瑣蘭等江而兩島間河水通謂之阿熱蘭得河其外名島大港之參錯其間星列棋布者不可勝數在天文爲北緯線五十度六十度之間東經線二度西經線十度之間凡南北二千里東西一千五百里爲方十里者一萬三千六百而國治在英吉蘭倫敦之地人家櫛比八十里極其壯麗盖天下第一名城也而其外大都會若錫蘭得之外印福里與阿熱蘭得之坦佛仁等雄麗又在國治之次矣盖其地氣候常調夏無苦雨地饒草木穀米鳥獸銅鐵鹽煤之産人品士

古土畨屬羅馬國六朝時有安各羅者始據英倫歷厄伯德至宋眞宗時爲丁抹所滅威廉復之後又爲别部所簒明初顯理第四又復之淸中世若耳治第三破法定西班牙威振西土今王維多利女王也

英吉利國者大西洋之迤東歐羅巴之西邊有二大島列于東西而東島有三名南曰英吉蘭得東曰錫蘭得西曰月嶼英吉蘭得之地多小山而其水有闊西若壐縶等江錫蘭得之地多大山極險阻而其水有斗得蝸帶若乞羅弋等江月嶼之地多山而無大

二百三十萬圓而布煤琉璃銃釘其常所大行者也而買入之物為各穀若珈琲茶茗若布帛金銀銅鐵其價歲為七十百萬圓而財不甚富其賦稅歲為十五百萬圓其陸軍十五萬海軍若戰船不甚治火輪車路不過八十里然其民樂農績漁礦之業士庶和睦故雖北接荷蘭東通德國南近法國西臨北河四方睨比強隣而能不為所吞談者謂之共和之效云其都城在國中伐魚雪之地北東有扶婁若坯瑞等名邑而其民能兼為德法荷蘭國之語矣

英吉利

荷至清近世有嗇波的者始自立為王

白耳義者其墟自北緯線四十九度至五十三度自東經線二度至六度東西南北皆四百里而其中人口為五百五十萬地狹人多為天下最白耳義者歐洲諸國之最小小者而歐人之言政治者無不樂言之盖其國多平原曠野而惟東邊有諸小山水又多濬河其氣不甚寒熱其産有大木烟草染色之草麻麥燕麥甘藷諸果牛馬豕蜜蜂嘉魚銅鐵礬煤彩石其製造有布絨羊皮掌甲罽氈砲槍金銀玩具又善治革及織花絨凡土產工技之出售於各國者歲得

數被水患然北有塞伊得西之大港南有那麟卯西二江入于北河水而浚鑿之江多於天下西北多洲島又有那利坦等大都會在其國西其國足以自守政治主共和言語多端陸軍七萬水軍萬人戰船百二十五艘若夫外國通商之政入物穀米雜鐵珈琲茶料絲縧布帛毛絨金銀其價歲三百四十百萬圓而出物酥糕油砂糖績麻牛馬羔猪酒其價歲為四百五十百萬圓此又生聚於食者也

白耳義

一曰比利時始屬荷後屬法又屬西班牙旣又屬

北河水之東南德國之西白耳義之北有曰荷蘭國者其墟自北緯線五十一度至五十三度半自東經線三度至七度南北六百里東西三百里方十里者爲一千五百與白耳義同為歐洲最小之國然其氣候甚調和地饒牟麥燕麥蕎麥甘藷菽麻諸果牛馬猪及魚鳥蜜蜂之産入版籍者四百萬人其俗好為綿布絨毛麻絲履紙葦琉璃磁器砲銃好酒鐵活字一切工技之物又能善磨金鋼石今天下萬國浮航列肆以居積者大抵多荷蘭之人其擅工技重商賈亦天性也其都城在北河濱河壖之地多平原曠野

之價與出同稅課之入歲爲三百萬圓此其富雄諸國者也又廣開學務國中里各有學堂又有高才學堂二十一置大官以掌之其外樂童軍師手藝圖畫舞人商賈亦皆有學堂宗教雜天主耶蘇盖其國北伐得河東俄羅斯若與地利亞南亦與地利亞若法蘭西西白耳義若荷蘭於北緯線居四十七度五十六度之間於東經線居七度二十三度之間矣

荷蘭

古野蠻爲西班牙藩服明季有維廉者始建國中爲法國所吞至淸中世維廉第一復之

此數矣其形勝南有大山曰昭武拔得曰亞丹華西西北有大野東有奧得通若蘭仁等大江其外亦多淺鑿之江其都會北有婁壁西有蒲蘭坡南有婁音法東有保光生鹵之繁大略四千五百萬有士族黎庶之品氣候寒燠不甚故民樂農績之業地饒松栢烟草馬牛羊銅鐵鹽礫之產禁綱疎濶惟簒逆及殺人者絞其餘囚贖言語雜各國語工技甲天下凡罽氈時鍾琉璃器瓷器指環諸樂器兵械名銃西洋鐵千里鏡葡萄酒出售外國每歲為七百八千五百萬圓而資於人者衣服藥劑西洋布皮革羊毛諸器械

諸部即皇帝位建國號曰德
德國者合二十六小國而有一君大臣一人佐之有
事則自二十六國發高人十四員百姓三百九十七
人來會于京城共議之亦共和之國也其爲國也以
商務爲急以富强為事以開拓為功故其俗學員爲
嬉戲被甲胄持劒相勅而鬪其陸軍六十萬人海軍
二萬人火輪戰艦百艘鐵甲大艦二十七强大之勢
蓋俄之次也其都城曰伐麟南北一千六百里東西
二千五百里摠之爲方十里者二萬三千近時所得
新地如亞非利加之南海濱及太平洋之羣島不在

百里方十里者四千亞比河在其北伐德河在其東德國在其南於北緯線居五十四度五十七度之間於東經線居八度十二度之間故氣候常調和而民樂農漁之業嘗於北阿美利加及北巨麟蘭得島之間拓地數千里又得三小島於南北阿美利加之間此又不止自保者也其他宗教道路與瑞典同

德國

一曰普魯士清初有佛勒得力維廉第一者始立國至同治中布倫士維廉大破法國統合日耳曼

不過二百萬稅入五十百萬圓陸軍四萬水軍千人
戰艦四十艘然其地多平野而一方聯諸島成國當
伐德河大西洋之阨口一過其阨口則船路都不通
此其弱小而能自保者也又其政治君聽於民而公
平之所謂共和者也土產多名材牟麥甘藷牛馬猪
滿錯石炭外國通商之物出者牛酥糕若肉皮價歲
五十百萬圓入者砂糖白鹽布緞珈琲米茶烟草麻
臬價歲六十百萬圓言語惟本國語學務人自七歲
至十四皆入公廨教之學堂三千五百師範學校六高
村學堂四著說屢萬種計其地南北六百里東西五

瑞典四百七十萬言語各出國音沿邊多通商之港而出物魚鮮材木罽氊羽毛皮革銀銅價歲一百十五萬圓入物米穀酒肉烟草香臊玩具價歲一百十二萬圓其稅入歲三十七萬圓其陸軍十四萬火輪戰船百六艘鐵甲大艦六其火輪車路一千五百里而礦產刑法學教軍制稅法道路略與俄同矣

丁抹

一曰連國宋初有哥里摩者始立國中世失之近始漸復其舊

丁抹國者其都在雪蘭得島中高番恒根之地人數

夏夜冬晝俱極短南北凡三千里東西六百里方十里者二萬北接北氷洋東通俄羅斯南西臨伐得河若大西洋其形勝西北有徒法必帶諸山為阻東泉小河入于伐得河水又有諸湖而杯羅拔羅二湖在南最大北則老包丹入小島羅列如星老包丹者天下之惡灘也其木宜松栢而其他經冬不凋之木亦多其穀宜牟麥燕麥其麻宜甘藷其獸熊狼猪鹿馬牛羊羔其鳥鳧鴈及諸宜食之禽其鮮甲天下而河豚最美其人品平善其宗教主耶蘇其業畋海操木績麻牧畜礦農善造舟緻而多其民數那威二百萬

俄以下諸國在歐洲者大抵略同故此以下不復多贅

那威瑞典

趙宋初有厄里哥者始立國明初爲丁抹國所幷嘉靖二年瓦撒復其國至清道光初加爾祿斯稱雄于時

那威瑞典者二國也而一君主之雖君主而政治民多主之其都城那威曰加理西得在國南瑞典曰西托在國東其地自北緯線五十度至七十度自東經線五度至二十五度氣候甚寒夏亦不熱而其北邊

不學之人賦稅以錢歲額爲五百百萬元軍制擧國之人年自十七八至三十必經三年爲兵其陸軍二百萬精兵八十萬火輪戰船四百艘鐵甲者三十二國內道路甚修治而火輪車路亦甚多又數年前大作火輪車路自國都至朝鮮豆滿江近地首尾三萬餘里計三四年後可成蓋其國專以拓地爲圖數百年間蠶食歐亞之地而其志尚未已也若其宗教則以天主爲宗君主兼爲教主而邊裔之人或行耶穌回回諸教者亦不之禁貞男貞女學道者有男額堂女額堂摠之氏族人品軍制稅法學政刑法道路自

諸器械此其大略也至其立國規模君主世傳摠政
置大臣四人有治罪過者有司政教者有掌師旅者
有掌外國交涉者分國爲五十州州各置一監司
理之其刑止誅亂逆無連坐餘罪分輕重寬之或懲
役禁錮人品有官人世食祖先采地及士農工賈凡
五等而至於言語交際仕官皆無分别無依老幼及
惡瘡病狂之人皆公廩而養治之學業有九官分治
初學學堂三萬所高材學堂二百所第一高材學堂
九所男女聚學者常百萬計歲以新說成書者近萬
數以及瞽聾跛瘖之人亦皆入學擧一國之内無

奴遺種也其地自北緯線三十五度至七十八度自
東經線五十度至一百八十度南北六千里東西二
萬二千里為方十里者七十一萬北界哥羅河若北
氷洋東界太平洋南東界淸若朝鮮西界歐羅巴其
山曰烏拉伊若過他伊其江曰勒那若亞毋魚其湖
曰開西比安若杯昌火山二十一在其東氣候東北
甚寒西南甚熱草木有松木綿及諸果獸有槖駝熊
虎靑鼠田礦之産大類彼得羅之地人口十五百萬
氏族高加索言語亦多端其人善造罽薦商賈出貨
爲綿穀金銀寶石入貨爲茶料砂糖紬緞羊毛果蓏

寒而當夏夜極短晝極長南邊稍熱草木多松栢甘藷獸多牛馬熊狼鹿狐及裘材之諸獸穀宜牟麥燕麥蕎麥礦旺金銀銅鐵煤石油人數九十百萬氏族有高加索蒙古二種言語多端都城在伐德河邊名曰彼得羅者因其君之名也都會有五德沙浦港若河西德那等地民業主農績礦畜商賈出貨為穀布羊皮名材石油裘材價歲一百二十百萬元入貨為砂糖皮革茶酒絮帛染綵器械價歲二百百萬元其在亞細亞者所謂斗眠會城者即古西比利亞之地也所謂塊巴會城者即古土耳其西丹之地乃北凶

一名露國本西北散部唐末有祿利哥者始立國元
太祖滅之明初祿利哥之孫復之至清康熙中彼得
羅中興自是國日强大
俄羅斯者其國自歐羅巴至亞細亞其在歐羅巴者
幅員自北緯線四十度至七十度自東經線二十度
至六十度南北六千里東西四千里爲方十里者十
二萬五千其界北北氷海東亞細亞若哥秀比安湖
南亞細亞若奥地里亞西德國若瑞典多平原曠野
而東南繚以萬山其最大者曰乳剌曰閼西又有大
水三曰伐可江曰五德沙浦曰廣布江氣候北邊甚

利加為第一者此也且分天下人物為四等德若法若英若奧地里亞若那威瑞典若丁抹若荷蘭若白耳義若瑞西若意大里亞若合衆國為第一俄羅斯若婁稱尼亞若西班牙若希臘若葡萄牙若南亞美利加諸國若日本為第二土耳其若摩洛哥若杜尼斯若亞細亞諸國為第三亞非利加中諸國太平洋島中諸國奧大里亞中諸地為第四此非以富強論也以政治優劣為分別故雖荷蘭白耳義諸小國亦得與焉

俄羅斯

北邊亦或有蒙古人種其中諸國有十八曰俄羅斯曰那威瑞典曰丁抹曰德國曰荷蘭曰白耳義曰英吉利曰法蘭西曰西班牙曰葡萄牙曰瑞西曰意大里曰奧地里亞凶牙里曰婁稱尼亞曰西比亞曰山馬利魯曰土耳其曰希臘是諸國者國富兵精技奇學專政治一順民志聾聵啞跛之人教學有堂老弱瘡痍顚狂之人養治有院擧一國之內都無棄人爲官吏者有慢侮侵漁下民者必嚴禁之亦禁賣買奴婢及行娼畜妾等事惟以顧護百姓爲諸政之本故民皆安樂其生天下之言樂土者皆以歐羅巴亞美

黑人種今又漸衰然其人黃白赤黑之不同者盖去日遠近而然也

歐羅巴總論

歐羅巴洲者幅員自北緯線三十五度至七十五度自東經線六十五度至西經線十度南北七千五百里東西八千里其界北北氷洋東南亞細亞若地中海西大西洋方十里之地爲四十三萬二千東少山而多大水西多高大之山亦多江水而差少於東又西南北三面多大島而港口之多爲天下最氣候北甚寒南調和人口三百二十八百萬氏族高加索而

東南與大里亞洲者謂之巫來由人種其人肉赤黒毛眼黒生於西南亞非利加洲者謂之伊度亞倚人種其人肉毛眼皆黒生於西北歐羅巴洲者謂之高加索人種其人肉白毛黒眼碧而其北方人獨黃毛生於正西亞美利加洲者謂之亞美利干人種其人肉赤毛眼黒是五洲之中惟歐洲白人種分居各土者最多四百年前歐洲人入亞美利加地逐舊居人自成大國而赤人種令漸衰稀又一百五十年前入亞非利加沿海地居之而黒人種皆為所逐徙于内地又八九十年前入奧大里亞地稍逐舊居人而赤

利加之東與大里亞之西謂之印度洋南北極謂之南北氷洋顧地形輪圓不可以步測故今就南北極據直經定三百六十經線據赤道定三百六十緯線經線緯線之間以定一度然後經線自英吉利國都始以東幾度西幾度計之緯線自赤道始以南幾度北幾度計之斯可以揣知天下萬國海陸山川之形勢矣夫

人種總論

稽夫七千年之前人始生於東北亞細亞洲法西亞之地謂之蒙古人種其人肉黃而毛眼黑其後生於

三為赤道之北五分之一為赤道之南又以地圓故其中三之二在東三之一在西兩相對待如此之後海陸間萬物生焉草木始之魚蝦次之飛禽又次之走獸又次之而人最後生蓋天地萬物皆為用於人故萬物備而後人始生焉且細分海陸而名之陸則東北間謂之亞細亞南謂亞非利加西北謂歐羅巴東南謂奧大里亞西洋之西謂亞美利加而其地有南北兩幅故亦曰南北亞美利加海則亞細亞之東亞美利加之西謂之太平洋亞非利加與歐羅巴之西若亞美利加之東謂之大西洋亞細亞之南亞非

天河者衆星相聚而長亘者也而絶遠不見其為星但見其煥然有光而已若照以大千里境則其衆星之數歷歷可指數

地毬總論

地毬之始但一氣之熱且有光者也此氣轉旋漸次凝成如銷鐵之水熱消漸凝質未及堅而熱火之在中者片片迸出始為火山次為千萬山岳最後凝厚遂成地毬當此之時地毬熱氣之未盡者與空氣相薄成兩大注屢年而地之窪者彌滿為海於是海居地五分之三陸居地五分之二而于陸之中五分之

尾星者衆星中本自有之有大者有小者而其行度與他星不同或遠日而去或近日而回幾十年幾百年一見

流火

流火者空中有石塊流行其疾如電所過處與空氣相摩生火而自燋也凡物相摩之急自然生火皆此類也而有所謂星隕者其石中或有鐵雜焉石已燋盡鐵猶未銷而有隕於下者是也非眞星隕也且其氣去地不遠出衆星之下矣

天河

雹

雹者雲爲雨之後凍而成者如夏熯時或雹者海之
冷風相摶故也

霜

霜者露之凍者

潮汐水

潮汐水者地與月最近爲月所吸與包地之水便息
爲潮然其吸力有大小故息有盈縮與弦望晦朔相
應

尾星

雷

雷者電所過處空氣分焉既過之後分者復合而有聲轟然是謂之雷

地震

地震者地中有水有火水火相感乃生氣息而其交戰而衝出也地為之搖動凡有火山之國多有地震

霧

霧者出地之濕氣未高升而凝成者

雪

雪者雲為雨之前凍而成者

也

風

風者地少煖則其氣蒸然上方其上時必有冷氣自他方相應而來滾滾然是謂之風

電

電者本空中自在一氣而其性與濕氣好合故雲之所在其氣隨雲濕氣而聚集其聚漸大則此氣與彼氣相感乃生牽引之力而其相引也便閃閃然有光穿空氣而行一分時八繞地毬以故各國格物之士多引此氣以使用機器如電機線之類是也

之但月差小於地地甚小於日日所普照月之小不能久掩故日食之頃不能久也

雲

雲者水土之際常出濕氣而是氣至輕無形可見惟空際自在之氣愈高愈寒而水土之氣上升而當寒於是乎始凝成形是謂之雲又溫時地氣多出氣多出則濕氣尤多是故夏多濕氣亦多雲

雨

雨者水土之氣凝爲雲而流行遇最寒之氣卽化爲水今高山大麓中多雨爲其氣多寒而雲適相遇故

之繞地而旋也月在日地之間則其向日邊有光而向地邊無光地上不見月光故謂之晦月出地表則與日正對而有光地上全見月光故謂之望

日月食

月食者地在日月之間掩日光於月故必於望而有月食蓋月之繞地而旋也其道與日與地相直爲一線其在地表自然受地所掩此所以爲食也然則每望宜有月食而乃時或有之者以其道雖相直而其行則稍上稍下不常相直故也日食者月在日地之間或掩日光於地地上不見日光故日食必於朔有

謂氷帶是也而氷帶之地又或半年為晝半年為夜以地形雖圓而南北極之邊則少匾且於直對之中亦有少參差故也摠之無論某時某地直受日光為夏不直受日光為冬又見日光則為晝不見日光則為夜也又地毬有走力而為日所吸不能遠走且其繞日而旋也萬物一晝夜一翻而無墜物者以日重大於地重大者氣能吸輕小者故也盖日大於地為一百二十六萬倍矣

晦望

晦望者地與月質本皆黑受日光然後始明以故月

盖地之爲物形體圓周八萬餘里徑二萬七千六百餘里距於日可三萬一千八百五十萬里而其繞而旋也一時行四十八萬六千里積一年始一周此地行之數也夫南北極之直徑正如一串彈子于南北之正中有赤道而赤道南北各四千八百五十里爲南北黃道南北黃道之南北各八千九百里爲南北黑道南北黑道之南北各四千八百五十里爲南北極然則赤道以外直受日光而常燠所謂熱帶是也黃道以外一年只一直受日光而有冬夏之別所謂溫帶是也黑道以外幷南北極常不見日光而寒所

士民必知卷之一

朝鮮議政府主事白南奎宋瑞

萬國紀法記　李明翔景霄　同譯

金澤榮友霖　撰

地毬

地毬者星也太虛蒼冥之際有無數星叢叢各有一大星統衆小星而小星從大星以繞旋焉太陽一大星也極光耀而無動其傍有旋斡八星屬之一木星二金星三土星四火星五卽地毬星六海龍星七天王星八水星而此八星者又各有所屬星一百有餘

至於老者也琴瑟潎則絃不可不改車潎則轍不可不易人衰則藥不可不進然則是編者將不爲我亞洲喚昏補萎之一良藥也哉第是編鶩於簡便其於邦國始末闕焉玆取瀛環志略萬國史略採始末綴于國名之下庶使蒙士益得其一斑云

大朝鮮開國五百四年乙未三月望議政府編史局主事金澤榮序

士民必知翻譯序

是編泰西士用我國國文略記萬國山川風土政令學術以便蒙士之覽者今翻譯而再傳之者奈何曰爲我亞洲也萬國之公說者而獨曰爲我亞洲者奈何今夫人少而壯而老有生之序也少則知與力微壯則知與力充老則知與力衰微者可以教而養之充者可以持而勿失衰者可以喚昏而補萎此又有生之異治也今將是編公觀天下萬國歐美諸國開荒未久文明日啓實事是從譬則自少而進於壯者也亞洲開荒最久文明日眊虛僞是崇譬則自壯而

第七冊

士民必知

『사민필지』
영인본

간행사_연세근대한국학 HK+ 학술총서를 내면서

우리 연구소는 '근대 한국학의 지적 기반 성찰과 21세기 한국학의 전망'이라는 아젠다로 HK+ 사업을 수행하고 있습니다. '한국학이 무엇인가' 하는 점은 물론 관점에 따라 달라질 수 있을 것입니다. 하지만 개항과 외세의 유입, 그리고 식민지 강점과 해방, 분단과 전쟁이라는 정치사회적 격변을 겪어 온 우리가 스스로를 어떤 존재로 규정해 왔는가의 문제, 즉 '자기 인식'을 둘러싼 지식의 네트워크와 계보를 정리하는 일은 반드시 필요한 작업이라고 생각합니다. '자기 인식'에 대한 탐구가 그동안 없었던 것은 아니지만, 현재 제도화되어 있는 개별 분과학문들의 관심사나 몇몇 지식인들을 대상으로 한 제한적인 논의였음을 부인하기는 어려울 것 같습니다. 이러한 현실에서 '한국학'이라고 불리는 인식 체계에 접속된 다양한 주체와 지식의 흐름, 사상적 자원들을 전면적으로 복원하고자 하는 것이 바로 저희 사업단의 목표입니다.

'한국학'이라는 담론/제도는 출발부터 시대・사회적 영향을 강하게 받아왔습니다. '한국학'이라는 술어가 우리의 입에 오르내리기 시작한 것도 해외에서 진행되던 지역학으로서의 '한국학'이 반향을 불러일으키면서부터였습니다. 그러나 '한국학'이란 것이 과연 하나의 학문으로서 성립할 수 있느냐 하는 질문에 답을 얻기도 전에 '한국학'은 관주도의 '육성' 대상이 되었습니다. 이에 대응하여 실천적이고 주체적인 민족의식을 강조하는 '한국학'은 1930년대의 '조선학'을 호출하였으며 실학과의 관련성과 동아시아적 지평을 강조하기도 하였습니다. 그 가운데 근대화, 혹은 근대성은 서로 다른 맥락에서 '한국학'을 검증하였고, 이른바 '탈근대'의 논의는 의심 없이 받아들여지던 핵심 개념이나 방법론에 문제를 제기하기도 하였습니다.

'한국학'이 이와 같이 다양한 맥락에서 논의되어 온 것은 그것이 우리의 '자기인식', 즉 정체성 문제와 관련되어 있기 때문일 것입니다. 대한제국기의 신구학 논쟁이나 국수보존론, 그리고 식민지 시기의 '조선학 운동'은 물론이고 해방 이후의 '국학'이나 '한국학' 논의 역시 '자기인식'에 대한 시대적 요구에 응답하려는 노력이었을 것입니다. 우리가 '한국학'의 지적 계보를 정리하는 것에 만족하지 않고 21세기의 전망을 제시하고자 하는 이유도, '한국학'이 단순히 학문적 대상에 대한 기술이나 분석에 그치지 않고 우리의 현재를 성찰하며 더 나아가 미래를 구상하고 전망하려는 노력에 직간접적으로 연결된다고 보기 때문입니다. 주지하듯 근대가 이룬 성취 이면에는 깊고 어두운 부면이 있습니다. 그리고 이 명과 암은 어느 것 하나만 따로 떼어서 취할 수 없는 한 덩어리일 가능성이 있습니다. 21세기 한국학은 근대에 대한 성찰을 통해 이 질곡을 해결해야 하는 시대적 요구에 응답해야만 하는 과제를 안고 있습니다.

연세근대한국학 HK+ 학술총서는 이러한 과제를 수행하는 과정에서 나오는 성과물을 학계와 소통하기 위한 시도입니다. 학술총서는 연구총서와, 번역총서, 자료총서로 구성됩니다. 연구총서를 통해 우리 사업단의 학술적인 연구 성과를 학계의 여러 연구자들에게 소개하고 함께 논의를 진정시키고자 합니다. 번역총서는 주로 외국인들에 의해 이루어진 조선/한국 연구를 국내에 소개하려는 목적에서 기획되었습니다. 특히 동아시아직 학술장에서 '조선학/한국학'이 어떻게 구성되고 작동하여 왔는지를 살펴보려고 합니다. 또한 자료총서를 통해서는 그동안 소개되지 않았거나 불완전하게 알려진 자료들을 발굴하여 학계에 제공하려고 합니다. 새롭게 시작된 연세근대한국학 HK+ 학술총서가 소기의 목적을 달성할 수 있도록 여러 연구자들의 관심과 격려를 부탁드립니다.

2019년 10월

연세대 근대한국학연구소 인문한국플러스(HK+) 사업단